AF462778

GUIDE

DES ASPIRANTS AUX FONCTIONS

DE

COMMISSAIRE DE POLICE

ET

D'INSPECTEUR SPÉCIAL DE POLICE DES CHEMINS DE FER

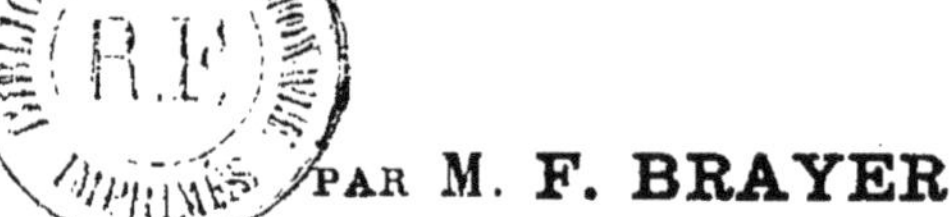

PAR M. F. BRAYER

Directeur du *Journal des Commissaires de police.*

Auteur du *Dictionnaire général de police*

PARIS

ADMINISTRATION, 100, RUE SAINT-LAZARE

GUIDE

A L'USAGE DES

ASPIRANTS

PROGRAMMES.

Conditions d'admission aux fonctions de commissaire de police et d'inspecteur spécial de police.

(*Arrêté ministériel du 30 décembre 1885.*)

Art. 1er. — Nul ne peut être appelé aux fonctions de commissaire de police ou d'inspecteur spécial de la police des chemins de fer :

1° S'il est âgé de plus de quarante ans;

2° S'il n'a atteint sa vingt-cinquième année;

3° S'il n'a été agréé par le ministre de l'intérieur;

4° S'il n'a été porté sur la liste d'admissibilité dressée à la suite d'un examen, conformément aux dispositions du présent arrêté.

Art. 2. — Les candidats ne pourront se présenter aux examens avant vingt-trois ans ; ils ne le pourront plus après trente-cinq ans.

Toutefois, ceux qui justifieront de cinq années de services militaires ou administratifs seront admis aux épreuves jusqu'à quarante ans.

Art. 3. — Les examens écrits auront lieu chaque année, du 15 au 30 janvier, à Paris, au ministère de l'intérieur et au chef-lieu de chaque département, à l'hôtel de la préfecture.

Art. 4. — Des commissions pour les examens oraux seront constituées dans les villes ci-après désignées :

A Lille, pour les départements du Nord et du Pas-de-Calais.

A Amiens, pour les départements de la Somme, de l'Aisne et de l'Oise.

A Nancy, pour les départements de Meurthe-et-Moselle, des Ardennes, de la Meuse et des Vosges.

A Besançon, pour les départements du Doubs, de la Haute-Savoie, du Jura et du Haut-Rhin.

A Chambéry, pour les départements de la Savoie et de la Haute-Savoie.

A Grenoble, pour les départements de l'Isère, de la Drôme et des Hautes-Alpes.

A Marseille, pour les départements des Bouches-du-Rhône, du Var, des Alpes-Maritimes, des Basses-Alpes et du Vaucluse.

A Nîmes, pour les départements du Gard, de la Lozère et de l'Ardèche.

A Montpellier, pour les départements de l'Hérault, de l'Aude, des Pyrénées-Orientales et de l'Aveyron.

A Toulouse, pour les départements de la Haute-Garonne, de l'Ariège, du Tarn et du Tarn-et-Garonne.

A Agen, pour les départements de Lot-et-Garonne, du Lot et du Gers.

A Pau, pour les départements des Basses-Pyrénées, des Hautes-Pyrénées et des Landes.

A Bordeaux, pour les départements de la Gironde, de la Dordogne et de la Charente.

A Poitiers, pour les départements de la Vienne, des Deux-Sèvres, de la Vendée, de la Charente-Inférieure et d'Indre-et-Loire.

A Rennes, pour les départements d'Ille-et-Vilaine, de la Loire-Inférieure, du Morbihan, du Finistère et des Côtes-du-Nord.

A Angers, pour les départements de Maine-et-Loire, de la Sarthe et de la Mayenne.

A Caen, pour les départements du Calvados, de l'Orne et de la Manche.

A Rouen, pour les départements de l'Eure et de la Seine-Inférieure.

A Paris, pour les départements de la Seine, de Seine-et-Oise, d'Eure-et-Loir, de Seine-et-Marne, de la Marne et de l'Aube.

A Orléans, pour les départements du Loiret et du Loir-et-Cher.

A Dijon, pour les départements de la Côte-d'Or, de l'Yonne, de la Haute-Marne et de Saône-et-Loire.

A Bourges, pour les départements du Cher, de l'Indre et de la Nièvre.

A Lyon, pour les départements du Rhône, de la Loire et de l'Ain.

A Limoges, pour les départements de la Haute-Vienne, de la Creuse et de la Corrèze.

A Clermont-Ferrand, pour les départements du Puy-de-Dôme, de l'Allier, du Cantal et de la Haute-Loire.

A Ajaccio, pour le département de la Corse.

Art. 5. — Les candidats devront adresser au ministre de l'intérieur :

1° Une demande d'emploi dans laquelle ils indiqueront s'ils connaissent une ou plusieurs langues étrangères ;

2° Une expédition authentique de leur acte de naissance ;

3° Un certificat établissant qu'ils possèdent la qualité de Français ;

4° Un certificat de moralité délivré par le maire de leur résidence et dûment légalisé ;

5° Un extrait du casier judiciaire ;

6° Un certificat de médecin, dûment légalisé, constatant que les candidats sont de bonne constitution et exempts de toute infirmité les rendant impropres à faire un service actif ;

7° L'acte constatant qu'ils ont satisfait à la loi sur le recrutement ;

8° Des attestations faisant connaître les antécédents des candidats et les études auxquelles ils se sont livrés ;

9° Des états de services, diplômes, certificats, etc., qui auraient pu leur être délivrés, ou des copies de ces pièces dûment certifiées.

Art. 6. — La demande et les pièces qui y sont annexées seront envoyées, par le ministre de l'intérieur, au préfet du département dans lequel réside le candidat au jour de la demande.

Art. 7. — Chaque préfet fera, pour son département la liste des candidats, qu'il avisera, au moins quinze jours à l'avance, de la date de l'examen.

Dans le département de la Seine, le préfet de police est chargé de dresser la liste des candidats et de leur donner l'avis dont il s'agit.

Art. 8. — Les commissions d'examen seront composées :

Dans les départements :

Du préfet ou, en cas d'empêchement, du secrétaire général de la préfecture ;

Du procureur de la République ou, en cas d'empêchement, de l'un de ses substituts ;

De l'inspecteur d'académie ou, en cas d'empêchement d'un instituteur primaire ;

D'un conseiller de préfecture ;

D'un ou de plusieurs professeurs de langues étrangères ;

D'un fonctionnaire de la police locale (commissaire spécial, commissaire central ou commissaire de police) délégué par le préfet.

La commission désignera son secrétaire.

Pour Paris ;

Du Directeur de la sûreté générale ou de son délégué ;

Du procureur de la République ou de l'un de ses substituts ;

D'un conseiller de préfecture délégué par le préfet de la Seine ;

D'un inspecteur primaire délégué ;

D'un ou plusieurs professeurs de langues étrangères ;

D'un commissaire de la police spéciale des chemins de fer, délégué.

La commission désignera son secrétaire.

Art. 9. — Nul ne peut être admis plus de trois fois aux épreuves de l'examen.

Pour être admis à subir une deuxième ou troisième épreuve, tout candidat devra adresser au ministre de l'intérieur, avant le 1er décembre, une nouvelle demande, dans laquelle il indiquera la date et le lieu où il aura passé son dernier examen.

Art. 10. — Seront dispensés de l'examen les candidats munis du diplôme de bachelier-ès-lettres ou de celui de bachelier-ès-sciences. (V. *ci-après* A. M., 1er mai 1887.)

Art. 11. — Les sous-officiers des armées de terre ou de mer qui se trouvent dans les conditions prescrites par la loi du 24 juillet 1873, pour obtenir des emplois civils, continueront à subir l'examen, suivant le mode déterminé par le décret du 28 octobre 1874, portant règlement d'administration publique. (V. *ci-après* Décision, 30 décembre 1886.)

Art. 12. — L'examen est divisé en deux parties ; l'épreuve écrite et l'épreuve orale.

Art. 13. — L'épreuve orale est publique.

Le candidat ne peut être admis aux épreuves orales que s'il a subi avec succès les épreuves écrites.

Art. 14. — L'examen porte sur les matières suivantes.

ÉPREUVE ÉCRITE.

1er Rédaction d'un procès-verbal ou d'un rapport sur une affaire de service.

Le sujet de la composition sera le même pour tous les candidats ; il sera choisi par M. le Directeur de la sûreté générale et envoyé sous pli cacheté à MM. les préfets pour le jour même de l'examen.

Le préfet déléguera le secrétaire général de la préfecture ou un conseiller de préfecture pour dicter le sujet de la composition et surveiller le travail des candidats. Le pli cacheté contenant le sujet de la composition sera ouvert par ce fonctionnaire délégué en présence des candidats au moment fixé pour l'épreuve.

La composition écrite devra être faite en trois heures; elle sera remise au délégué qui y apposera sa signature.

Ce fonctionnaire dressera un procès-verbal de l'épreuve et le remettra avec les compositions au préfet qui enverra ces pièces le jour même de cette épreuve au ministère de l'intérieur (direction de la sûreté générale).

Trois notes seront données pour l'épreuve écrite, savoir :

	Valeur relative.
1° Pour l'écriture.	1
2° Pour l'orthographe.	2
3° Pour la rédaction.	3

ÉPREUVE ORALE.

1er *Arithmétique* : numération décimale, addition, soustraction, multiplication, division. Preuves de ces opérations. Nombres décimaux, fractions, système légal des poids et mesures (valeur relative). 2

2e *Histoire et Géographie.* — Notions sommaire d'histoire de France. — Géographie physique de la France. Frontières maritimes et continentales, chaînes de montagnes, bassins, fleuves, rivières et lacs. — Départements : Chefs-lieux, villes principales, réseaux de chemins de fer (valeur relative). 2

3e *Notions de droit pénal.* — Du délit en général. Définitions et distinction des crimes, délits et contraventions. Tentatives et commencement d'exécution. Des peines en matière criminelle et correctionnelle et de leurs effets. Notions sur la culpabilité et la non-culpabilité. Eléments constitutifs du délit. Circonstances aggravantes. Excuses, circonstances atténuantes, complicité, connexité, auteurs, coauteurs, complices. Des faux commis dans les passeports, feuilles de route et certificats. De la corruption des fonctionnaires publics, des abus d'autorité contre les particuliers. Rébellion, outrages et violences contre les dépositaires de l'autorité et de la force publique. Dégradation des monuments. Vagabondage et mendicité. Délits commis par voie d'écrits, images et gravures. — Des associations et réunions illicites. — Meurtres, menaces, blessures et coups volontaires ou involontaires. Attentats aux mœurs, arrestations illégales, faux témoignages, calomnies, injures, vol, escroqueries, abus de confiance, infractions commises par les expéditeurs et par les voyageurs. Destructions, dégradations, dommages, peines de police (valeur relative). 3

4e *Notions d'instruction criminelle* : Action publique et action civile, délits commis sur le territoire et hors du territoire. — Police judiciaire : Officiers de police judiciaire ; moyens d'information, procès-verbaux, constatations, instruction dans les cas ordinaires, dans les cas de crimes ou de délits flagrants ; attributions et devoirs des commissaires de police. Notions générales sur l'organisation et la composition des juridictions pénales (valeur relative). 3

5e *Législation des chemins de fer.* — Loi du 15 juillet 1845 sur la police des chemins de fer. — Ordonnance du 15 novembre 1846 sur la police, la sûreté et l'exploitation des chemins de fer. Organisation actuelle du contrôle de l'Etat. — Attributions des différents fonctionnaires du contrôle.

Loi municipale du 5 avril 1884, notamment les articles 91 à 109. (valeur relative). 3

6e Notions sur les *attributions des fonctionnaires* judiciaires, administratifs et militaires (valeur relative). 2

7e Langues étrangères (valeur relative). 3

Art. 16. — Afin d'arriver à une appréciation exacte du mérite relatif des candidats, il est attribué à chacune des parties du programme une note exprimée par des chiffres qui varient de 0 à 20 et qui ont respectivement la signification ci-après :

Notes	Signification
0.	Néant.
1, 2.	Très mal.
3, 4, 5.	Mal.
6, 7, 8.	Médiocrement.
9, 10, 11.	Passablement.
12, 13, 14.	Assez bien.
15, 16, 17.	Bien.
18, 19.	Très bien.
20.	Parfaitement.

Chacune de ces notes est multipliée par les nombres coefficients exprimant la valeur relative de la partie du programme à laquelle elle se rapporte.

La somme de ces produits forme le total des points obtenus pour l'ensemble des épreuves.

Art. 17. — Nul ne peut être admis aux épreuves orales s'il n'a obtenu, pour les trois notes de l'épreuve écrite, le chiffre de 60.

Art. 18. — Le chiffre 150 (minimum) pour l'épreuve orale est nécessaire ponr que le candidat soit inscrit sur la liste d'admissibilité.

Art. 19. — Les noms des candidats admis seront publiquement proclamés aussitôt après l'examen oral.

Art. 20. — Le résultat des épreuves écrites et orales sera consigné, pour chaque candidat, sur un tableau conforme au modèle ci-annexé.

Art. 21. — Le tableau constatant le résultat de l'examen oral, ainsi que toutes les pièces jointes à la demande et énumérées dans l'article 5, seront dans le délai d'un mois envoyés au ministère de l'intérieur, par les préfets des départements, qui donneront, sur le mérite de chaque candidat, leur appréciation personnelle, consignée dans un rapport spécial.

Art. 22. — Les dispositions de l'arrêté du 15 mai 1879 sont rapportées en ce ce qu'elles ont de contraire aux dispositions du présent arrêté.

Art. 23. — Le Directeur de la sûreté générale et le Directeur du secrétariat et de la comptabilité au ministère de l'intérieur, sont chargés, chacun en ce qui le concerne, de l'exécution du présent arrêté.

Modification de l'article 10 de l'arrêté du 30 décembre 1885, concernant les bacheliers. — (Arr. minist. 1er mai 1887.)

Art. 1er. — Les candidats aux fonctions de commissaire de police ou d'inspecteur spécial de la police des chemins de fer, munis du diplôme de bachelier-ès-lettres ou de celui de bachelier-ès-sciences, ne seront plus dispensés à l'avenir que des examens écrits. Ils devront subir les épreuves orales imposées aux autres candidats.

Art. 2. — Les dispositions de l'arrêté du 30 décembre 1885 sont rapportées en ce qu'elles ont de contraire aux dispositions du présent arrêté.

Sous-officiers de l'armée active. — Examens à subir.

Les sous-officiers de l'armée active qui, dans les conditions de la loi du 24 juillet 1873, demandent à concourir pour l'obtention des emplois de commissaire de police ou d'inspecteur spécial de la police des chemins de fer doivent subir le même examen que les candidats civils.

La commission militaire appelée à les examiner doit faire porter l'épreuve sur toutes les parties du programme joint à l'arrêté du 30 décembre 1885. (*Circ. Intérieur. 30 décembre 1886.*)

Commissaires de police de l'Algérie.

Arrêté ministériel du 13 mai 1887.

Art. 1er. — Les commissaires de police des communes de l'Algérie dont la population est supérieure à 6,000 âmes sont nommés par arrêté du Gouverneur général. Ils sont suspendus dans la même forme et révoqués par décret, sur la proposition du Gouverneur général.

Art. 2. — Nul ne peut être appelé aux fonctions de commissaire de police en Algérie :

1° S'il est âgé de plus de quarante ans ;

2° S'il n'a atteint sa vingt-cinquième année ;

3° S'il n'a été agréé par le Gouverneur général ;

4° S'il n'a été porté sur la liste d'admissibilité dressée à la suite d'un examen conformément aux dispositions du présent arrêté.

Art. 3. — Les candidats ne pourront se présenter aux examens avant vingt-trois ans : ils ne le pourront plus après trente-cinq ans.

Toutefois, ceux qui justifieront de cinq années de services militaires ou administratifs seront admis aux épreuves jusqu'à quarante ans.

Art. 4. — Les examens auront lieu toutes les fois qu'il en sera besoin, à Alger, dans un local désigné à cet effet. Les candidats seront prévenus par des convocations individuelles, un mois au moins avant la date de l'examen.

Art. 5. — Les candidats devront adresser au Gouvernement général de l'Algérie :

1° Une demande d'emploi, dans laquelle ils indiqueront s'ils connaissent une ou plusieurs langues étrangères et notamment l'arabe ;

2° Une expédition authentique de leur acte de naissance ;

3° Un certificat établissant qu'ils possèdent la qualité de Français ;

4° Un certificat de moralité délivré par le maire de la résidence et dûment légalisé ;

5° Un extrait du casier judiciaire ;

6° Un certificat de médecin, dûment légalisé, constatant que les candidats sont de bonne constitution et exempts de toute infirmité les rendant impropres à faire un service actif ;

7° L'acte constatant qu'ils ont satisfait à la loi sur le recrutement ;

8° Des attestations faisant connaître les antécédents des candidats et les études auxquelles ils se sont livrés;

9° Des états de services, diplômes, certificats, etc., qui auraient pu leur être délivrés, ou des copies de ces pièces dûment certifiées.

Art. 6. — La commission d'examen sera composée :

D'un conseiller du Gouvernement;

D'un délégué du Procureur général;

D'un délégué du recteur de l'Académie;

D'un chef ou sous-chef du bureau du Gouvernement général;

Du commissaire central de police d'Alger ou d'un autre commissaire;

D'un professeur d'arabe et d'autres professeurs de langues étrangères, s'il y a lieu.

La commission désignera son secrétaire.

Art. 7. — Nul ne peut être admis plus de trois fois aux épreuves de l'examen.

Art. 8. — Seront dispensés de l'examen écrit seulement, les candidats munis du diplôme de bachelier-ès-lettres ou de celui de bachelier-ès sciences.

Seront dispensés des examens écrits et oraux, les commissaires de police, les commissaires spéciaux de police et les inspecteurs spéciaux de police sur les chemins de fer, qui désireront prendre du service en Algérie, et qui justifieront d'une connaissance suffisante de la langue arabe ou kabyle et de l'organisation administrative de l'Algérie.

Art. 9. — Les sous-officiers des armées de terre et de mer qui se trouvent dans les conditions prescrites par la loi du 24 juillet 1873, pour obtenir des emplois civils, continueront à subir l'examen suivant le mode déterminé par le décret du 28 octobre 1874 portant réglement d'administration publique.

Art. 10. — L'examen est divisé en deux parties : l'épreuve écrite et l'épreuve orale.

Art. 11. — L'épreuve orale est publique.

Art. 12. — Le candidat ne peut être admis aux épreuves orales que s'il a subi avec succès les épreuves écrites.

Art. 13. — L'examen porte sur les matières indiquées au programme ci-après :

Epreuve écrite.

1° Rédaction d'un procès-verbal ou d'un rapport sur une affaire de service :

Le sujet de la composition sera le même pour tous les candidats : il sera choisi par le Gouverneur général et remis à la commission qui se réunira à cet effet, le jour même de l'examen, à 9 heures du matin.

L'épreuve écrite commencera aussitôt que la commission aura nommé un de ses membres pour présider la séance.

La composition écrite est faite en 3 heures ; elle est remise au membre délégué qui doit y apposer sa signature.

Trois notes seront données pour l'épreuve écrite, savoir :

	Valeur relative
1e Pour l'écriture.	1
2e Pour l'orthographe.	2
3e Pour la rédaction	2

Epreuve orale.

1er *Arithmétique.* — Numération décimale, addition, soustraction, multiplication, division. Preuve de ces opérations. — Nombres décimaux, fractions, système légal des poids et mesures (valeur relative) 2.

2e *Histoire et Géographie.* — Notions sommaires d'histoire de France. — Géographie physique de la France. Frontières maritimes et continentales, chaînes de montagnes, bassins, fleuves, rivières et lacs. — Départements, chefs-lieux, villes principales, réseaux de chemins de fer, (valeur relative) 2.

3e *Notions de droit pénal.* — Du délit en général. — Définitions et distinctions des crimes, délits et contraventions. — Tentatives et commencement d'exécution. — Des peines en matière criminelle et correctionnelle et de leurs effets. — Notions sur la culpabilité et la non-culpabilité. — Eléments constitutifs du délit. — Circonstances aggraavntes. — Excuses, circonstances atténuantes. — Complicité, connexité, auteurs, coauteurs, complices. — Des faux commis dans les passe-ports, feuilles de route et certificats. — De la corruption des fonctionnaires publics, des abus d'autorité contre les particuliers. — Rébellion, outrages et violences contre les dépositaires de l'autorité et de la force publique. — Dégradations des monuments. Vagabondage et mendicité. — Délits commis par voie d'écrits, images et gravures. Des associations et réunions illicites. — Meurtres, menaces, blessures et coups volontaires ou involontaires. Attentats aux mœurs, arrestations illégales. Faux témoignagnes, calomnies, injures, vols, escroqueries, abus de confiance, infractions commises par les expéditeurs et par les voyageurs. Destructions, dégradations, dommages, peines de police (valeur relative) 3.

4° *Notions d'instruction criminelle*, action publique et action civile, délits commis sur le territoire et hors du territoire. Police judiciaire, officiers de police judiciaire. Moyens d'information, procès-verbaux, constatations, instruction dans les cas ordinaires, dans les cas de crimes ou de délits flagrants, attributions et devoirs des commissaires de police. Notions générales sur l'organisation et la composition des juridictions pénales (valeur relative) 3.

5° *Notions sommaires sur l'administration algérienne* ; communes de plein exercice, mixtes et indigènes. Pouvoirs des maires et des administrateurs. Administration spéciale des indigènes. Infraction à l'indigénat. Pouvoirs disciplinaires (valeur relative) 3.

6° *Législation des chemins de fer*. Loi du 15 juillet 1845 sur la police des chemins de fer. Ordonnance du 15 novembre 1846 sur la police, la sûreté et l'exploitation des chemins de fer. Organisation actuelle du contrôle de l'Etat. Attributions des différents fonctionnaires du contrôle (valeur relative) 3.

Loi municipale du 5 avril 1884, notamment les articles 91 à 109.

7° Notions sur les *attributions des fonctionnaires* judiciaires, administratifs et militaires (valeur relative) 2.

8° Langues étrangères (valeur relative) 3.

Art. 14. — Afin d'arriver à une appréciation exacte du mérite relatif des candidats, il est attribué à chacune des parties du programme une note exprimée par des chiffres qui varient de 0 à 20 et qui ont respectivement la signification ci-après :

0 — Néant.
1, 2 — Très mal.
3, 4, 5 — Mal.
6, 7, 8 — Médiocrement.
9, 10, 11 — Passablement.
12, 13, 14 — Assez bien.
15, 16, 17 — Bien.
18, 19 — Très bien.
20 — Parfaitement.

Chacune de ces notes est multipliée par les nombres coefficients exprimant la valeur relative de la partie du programme à laquelle elle se rapporte.

La somme de ces produits forme le total des points obtenus par l'ensemble des épreuves.

Art. 15. — Nul ne peut être admis aux épreuves orales, s'il n'a obtenu pour les trois notes de l'épreuve écrite le chiffre de 60.

Art. 16. — Le chiffre 150 (minimum) pour l'épreuve orale est nécessaire pour que le candidat soit inscrit sur la liste d'admissibilité.

Art. 17. — Les noms des candidats admis seront publiquement proclamés après l'examen oral.

Art. 18. — Le résultat des épreuves écrites et orales sera consigné pour chaque candidat sur un tableau conforme au modèle annexé au programme.

Art. 19. — Le Gouverneur général de l'Algérie, le Directeur de la sûreté générale et le Directeur du personnel et du secrétariat au ministère de l'intérieur sont chargés, chacun en ce qui le concerne, de l'exécution du présent arrêté, qui sera inséré aux Bulletins officiels du ministère l'intérieur et du Gouvernement général.

CHAPITRE Ier

NOTIONS GÉNÉRALES SUR LES FONCTIONNAIRES ADMINISTRATIFS JUDICIAIRES ET MILITAIRES.

SECTION PREMIÈRE. — *Lois constitutionnelles.*

Les lois ayant un caractère constitutionnel sont au nombre de trois ;

1re La loi du 25 février 1875, sur l'organisation des pouvoirs publics ;

2e La loi du 24 février 1875, sur l'organisation du Sénat ;

3e La loi du 16 juillet 1875, sur les rapports des pouvoirs publics.

Ces lois ont été modifiées en parties par les deux suivantes :

La loi du 19 juin 1879, qui fixe à Paris le siége du gouvernement et des Chambres ;

La loi du 14 août 1884, qui a modifié les articles 5 et 8 de la loi du 25 février 1875, ainsi que les articles 1 à 7 de la loi du 24 février 1875, et le § 3 de l'article 1er de la loi du 16 juillet 1875.

Les lois constitutionnelles ont été complétées par des lois organiques relatives à l'élection des sénateurs et des députés, savoir :

Loi du 2 août 1875, sur l'élection des sénateurs, modifiée par celle du 9 décembre 1884 ;

La loi du 30 novembre 1875, sur l'élection des députés, modifiée par celle du 16 juin 1885.

Les lois constitutionnelles établissent et organisent :

1e Le Pouvoir exécutif confié au *Président de la République ;*

2e Le pouvoir législatif attribué au *Sénat* et à la *Chambre des députés* ;

1o POUVOIR EXÉCUTIF.

Président de la République. — Nomination, Vacance du pouvoir.

Le Président de la République *est élu* à la majorité absolue des suffrages par le Sénat et par la Chambre des Députés, réunis en Assemblée nationale.

Il est nommé *pour sept ans.* Il est rééligible. (L. 25 fév. 1875, art. 2.)

Un mois au moins avant le terme légal des pouvoirs du Président de la République, les deux Chambres doivent être réunies en Assemblée nationale pour procéder à l'élection du nouveau Président.

A défaut de convocation, cette réunion aurait lieu de plein droit, le quinzième jour avant l'expiration des pouvoirs présidentiels. (L. C. 16 juillet 1875, art. 3, §§ 1 et 2.)

Vacance de la Présidence. — Décès. — Démission.

En cas de *vacance* par décès ou pour toute autre cause, les deux Chambres réunies procèdent immédiatement à l'élection d'un nouveau Président.

Dans l'intervalle, le conseil des ministres est investi du pouvoir exécutif. (L. 25 février 1875, art. 7.)

En cas de *décès* ou de *démission* du Président de la République, les deux Chambres se réunissent immédiatement et de plein droit. (L. 16 juillet 1875, art. 3, § 3.)

Dans les cas où, par application de l'article 5 de la loi du 25 février 1875, la Chambre des députés se trouverait dissoute au moment où la Présidence de la République deviendrait vacante, les collèges électoraux seraient aussitôt convoqués, et le Sénat se réunirait de plein droit. (*Idem*, art. 3, § 4.)

Attributions.

Le Président de la République a l'initiative des lois, concurremment avec les membres des deux Chambres; il promulgue les lois lorsqu'elles ont été votées par les deux Chambres; il en surveille et assure l'exécution, lorsque, par suite de ce vote et de cette promulgation, les lois sont devenues obligatoires pour tous les citoyens. (L. 31 août 1871, art. 2; L. 25 février 1875, art. 3; L. 16 juillet 1875, art. 7.)

Le Président de la République prononce la clôture des sessions parlementaires. Il a le droit de convoquer extraordinairement les Chambres. Il doit les convoquer, si la demande en est faite, dans l'intervalle des sessions, par la majorité absolue des membres composant chaque Chambre.

Le Président peut aussi ajourner les Chambres. Toutefois, l'ajournement ne peut excéder le terme d'un mois, ni avoir lieu plus de deux fois dans la même session. (L. C. 16 juillet 1875, art. 2.)

Il peut demander aux Chambres qu'il y a lieu de réviser les lois constitutionnelles. (L. 25 février 1875, art. 8.)

Le Président de la République peut, sur l'avis conforme du Sénat, dissoudre la Chambre des députés avant l'expiration de son mandat. En ce cas, il doit convoquer les collèges électoraux pour de nouvelles élections dans le délai de trois mois. (L. 25 février 1875, art. 5.)

Chacun des actes du Président de la République doit être contresigné par un ministre. (L. 25 février 1875, art. 3, § 6.)

Le Président de la République a le droit de faire grâce, mais les amnisties ne peuvent être accordées que par une loi (L. 25 fév. 1875, a. 3 § 2).

Il nomme à tous les emplois civils et militaires. (*Idem*, art. 3, § 4.)

Il dispose de la force armée; toutefois il ne peut déclarer la guerre sans l'assentiment des deux Chambres. (L. L. 25 février 1875, art. 3, § 3; 16 juillet 1875, art. 9.)

Le Président de la République préside aux solennités nationales; les envoyés et les ambassadeurs des puissances étrangères sont accrédités auprès de lui. (L. 25 février 1875, art. 3, § 5.)

Le Président de la République *promulgue les lois* dans le mois qui suit la transmission au gouvernement de la loi définitivement adoptée.

Il doit promulger dans les trois jours les lois dont la promulgation, par un vote exprès dans l'une et l'autre Chambres aura été déclarée urgente. (L. 16 juillet 1875, art. 7.)

Dans le délai fixé pour la promulgation, le Président de la République peut, par un message motivé, demander aux deux Chambres *une nouvelle délibération* qui ne peut être refusée (L. *Idem.*)

Le Président de la République négocie et ratifie les *traités*. Il en donne connaissance aux Chambres aussitôt que l'intérêt et la sûreté de l'Etat le permettent. Les traités de paix, de commerce, les traités qui engagent les finances de l'Etat, ceux qui sont relatifs à l'état des personnes et au droit de propriété des Français à l'étranger, ne sont définitifs qu'après avoir été votés par les deux Chambres. Nulle cession, nul échange, nulle adjonction de territoire, ne peut avoir lieu qu'en vertu d'une loi. (L. 16 juillet 1875, art. 8.)

Rapports avec les Chambres.

Le Président de la République communique avec les Chambres par des messages qui sont lus à la tribune par un ministre.

Il peut désigner, par décret, des commissaires chargés d'assister les ministres dans la discussion d'un projet de loi déterminé. (L. C. 16 juillet 1875, art. 6.)

Responsabilité.

Le Président de la République n'est responsable que dans le cas de haute trahison. (L. 25 février 1875, art. 6, § 2.)

Le Président de la République ne peut être mis en accusation que par la Chambre des députés, et ne peut être jugé que par le Sénat constitué en Cour de justice. (L. 24 février 1875, art. 9. — L. 16 juillet 1875, art. 12.)

Le siège du pouvoir exécutif et des deux Chambres est à Paris. (L. 22 juillet 1879, art. 1er.)

Les Chambres ont le droit, par délibérations séparées, prises dans chacune à la majorité absolue des voix, soit spontanément, soit sur la demande du Président de la République, de déclarer qu'il y a lieu de reviser les lois constitutionnelles.

Après que chacune des deux Chambres aura pris cette résolution, elles se réuniront en Assemblée nationale pour procéder à la révision. Les délibérations portant revision des lois constitutionnelles en tout ou en partie, doivent être prises à la majorité absolue des membres composant l'Assemblée nationale. (L. 25 février 1875, art. 8.)

2° Pouvoir législatif.

Sénat et Chambre des députés. — Règles et attributions communes aux deux Chambres.

Le pouvoir législatif s'exerce par deux assemblées : la Chambre des députés et le Sénat. (L. 25 févr. 1875, art. 1er; 24 févr. 1875, art. 8.)

Le *Sénat et la Chambre des députés* se réunissent chaque année, le second mardi de janvier à moins d'une convocasion antérieure faite par le Président de la République. (L. 16 juillet 1875, art. 1.), Les deux Chambres doivent être réunies en session cinq mois au moins chaque année. La session de l'une commence et finit en même temps que celle de l'autre. (*Idem*, art. 1, § 2.)

Le bureau de chacune des deux Chambres est élu chaque année pour la durée de la session, et pour toute session extraordinaire qui aurait lieu avant la session ordinaire de l'année suivante (*Id.* art. 11).

Toute assemblée de l'une des deux Chambres qui serait tenue hors du temps de la session commune est illicite et nulle de plein droit sauf le cas prévu par l'art. 3 (vacance de la Présidence) et celui où le Sénat est réuni comme Cour de justice, et dans ce dernier cas, il ne peut exercer que des fonctions judiciaires. (L. *Idem*, art. 4.)

Les séances du Sénat et celles de la Chambres des députés sont publiques. — Néanmoins, chaque Chambre peut se former en comité secret sur la demande d'un certain nombre de ses membres fixé par le règlement. Elle décide ensuite à la majorité absolue si la séance doit être reprise en public sur le même sujet. (*Idem*, art. 5.)

La *guerre* ne peut être déclarée par le Président de la République sans l'assentiment préalable des deux Chambres. (L. 19 juillet 1875, art. 9.)

Chacune des Chambres est juge de l'éligibilité de ses membres et de la régularité de leur élection; elle peut seule recevoir leur démission. (L. 16 juillet 1875, art. 10.)

Les sénateurs et les députés reçoivent une indemnité. — Cette indemnité est réglée (à 9,000 francs par an) par les art. 96 et 97 de la loi du 15 février 1872. (L. 2 août 1875, art 26; 30 novembre 1875, art. 17.)

Aucun membre de l'une ou de l'autre Chambre ne peut être poursuivi ou recherché à l'occasion des opinions et votes émis par lui dans l'exercice de ses fonctions. (L. 16 juillet 1875, art. 13.)

Aucun membre de l'une ou de l'autre Chambre ne peut, pendant la durée de la session, être poursuivi ou arrêté en matière criminelle ou correctionnelle, qu'avec l'autorisation de la Chambre dont il fait partie, sauf le cas de flagrant délit.

La détention ou la poursuite d'un membre de l'une ou l'autre Chambre est suspendue si la Chambre le requiert (L. 16 juillet 1875 art. 14.)

Le siége des deux Chambres est à Paris : le Palais du Luxembourg et le palais Bourbon sont affectés : le premier au service du Sénat; le second, à celui de la Chambre des Députés (L. 22 juillet 1879, art 1 et 2.) — Néanmoins chacune des deux Chambres demeure maîtresse de désigner dans la ville de Paris, le palais qu'elle veut occuper (*Idem*, art. 2 § 2.)

Les présidents du Sénat et de la Chambre des députés sont chargés de veiller à la sûreté intérieure et extérieure de l'assemblée qu'ils président. A cet effet, ils ont le droit de requérir la force armée et toutes les autorités dont ils jugent le concours nécessaire. Les réquisitions peuvent être adressées directement à tous officiers, commandants ou fonctionnaires, qui sont tenus d'y obtempérer immédiatement, sous les peines portées par les lois. Les présidents du Sénat et de la Chambre des députés peuvent déléguer leur droit de réquisition aux questeurs ou à l'un d'eux.

Toute pétition à l'une ou l'autre des Chambres ne peut être faite et présentée que par écrit. Il est interdit d'en apporter en personne ou à la barre (L. 22 juillet 1879, art. 6.)

Toute infraction à l'article précédent, toute provocation, par des discours proférés publiquement ou par des écrits ou imprimés affichés ou distribués, à un rassemblement sur la voie publique ayant pour objet la discussion, la rédaction ou l'apport aux Chambres ou à l'une d'elles, de pétitions, déclarations ou adresses, que la provocation ait été ou non suivie d'effet, sera punie des peines édictées par le paragraphe 1er de l'article 5 de la loi du 7 juin 1848. (L. *Idem*, art. 7.)

Il n'est en rien dérogé, par les présentes dispositions, à la loi du 7 juin 1848, sur les attroupements. (L. *Idem*, art. 8.)

L'article 463 du code pénal est applicable aux délits prévus par la présente loi (L. *Idem*, art. 9.)

Règles et attributions spéciales au Sénat.

Le Sénat est composé de 300 membres, élus par les départements et les colonies (L. 24 février 1875, 14 août et 9 décembre 1884.)

Nul ne peut être Sénateur s'il n'est Français, âgé de 40 ans au moins et s'il ne jouit pas de ses droits civils et politiques. (L. 9 décembre 1884, art. 4.)

Les Sénateurs sont élus au scrutin de liste par un collège réuni au chef-lieu du département ou de la colonie et composé :

1° Des députés;

2° Des conseillers généraux;

3° Des conseillers d'arrondissement ;

4° Des délégués élus parmi les électeurs de la commune, par chaque conseil municipal (L. 9 décembre 1884 art. 6.)

Les membres du Sénat sont élus pour neuf années, et renouvelables par tiers tous les trois ans (L. *Idem*, art. 7.)

Dans le cas où, par application de la loi du 25 février 1875, la *Chambre des députés* se *trouverait dissoute* au moment où la Présidence de la République deviendrait vacante, les collèges électoraux seraient aussitôt convoqués, et le Sénat se réunirait de plein droit. (L. 16 juillet 1875, art. 3 § 4.)

Le Sénat peut être constitué en *cour de justice* pour juger soit le Président de la République, soit les ministres, et pour connaître des attentats commis contre la sûreté de l'Etat (L. 24 février 1875, art. 9.)

Dans ce cas, le Sénat ne peut exercer que des fonctions judiciaires (L. 16 juillet 1875, art. 4.), et il désigne la ville et le local où il entend tenir ses séances (L. 22 juillet 1879, art. 3.)

Règles et attributions spéciales à la Chambre des députés.

Les membres de la Chambre des députés sont élus au scrutin de liste (L. 16 juin 1885.)

Chaque département élit le nombre de députés qui lui est attribué à raison d'un député par soixante-dix mille habitants, les étrangers non compris. Néanmoins il est tenu compte de toute fraction inférieure à soixante-dix mille ; chaque département élit au moins trois députés. (L. *Idem*, art. 2.)

Les lois de finances doivent être en premier lieu présentées à la Chambre des députés et votées par elle, avant d'être soumises au Sénat (L. 24 février 1875, art. 8 § 2.)

La Chambre des députés a seule le droit de mettre en accusation le Président de la République qui ne peut être jugé que par le Sénat (L. 16 juillet 1875, art. 12 § 1.)

La Chambre des députés peut mettre les ministres en accusation pour crimes commis dans l'exercice de leurs fonctions. En ce cas, ils sont jugés par le Sénat (L. *Idem*, art. 12 § 2.)

3° Assemblée nationale.

Le Sénat et la Chambre des députés se réunissent en *Assemblée nationale* : 1° lorsqu'il y a lieu d'élire le Président de la République ; 2° lorsqu'il y a lieu de réviser les lois constitutionnelles (L. 25 février 1875, art. 2 et 8.)

Lorsque les deux Chambres se réunissent en Assemblée nationale, leur bureau se compose des présidents, vice-présidents et secrétaires du Sénat (L. 16 juillet 1875, art. 11.)

Dans le cas où il y a lieu de réunir l'Assemblée nationale, elle siège à Versailles (L. 22 juillet 1879, art. 3 § 2.)

Section II. — Administration.

On donne le nom d'*administration* à l'ensemble des autorités ou fonctionnaires qui, sous la direction du pouvoir exécutif sont appelés à concourir à l'application des lois.

L'administration a trois objets : *agir*, *conseiller* et *délibérer* ; de là trois divisions dans l'administration générale : 1° *l'administration active* qui est chargée d'appliquer les règles du droit administratif et de veiller à l'exécution, par les citoyens, des obligations imposées par la loi ;

2° *L'administration consultative ou délibérative* qui est destinée, soit à éclairer l'administration active par ses avis ou ses vœux, soit même à contrôler ses actes. Elle est représentée par le Conseil d'Etat, la Cour des comptes, les Conseils de préfecture, les Conseils généraux, les Conseils d'arrondissement et les Conseils municipaux ;

3° *L'administration contentieuse* qui statue sur les difficultés auxquelles peut donner lieu l'application des actes de l'administration active ; elle comprend le Conseil d'Etat, la Cour des comptes, les Conseils de préfecture.

Nous nous occuperons ici principalement de l'administration active.

Les autorités qui concourent à l'administration active peuvent se diviser en *autorités centrales*, *autorités départementales et autorités communales*.

1° AUTORITÉS CENTRALES

Les autorités centrales comprennent : le Président de la République et les Ministres qui, avec le Conseil d'Etat et la Cour des comptes forment *l'administration centrale*.

§ Ier. — *Président de la République.*

On a vu dans les lois constitutionnelles (25 février 1875, art. 3) que le Président de la République, comme chef du pouvoir exécutif, a pour attributions administratives :

1° De promulguer les lois, lorsqu'elles ont été votées par les deux Chambres ;

2° De surveiller et d'assurer l'exécution de ces lois ;

3° De nommer à tous les emplois civils et militaires.

Le Président de la République exerce son pouvoir administratif par des actes qui portent le nom de *décrets* et ont pour but de pourvoir aux divers services publics et d'assurer l'application des lois d'intérêt général.

Les décrets rendus par le Président de la République sont : 1° *généraux ou réglementaires* ; — 2° *spéciaux ou individuels.*

Les décrets *généraux* sont le complément d'une loi ; ils fixent les détails de son exécution.

Il existe deux sortes de *décrets généraux ou règlementaires* : 1° ceux que le chef du pouvoir exécutif rend *jure proprio*, soit après délibération du Conseil d'Etat, soit sur le rapport d'un ministre ; 2° ceux qu'il rend par délégation de la loi, et qui doivent être délibérés en

Conseil d'Etat. On leur donne aussi le titre de *règlements d'administion publique.*

Les premiers de ces décrets n'ont d'autre sanction que celle établie par l'article 471, n° 15, du code pénal.—Tel est le décret du 12 janvier 1882 qui fixe les époques de la vente des huitres.

Les seconds, au contraire, peuvent être sanctionnés par une peine spéciale, si le législateur a délégué à cet égard ses pouvoirs au chef du pouvoir exécutif. Telles sont : 1° l'ordonnance royale du 15 novembre 1846, rendue en exécution de la loi du 15 juillet 1845, sur la police et la sûreté des chemins de fer ; 2° le décret du 10 août 1852, pris en exécution de la loi du 30 mai 1851, concernant la police du roulage ; — 3° le décret du 22 juin 1882, rendu pour l'exécution de la loi du 21 juillet 1881, sur la *police sanitaire des animaux.*

Les décrets *spéciaux* ou *individuels* sont aussi de deux sortes : 1° les décrets portant nomination à une fonction ou à un emploi public ; ou accordant une pension, etc ; 2° les décrets qui doivent être rendus après délibération du conseil d'Etat pour accorder une naturalisation, une concession de mines, un octroi dans une commune, etc.

D'ailleurs, tous les décrets administratifs, soit généraux et réglementaires, soit spéciaux et individuels peuvent donner lieu à un recours contentieux devant le conseil d'Etat pour cause *d'incompétence et d'excès de pouvoir.*

Les décrets individuels peuvent être attaqués par la voie contentieuse, lorsqu'ils *violent un droit* ou qu'ils soulèvent une difficulté d'interprétation.

Enfin, les actes du pouvoir réglementaire ne peuvent donner lieu, *au fond,* à un recours contentieux devant le Conseil d'Etat.

§ 2. — *Des Ministres.*

Les Ministres sont les premiers auxiliaires du chef du Pouvoir exécutif; ils sont nommés par lui et contresignent chacun de ses actes. (L. 25 février 1875, art. 3, §§ 4 et 5.)

Des Ministres sont solidairement responsables devant les Chambres de la politique générale du Gouvernement et individuellement de leurs actes personnels. (L. *Idem,* art. 6.)

Ils peuvent être mis en accusation par la Chambre des députés pour crimes commis dans l'exercice de leurs fonctions. En ce cas, ils sont jugés par le Sénat. (L. 16 juillet 1875, art. 12 § 2.)

Les Ministres sont placés à la tête des grandes divisions de l'Administration, appelées *Départements ministériels* ou *Ministères.*

Sous l'Assemblée constituante (1791), les ministères étaient au nombre de six ; ce nombre a beaucoup varié depuis cette époque, on en compte dix actuellement (1888), savoir : 1° Affaires étrangères ; 2° Justice ; 3° Intérieur ; 4° Finances ; 5° Guerre ; 6° Marine et Colonies ; 7° Instruction publique, Beaux-Arts et Cultes ; 8° Travaux publics ; 9° Commerce et Industrie ; 10° Agriculture.

Chacun de ces ministères comprend un ensemble de services dont les attributions sont groupées et fixées par des décrets du chef du pouvoir exécutif.

Nous ne pouvons entrer dans le détail des attributions de chaque ministère, nous nous contenterons, pour le but de cette étude, de faire connaitre la répartition des matières rentrant dans la partie de l'administration active qui sous le nom de police est chargée d'assurer la sécurité du corps social.

Les attributions de la police sont partagées entre divers ministères dont le plus important est le *Ministère de l'Intérieur.*

C'est à ce ministère, en effet, que ressortissent les affaires qui concernent la sûreté générale de l'État et le maintien de l'ordre public, savoir : la vente et le port des armes, les associations, les réunions publiques et les coalitions ; l'imprimerie, la librairie, la presse périodique, la vente des écrits dessins, estampes et gravures ; la police des lieux publics : cafés, cabarets, débits de boissons, théâtres, cafés-concerts, etc. ; la police des chemins de fer au point de vue de la sûreté publique ; la surveillance des condamnés politiques ; l'expulsion des étrangers et les mesures relatives aux réfugiés politiques ; les passe-ports ; l'examen des demandes d'admission à domicile et de naturalisation ; la police des cultes au point de vue de la sûreté générale ; les inhumations, exhumations et transports de corps ; la surveillance des récidivistes ; les loteries ; la police de la chasse et les questions de subsistances qui se rattachent à la sûreté publique.

Les autres attributions de police administrative appartiennent :

1° Au *Ministère de l'Agriculture*, savoir : Les mesures contre le phylloxéra, les insectes, les parasites, etc. — l'importation et l'exportation des céréales, les relevés périodiques de la situation des récoltes ; — le commerce et la libre circulation des grains et subsistances. L'établissement des foires et marchés. — Les ventes à la criée des denrées alimentaires. — Les recours en matière de règlements sur la boulangerie, la boucherie, les abattoirs, et la vente publique des produits alimentaires. — Les mercuriales. — La statistique agricole annuelle et périodique.—Le service vétérinaire et la police sanitaire des animaux, les épizooties.

L'administration des forêts à laquelle se rattachent les questions de réglementation de la chasse, de la louveterie et la destruction des animaux dangereux ou nuisibles.

2e Au *Ministère du Commerce et de l'Industrie :* Les Bourses de commerce. — La police commerciale dans les foires, marchés, ports et autres lieux publics. — L'exercice des professions de commissionnaires et portefaix sur la voie publique. — Les ventes publiques de marchandises.

Les syndicats professionnels. — Les livrets d'ouvriers, les grèves et coalitions. — Le travail des enfants dans les usines et manufactures. Les contrats d'apprentissage. — Le tissage et le bobinage. — La propriété industrielle. — Les marques de fabrique. —Les épreuves des armes à feu fabriquées par le commerce. — La vérification des poids et mesures.

La police sanitaire, les lazarets et les quarantaines. —Les conseils d'hygiène et de salubrité. — Les épidémies. — Les eaux minérales. — L'inspection des pharmacies et drogueries.

Les établissements dangereux, insalubres ou incommodes. — Les fabriques et dépôts de dynamite.

3° Au *Ministère de l'instruction publique des beaux-arts et des cultes :* les mesures pour le maintien de l'ordre dans les cérémonies religieuses ; la police des théâtres et des cafés-concerts (au point de vue de l'examen des pièces et morceaux de chant).

4° Au *Ministère des travaux publics :* la police de la grande voirie et des cours d'eau ; la police du roulage ; l'exploitation des mines, carrières et usines métallurgiques ; la police des chemins de fer au point de vue de l'exploitation.

5e Au *Ministère des finances* : les mesures concernant la garantie des matières d'or et d'argent ; le régime des bacs et bateaux ; la surveillance des cartes à jouer ; la vente et le transport des tabacs et des poudres.

6e Au *Ministère des affaires étrangères :* les passeports à l'étranger, les légalisations et les visas diplomatiques et consulaires.

Pouvoir des ministres.

Conformément à la Constitution de l'an VIII, les Ministres sont chargés d'assurer l'exécution des lois et des réglements d'administration publique, ainsi que de tous autres actes du chef du Pouvoir exécutif.

Leur action s'étend à tout le territoire.

Chacun d'eux, pour les services qui ressortissent à son ministère, dirige les préfets dans l'application des lois, décrets et règlements, et contrôle l'action de ces magistrats.

Les ministres remplissent cette mission par des *instructions* ou des *décisions*.

Les *instructions* sont destinées à guider les fonctionnaires dans l'interprétation et l'application des lois et décrets. Elles sont *individuelles* ou *collectives*, suivant qu'elles s'adressent à un seul fonctionnaire ou à tout un ordre de fonctionnaires. Dans ce dernier cas, elles sont appelées *circulaires*.

Les instructions ministérielles sont des ordres; elles sont obligatoires pour les fonctionnaires auxquels elles sont adressées, mais elles n'ont aucun caractère juridique pour les tribunaux et ne les lient en aucune façon.

Les *décisions* sont des résolutions prises soit à l'occasion de demandes ou de réclamations, soit pour prononcer sur la validité des actes des préfets. Les décisions peuvent être rendues soit sous la forme d'*arrêtés*, soit par simples lettres.

Les ministres ont-ils le *pouvoir règlementaire*, c'est-à-dire celui de faire des règlements généraux sur des objets de police? La question est controversée. Des auteurs sontiennent que le pouvoir règlementaire appartenant au chef du pouvoir exécutif pour tout l'Etat, et les Ministres étant placés auprès du chef du pouvoir exécutif n'ont pas besoin de l'exercer, puisqu'il leur suffit de soumettre un règlement à sa signature. —D'autres auteurs pensent, au contraire, que les ministres peuvent exercer le pouvoir réglementaire, en s'appuyant sur l'art. 54 de la Constitntion de l'an VIII qui les charge de procurer l'exécution des lois et des règlements d'administration publique.

Toutefois, dans des matières déterminées, des lois et décrets leur accordent ce pouvoir. Ainsi le règlement d'administration publique du 15 novembre 1846, sur la police des chemins de fer, dans ses articles 18, 24,29 et 30, confie au ministre des travaux publics le soin de prescrire diverses mesures concernant la marche des trains, la composition et l'éclairage des convois. Tel encore, le décret du 10 août 1852, sur la police du roulage, dont l'article 8 autorise les ministres des travaux publics et de l'intérieur à prendre les mesures qui seraient jugées nécessaires pour le passage des voitures sur les ponts suspendus.

Enfin, les ministres examinent et contrôlent les arrêtés ou réglements faits par les préfets ; ils ont le droit, sans toutefois pouvoir modifier ces règlements, de les annuler soit pour incompétence, soit pour excès de pouvoir, soit, enfin, comme mesures dangereuses.

Les voies de recours contre les actes des ministres, en matière administrative, sont : — 1er le recours au ministre lui-même, mieux informé ; — 2e le recours au Conseil d'Etat, mais seulement pour les cas d'incompétence ou d'excès de pouvoir.

2° Autorités départementales.

Sous le rapport administratif, la France est divisée en *départements*, partagés eux-mêmes en *arrondissements*, composés chacun d'un certain nombre de *cantons* (1) renfermant un nombre variable de *communes*.

D'aprés le recensement fait en 1886, il existe 87 départements, 362 arrondissements, 2,871 cantons et 36,121 communes dont la population totale est de 38,218,903 habitants.

Les autorités départementales sont les préfets et les sous-préfets qui, avec les Conseils généraux et les conseils d'arrondissements forment *l'administration départementale.*

La loi du 28 pluviôse an VIII a établi l'administration du département de la manière suivante :

1e Dans chaque département un préfet, un conseil de préfecture et un conseil général de département (L. art. 2) ;

2e Un secrétaire général de préfecture, chargé de la garde des papiers et de signer les expéditions (L. art. 7) ;

3o Dans chaque arrondissement, un sous-préfet et un conseil d'arrondissement (L. art. 9) ;

Dans les arrondissements où est situé le chef-lieu de département, il n'y a pas de sous-préfet (L. art. 11).

§ 1er — *Des Préfets.*

Aux termes de l'article 3 de la loi de Pluviôse an VIII, le préfet seul est chargé de l'administration.

D'un autre côté, la loi du 10 août 1871 a tracé le rôle du préfet comme administrateur. L'article 3 de cette loi porte : 1o le préfet

---

(1) Le canton n'est pas, à vrai dire, une circonscription administrative, il n'existe pas d'autorités cantonales administratives. Le canton, toutefois, est le ressort judiciaire de la justice de paix, il sert de base à certaines élections ; enfin, c'est au chef-lieu de canton que se font les opérations du recrutement de l'armée.

est le représentant du pouvoir exécutif dans le département; — 2e il est en outre chargé de l'instruction des affaires qui intéressent le département, ainsi que de l'exécution des décisions du conseil général et de la commission départementale.

Le préfet doit donc être considéré comme *agent du pouvoir exécutif* et comme *représentant du département.*

Nous ne parlerons ici que du rôle du préfet comme agent du pouvoir exécutif.

Le préfet est nommé par le chef du pouvoir exécutif sur la présentation du ministre de l'intérieur dont il relève plus spécialement. Il n'existe aucune condition d'âge, de capacité ou de stage pour être appelé aux fonctions de préfet.

Au point de vue des traitements les préfets sont divisés en trois classes (35,000, 24,000 et 18,000 francs) attachées à la résidence. Toutefois un décret du 22 mars 1887 a établi des règles pour l'élévation des préfets à une classe personnelle dans leur résidence.

Les lois constitutionnelles et organiques déclarent les fonctions de préfets incompatibles avec celles de sénateur, de député, de conseiller général, de conseiller d'arrondissement et de conseiller municipal.

En outre, au point de vue électif, un préfet n'est éligible, comme sénateur ou député dans le département où il exerce ses fonctions que six mois après leur cessation.

Attributions générales

Bien que placé plus spécialement sous les ordres du ministre de l'intérieur, le préfet n'en est pas moins le délégué de tous les ministres pour les divers services publics de son département. Il reçoit de chacun d'eux les décisions et instructions qui doivent assurer l'exécution des lois et décrets présentant un caractère d'intérêt soit général, soit spécial pour le département qu'il administre.

Le préfet a sur les divers fonctionnaires et agents administratifs de son département, une action directe. Il leur transmet les instructions ministérielles, ainsi que celles qu'il juge utiles pour les guider dans l'exécution des lois et décisions du pouvoir central.

Le préfet, d'ailleurs, a le droit de statuer provisoirement et de prendre telles mesures qu'il croit nécessaires en cas d'urgence, sauf à en référer au ministre compétent.

Le préfet est aussi agent d'information; comme tel, il est chargé de recueillir et de transmettre au gouvernement tous les renseignements utiles sur toutes les affaires présentant un caractère politique ou administratif, qui se produisent dans son département.

Le préfet nomme à divers emplois spécifiés dans des lois spéciales et dans les décrets du 25 mars 1852 et 13 avril 1861, sur la décentralisation administrative ; notamment, il nomme les commissaires de police dans les villes de 6.000 âmes et au-dessous ; — Les gardes forestiers des communes et des établissements publics, — Les lieutenants de louveterie ; — les gardes de navigation. Aux termes de la loi du 5 avril 1884, articles 102 et 103, les nominations des gardes champêtres et des agents de police doivent être agréés par le préfet. (Voir le détail des attributions dans le *Dictionnaire général de police*, au mot Préfet.)

Le préfet a le droit de requérir la force armée et la gendarmerie pour assurer l'exécution des lois. La forme des réquisitions à adresser dans cette circonstance est indiquée par l'article 22 de la loi du 3 août 1791, et le décret du 1er mars 1854, article 96, sur la gendarmerie. (*Idem*).

Action du préfet sur la police municipale

Le préfet a le droit d'*annuler* ou de *suspendre* l'exécution des arrêtés de police pris par les maires (L. 5 avril 1884, art. 95.)

Ce droit toutefois, n'emporte pas pour le préfet le pouvoir de modifier les arrêtés municipaux (Voir *Loi municipale* ci-après).

Pouvoir règlementaire du préfet.

Le pouvoir de police qui appartient au maire dans chaque commune ne fait pas obstacle au droit du préfet de prendre pour toutes les communes du départements ou plusieurs d'entres elles, toutes mesures relative au maintien de la salubrité, de la sureté et de la tranquillité publique.

Toutefois ce droit ne peut être exercé par le préfet à l'égard d'une seule commune qu'après une mise en demeure adressée au maire et restée sans résultat (L. 5 avril 1884, art. 99).

D'ailleurs le préfet ne peut prendre des arrêtés sur des matières de police municipale qu'autant que les mesures édictées ont un caractère d'*utilité générale* et ne concernent pas exclusivement l'intérêt des habitants d'une commune. Ainsi la cour de cassation a déclaré illégaux les arrêtés fixant l'heure du balayage de la voie publique ou prescrivant aux habitants l'échardonnage de leurs propriétés (C. c. 8 juin 1861, 28 juin 1866).

Le préfet a, en outre, le pouvoir règlementaire d'après les dispositions de certaines lois spéciales, ainsi : en matière de chasse (Loi 3 mai 1844, art. 3.) ; de chemins vicinaux (L. 21 mai 1836, art. 21); en matière de roulage (L. 5 mars 1851.)

Indépendamment des arrêtés d'intérêts généraux que peut prendre le préfet, il existe des arrêtés individuels prescrivant des mesures ou des autorisations particulières, tels sont : l'établissement d'une usine sur les cours d'eaux non navigables ni flottables, l'ouverture d'un magasin général, d'après la loi du 31 août 1871.

D'ailleurs les arrêtés réglementaires du préfet, soit généraux ou individuels ont pour sanction, comme les arrêtés municipaux, la pénalité prononcée par l'article 471, § 15, du code pénal.

Les voies de recours contre les arrêtés préfectoraux sont : la demande faite au préfet lui-même pour l'annulation ou la réformation de son arrêté ;

L'appel au ministre compétent ;

Le recours au Conseil d'Etat pour *excès de pouvoir* ou *incompétence.*

Pouvoir judiciaire.

Le préfet a aussi les pouvoirs d'officiers de police judiciaire, aux termes de l'article 10 du Code d'instruction criminelle, mais le projet de loi soumis au Parlement concernant les modifications à apporter à ce code, leur enlève ces pouvoirs.

§ 2. — Préfet de police et préfet de la Seine.

Le préfet de police à Paris est chargé de tout ce qui concerne la police (L. 28 pluviôse an VIII, art. 16), à l'exception, toutefois, de la voirie municipale comprenant : l'éclairage et le nettoyage de la voie publique, les égouts et les fosses d'aisances, la taxe de la boulangerie, etc., qui sont attribués au préfet de la Seine (D. 10 octobre 1859). Les fonctions du préfet de police touchent à la fois à la police administrative générale et à la police municipale. Il exerce son action sous l'autorité immédiate des ministres et correspond directement avec eux.

Sa juridiction s'étend à toutes les communes du département de la Seine, ainsi qu'à celles de Saint-Cloud, Meudon, Sèvres et Enghien du département de Seine-et-Oise. (Arr. des Consuls, 3 brumaire an IX; L. du 7 août 1850; L. 13 juin 1853).

Le préfet de police a le pouvoir réglementaire pour tous les objets qui lui sont dévolus par l'arrêté des Consuls du 12 messidor an VIII, sauf les modifications précitées du décret du 10 octobre 1859.

Ses règlements ou arrêtés prennent le titre d'*ordonnances.*

Il peut aussi publier de nouveau les lois et réglements. (V. *Dictionnaire général de police* à l'article *Préfet de police.*)

§ 3. — Préfet du Rhône.

Le préfet du Rhône exerce dans les communes de Lyon, Caluire, et Cuire, Oullins, Sainte-Foy, Saint-Rambert, Villeurbanne, Vaux-en-Velin, Bron, Venissieu et Pierre-Bénite du département du Rhône, et celles de Sathonay, du département de l'Ain, les mêmes attributions que celles qu'exerce le préfet de police dans les communes suburbaines de la Seine (L. 5 avril 1884, art. 104).

Dans les communes ci-dessus désignées, les maires restent investis de tous les pouvoirs de police conférés aux administrations municipales par les paragraphes 1, 4, 5, 6, 7 et 8 de l'article 97 de la loi du 5 avril 1884.

Ils sont, en outre, chargés du maintien du bon ordre dans les foires, marchés, réjouissances et cérémonies publiques, spectacles, jeux, cafés, églises et autres lieux publics. (L. 5 avril 1884, art. 105.)

§ 4. — Secrétaire général. — Sous-préfet.

De même que pour les préfets, il n'existe aucunes conditions spéciales d'âge, de capacité et de stage pour être appelé aux fonctions de secrétaire général ou de sous-préfet.

Ces fonctionnaires sont nommés par décrets du pouvoir exécutif, sur la présentation du ministre de l'intérieur.

Il existe pour les secrétaires généraux et les sous-préfets trois classes de traitement 7,000, 6,000 et 4,500. Ils peuvent être élevés de classes sur place.

On a vu que la loi du du 28 pluviôse an VIII a établi dans chaque département, à côté du préfet, un secrétaire général et dans chaque arrondissement un sous-préfet.

Le secrétaire général aux termes de l'article 7 de la loi de pluviôse est chargé de la garde des papiers et de la signature des expéditions.

Un décret du 29 décembre 1854, porte (art. 3) que les secrétaires généraux pourront par délégation et sons la direction des préfets, être chargés d'une partie de l'administration départementale. Les arrêtés de délégation doivent être soumis à l'approbation du ministre de l'intérieur.

Enfin, la loi du 21 juin 1865, article 5, en établissant un secrétaire général dans chaque département, lui a conféré, outre ses fonctions habituelles, celles de *Commissaire du gouvernement* dans les affaires contentieuses soumises au Conseil de préfecture.

Les sous-préfets sont les chefs de l'administration active dans chaque arrondissement. (L. 28 pluviôse an VIII, art. 8.)

Ils sont sous les ordres directs des préfets dont ils font exécuter les instructions et les décisions pour l'application des lois et le maintien de l'ordre.

Aux termes du décret du 13 avril 1861, sur la décentralisation, les sous-préfets, soit directement, soit par délégation des préfets, délivrent les passe-ports et les permis de chasse; ils autorisent la mise en circulation des voitures publiques; les loteries de bienfaisance jusqu'à concurrence de 2,000 francs; les battues pour la destruction des animaux nuisibles dans les bois des communes et des établissements de bienfaisance. (D., art. 6. (V. *L. municipale*, a. 90 § 9).

Les sous-préfets sont autorisés, en outre, à délivrer les alignements sur les routes nationales, départementales et sur les chemins vicinaux de grande communication, lorsqu'il existe un plan d'alignement régulièrement approuvé. (L. du 4 mai 1864, art. 1 et 2.)

Mais les sous-préfets n'ont pas le pouvoir réglementaire; ils n'ont pas le droit de prendre des arrêtés sur les matières de police: leurs arrêtés seraient illégaux et non obligatoires devant les tribunaux. (Cour de cassation.)

3° Autorités communales.

Les autorités communales sont le maire et les adjoints, qui avec le conseil municipal, forment l'*administration communale*.

Pour tout ce qui concerne ce paragraphe nous renvoyons à la loi municipale du 5 avril 1884 qui suit, et notamment au titre III (art. 73 à 109) relatif à la nomination, aux fonctions, attributions diverses des maires et adjoints.

La loi municipale est, d'ailleurs, suivie d'un extrait des instructions du ministre de l'intérieur, en date du 15 mai 1884, sur les attributions des maires, ainsi que sur l'organisation de la police dans les villes de 40,000 habitants, Lyon et dans l'agglomération lyonnaise.

Nous ajouterons, toutefois, que les maires sont *officiers de l'état civil*. Leurs fonctions en cette matière sont réglées par le titre II du code civil, article 34 et suivants.

Ils sont aussi *officiers de police judiciaire*. On trouvera leurs attributions, sous ce rapport, au chapitre de l'*organisation judiciaire*.

Loi sur l'organisation municipale (*Extrait*).

(5 avril 1884).

DES CONSEILS MUNICIPAUX : *Fonctionnement et attributions.* — DES MAIRES ET DES ADJOINTS : *Mode de nomination.* — *Attributions.* — *Pouvoirs en matière de police.* — BUDGET COMMUNAL : *Dépenses obligatoires.*

TITRE II. — DES CONSEILS MUNICIPAUX.

CHAPITRE Ier. — *Formation des conseils municipaux.*

Art. 10. — Le conseil municipal se compose de 10 membres dans les communes de 500 habitants et au-dessous.

		Habitants
De 12	dans celles de	501 à 1.500
De 16	—	1.501 à 2.500
De 21	—	2.501 à 3.500
De 23	—	3.501 à 10.000
De 27	—	10.001 à 30.000
De 30	—	30.001 à 40.000
De 32	—	40.001 à 50.000
De 34	—	50.001 à 60.000
De 36	—	60.001 et au-dessus.

Dans les villes divisées en plusieurs mairies, le nombre des conseillers sera augmenté de trois par mairie.

Art. 11. — L'élection des membres du conseil municipal a lieu au scrutin pour toute la commune.

Néanmoins, la commune peut être divisée en sections électorales, dont chacune élit un nombre de conseillers proportionné au chiffre des électeurs inscrits, mais seulement dans les deux cas suivants :

1° Quand elle se compose de plusieurs agglomérations d'habitants distinctes et séparées; dans ce cas, aucune section ne peut avoir moins de deux conseillers à élire;

2° Quand la population agglomérée de la commune est supérieure à 10,000 habitants. Dans ce cas, la section ne peut être formée de fractions de territoire appartenant à des cantons ou à des arrondissements municipaux différents. Les fractions de territoire ayant des biens propres ne peuvent être divisées en plusieurs sections électorales.

Aucune de ces sections ne peut avoir moins de quatre conseillers à élire.

Dans tous les cas où le sectionnement est autorisé, chaque section doit être composée de territoires contigus.

Art. 12. — Le sectionnement est fait par le conseil général, sur l'initiative soit d'un de ses membres, soit du préfet, soit du conseil municipal ou d'électeurs de la commune intéressée.

Aucune décision en matière de sectionnement ne peut être prise qu'après avoir été demandée avant la session d'avril ou au cours de cette session au plus tard. Dans l'intervalle entre la session d'avril et la session d'août, une enquête est ouverte à la mairie de la commune intéressée, et le conseil municipal est consulté par les soins du préfet.

Chaque année, ces formalités étant observées, le conseil général, dans sa session d'août, prononce sur les projets dont il est saisi. Les sectionnements ainsi opérés subsistent jusqu'à une nouvelle décision. Le tableau de ces opérations est dressé chaque année par le conseil général dans sa session d'août. Ce tableau sert pour les élections intégrales à faire dans l'année.

Il est publié dans les communes intéressées, avant la convocation des électeurs, par les soins du préfet, qui détermine, d'après le chiffre des électeurs inscrits dans chaque section, le nombre des conseillers que la loi lui attribue.

Le sectionnement, adopté par le conseil général, sera représenté par un plan déposé à la préfecture et à la mairie de la commune intéressée. Tout électeur pourra le consulter et en prendre copie.

Avis de ce dernier dépôt sera donné aux intéressés par voie d'affiche à la porte de la mairie.

Dans les colonies régies par la présente loi, toute demande ou proposition de sectionnement doit être faite trois mois au moins avant l'ouverture de la session ordinaire du conseil général. Elle est instruite, par les soins du directeur de l'intérieur, dans les formes indiquées ci-dessus.

Les demandes et propositions, délibérations des conseils municipaux et procès-verbaux d'enquête sont remis au conseil général à l'ouverture de la session.

Art. 13. — Le préfet peut, par arrêté spécial publié dix jours au moins à l'avance, diviser la commune en plusieurs bureaux de vote qui concourront à l'élection de ces mêmes conseillers.

Il sera délivré à chaque électeur une carte électorale. Cette carte indiquera le lieu où doit siéger le bureau où il devra voter.

Art. 14. — Les conseillers municipaux sont élus par le suffrage direct universel.

Sont électeurs tous les Français âgés de vingt-et-un ans accomplis et n'étant dans aucun cas d'incapacité prévue par la loi.

La liste électorale comprend : 1° tous les électeurs qui ont leur domicile réel dans la commune ou y habitent depuis six mois au moins ; 2° ceux qui auront été inscrits au rôle d'une des quatre contributions directes ou au rôle des prestations en nature, et, s'ils ne résident pas dans la commune, auront déclaré vouloir y exercer leurs droits électoraux. — Seront également inscrits, aux termes du présent paragraphe, les membres de la famille des mêmes électeurs compris dans la cote de la prestation en nature, alors même qu'ils n'y sont pas personnellement portés, et les habitants qui, en raison de leur âge ou de leur santé, auront cessé d'être soumis à cet impôt ; 3° ceux qui, en vertu de l'article 2 du traité du 10 mai 1871, ont opté pour la nationalité française et déclaré fixer leur résidence dans la commune, conformément à la loi du 19 juin 1871 ; 4° ceux qui sont assujettis à une résidence obligatoire dans la commune soit en qualité de ministres des cultes reconnus par l'Etat, soit de fonctionnaires publics.

Seront également inscrits les citoyens qui, ne remplissant pas les conditions d'âge et de résidence ci-dessus indiquées lors de la formation des listes, les rempliront avant la clôture définitive.

L'absence de la commune résultant du service militaire ne portera aucune atteinte aux règles ci-dessus édictées pour l'inscription sur les listes électorales.

Les dispositions concernant l'affichage, la libre distribution des bulletins, circulaires et professions de foi, les réunions publiques électorales, la communication des listes d'émargement, les pénalités et poursuites en matière législative sont applicables aux élections municipales.

Sont également applicables aux élections municipales les paragraphes 3 et 4 de l'article 3 de la loi organique du 30 novembre 1875 sur les élections des députés.

Art. 15. — L'assemblée des électeurs est convoquée par arrêté du préfet.

L'arrêté de convocation est publié dans la commune, quinze jours au moins avant l'élection, qui doit toujours avoir lieu un dimanche. Il fixe le local où le scrutin sera ouvert, ainsi que les heures auxquelles il doit être ouvert et fermé.

Art. 16. — Lorsqu'il y aura lieu de remplacer des conseillers municipaux élus par des sections, conformément à l'article 11 de la présente loi, ces remplacements seront faits par les sections auxquelles appartiennent ces conseillers.

Art. 17. — Les bureaux de vote sont présidés par le maire, les adjoints, les conseillers municipaux, dans l'ordre du tableau, et, en cas d'empêchement, par des électeurs désignés par le maire.

Art. 18. — Le président a seul la police de l'assemblée. Cette assemblée ne peut s'occuper d'autres objets que de l'élection qui lui est attribuée. Toute discussion, toute délibération lui sont interdites.

Art. 19. — Les deux plus âgés et les deux plus jeunes des électeurs présents à l'ouverture de la séance, sachant lire et écrire, remplissent les fonctions d'assesseurs. Le secrétaire est désigné par le président et par les assesseurs. Dans les délibérations du bureau, il n'a que voix consultative. Trois membres du bureau, au moins, doivent être présents pendant tout le cours des opérations.

Art. 20. — Le scrutin ne dure qu'un jour.

Art. 21. — Le bureau juge provisoirement les difficultés qui s'élèvent sur les opérations de l'assemblée. Ses décisions sont motivées.

Toutes les réclamations et décisions sont insérées au procès-verbal; les pièces et les bulletins qui s'y rapportent y sont annexés, après avoir été paraphés par le bureau.

Art. 22. — Pendant toute la durée des opérations, une copie de la liste des électeurs, certifiée par le maire, contenant les nom, domicile, qualification de chacun des inscrits, reste déposée sur la table autour de laquelle siège le bureau.

Art. 23 — Nul ne peut être admis à voter, s'il n'est inscrit sur cette liste.

Toutefois, seront admis à voter, quoique non inscrits, les électeurs porteurs d'une décision du juge de paix ordonnant leur inscription, ou d'un arrêt de la Cour de cassation annulant un jugement qui aurait prononcé leur radiation.

Art. 24. — Nul électeur ne peut entrer dans l'assemblée porteur d'armes quelconques.

Art. 25. — Les électeurs apportent leurs bulletins préparés en dehors de l'assemblée.

Le papier du bulletin doit être blanc et sans signe extérieur.

L'électeur remet au président son bulletin fermé.

Le président le dépose dans la boite du scrutin, laquelle doit, avant le commencement du vote, avoir été fermée à deux serrures, dont les clefs restent, l'une entre les mains du président, l'autre entre les mains de l'assesseur le plus âgé.

Le vote de chaque électeur est constaté sur la liste, en marge de son nom, par la signature, ou le paraphe avec initiales, de l'un des membres du bureau.

Art. 26. — Le président doit constater, au commencement de l'opération, l'heure à laquelle le scrutin est ouvert.

Le scrutin ne peut être fermé qu'après avoir été ouvert pendant six heures au moins.

Le président constate l'heure à laquelle il déclare le scrutin clos ; après cette déclaration, aucun vote ne peut être reçu.

Art. 27. — Après la clôture du scrutin, il est procédé au dépouillement de la manière suivante :

La boite du scrutin est ouverte, et le nombre de bulletins vérifié.

Si ce nombre est plus grand ou moindre que celui des votants, il en est fait mention au procès-verbal.

Le bureau désigne parmi les électeurs présents un certain nombre de scrutateurs.

Le président et les membres du bureau surveillent l'opération du dépouillement.

Ils peuvent y procéder eux-mêmes, s'il y a moins de 300 votants.

Art. 28. — Les bulletins sont valables, bien qu'ils portent plus ou moins de noms qu'il n'y a de conseillers à élire.

Les derniers noms inscrits au-delà de ce nombre ne sont pas comptés.

Les bulletins blancs ou illisibles, ceux qui ne contiennent pas une désignation suffisante, ou dans lesquels les votants se font connaitre, n'entrent pas en compte dans le résultat du dépouillement, mais ils sont annexés au procès-verbal.

Art. 29. — Immédiatement après le dépouillement, le président proclame le résultat du scrutin.

Le procès-verbal des opérations est dressé par le secrétaire ; il est signé par lui et les autres membres du bureau. Une copie également signée du secrétaire et des membres du bureau, en est aussitôt envoyée, par l'intermédiaire du sous-préfet, au préfet, qui en constate la réception sur un registre et en donne récépissé. Extrait en est immédiatement affiché par les soins du maire.

Les bulletins autres que ceux qui doivent être annexés au procès-verbal sont brûlés en présence des électeurs.

Art. 30. — Nul n'est élu au premier tour de scrutin s'il n'a réuni : 1° la majorité absolue des suffrages exprimés ; 2° un nombre de suffrages égal au quart de celui des électeurs inscrits. Au deuxième tour de scrutin, l'élection a lieu à la majorité relative, quel que soit le nombre des votants. Si plusieurs candidats obtiennent le même nombre de suffrages, l'élection est acquise au plus âgé.

En cas de deuxième tour de scrutin, l'assemblée est de droit convoquée pour le dimanche suivant. Le maire fait les publications nécessaires.

Art. 31. — Sont éligibles au conseil municipal, sauf les restrictions portées au dernier paragraphe du présent article et aux deux articles suivants, tous les électeurs de la commune et les citoyens inscrits au rôle des contributions directes ou justifiant qu'ils devaient y être inscrits au 1er janvier de l'année de l'élection, âgés de vingt-cinq ans accomplis.

Toutefois, le nombre des conseillers qui ne résident pas dans la commune au moment de l'élection ne peut excéder le quart des membres du conseil. S'il dépasse ce chiffre, la préférence est déterminée suivant les règles posées à l'article 49.

Ne sont pas éligibles les militaires et employés des armées de terre et de mer en activité de service.

Art. 32. — Ne peuvent être conseillers municipaux :

1° Les individus privés du droit électoral ;

2° Ceux qui sont pourvus d'un conseil judiciaire ;

3° Ceux qui sont dispensés de subvenir aux charges communales et ceux qui sont secourus par les bureaux de bienfaisance ;

4° Les domestiques attachés exclusivement à la personne.

Art. 33. — Ne sont pas éligibles dans le ressort où ils exercent leurs fonctions :

1° Les préfets, sous-préfets, secrétaires généraux, conseillers de préfecture, et, dans les colonies régies par la présente loi, les gouverneurs, directeurs de l'intérieur et les membres du conseil privé ;

2° Les commissaires et les agents de police ;

3° Les magistrats des Cour d'appel et des tribunaux de première instance, à l'exception des juges suppléants auxquels l'instruction n'est pas confiée ;

4° Les juges de paix titulaires ;

5° Les comptables des deniers communaux et les entrepreneurs de services municipaux ;

6° Les instituteurs publics ;

7° Les employés de préfecture et de sous-préfecture ;

8° Les ingénieurs et les conducteurs des ponts et chaussées, chargés du service de la voirie urbaine et vicinale, et les agents-voyers ;

9° Les ministres en exercice d'un culte légalement reconnu ;

10° Les agents salariés de la commune, parmi lesquels ne sont pas compris ceux qui, étant fonctionnaires publics ou exerçant une profession indépendante, ne reçoivent une indemnité de la commune qu'à raison des services qu'ils lui rendent dans l'exercice de cette profession.

Art. 34. — Les fonctions de conseiller municipal sont incompatibles avec celles :

1° De préfet, de sous-préfet et de secrétaire général de préfecture ;

2° De commissaire et d'agents de police ;

3° De gouverneur, directeur de l'intérieur et de membre du conseil privé dans les colonies.

Les fonctionnaires désignés au présent article et qui seraient élus membres d'un conseil municipal auront, à partir de la proclamation du résultat du scrutin, un délai de dix jours pour opter entre l'acceptation du mandat et la conservation de leur emploi. A défaut de déclaration adressée dans ce délai à leurs supérieurs hiérarchiques, ils seront réputés avoir opté pour la conservation dudit emploi.

Art. 35. — Nul ne peut être membre de plusieurs conseils municipaux.

Un délai de dix jours à partir de la proclamation du résultat du scrutin est accordé au conseiller municipal nommé dans plusieurs communes pour faire sa déclaration d'option. Cette déclaration est adressée aux préfets des départements intéressés.

Si, dans ce délai, le conseiller élu n'a pas fait connaître son option, il fait partie de droit du conseil de la commune où le nombre des électeurs est le moins élevé.

Dans les communes de 501 habitants et au-dessus, les ascendants et les descendants, les frères et les alliés au même degré ne peuvent être simultanément membre du même conseil municipal.

L'article 40 est applicable aux cas prévus par le paragraphe précédent.

Art. 36. — Tout conseiller municipal qui, pour une cause survenue postérieurement à sa nomination, se trouve dans un des cas d'exclusion ou d'incompatibilité prévus par la présente loi, est immédiatement déclaré démissionnaire par le préfet, sauf réclamation au conseil de préfecture dans les dix jours de la notification, et sauf recours au Conseil d'Etat, conformément aux articles 38, 39 et 40 ci-après.

Art. 37. — Tout électeur et tout éligible a le droit d'arguer de nullité les opérations électorales de la commune.

Les réclamations doivent être consignées au procès-verbal, sinon être déposées, à peine de nullité, dans les cinq jours qui suivent le jour de l'élection, au secrétariat de la mairie, ou à la sous-préfecture, ou à la préfecture. Elles sont immédiatement adressées au préfet, et enregistrées par ses soins au greffe du conseil de préfecture.

Le préfet, s'il estime que les conditions et les formes légalement prescrites n'ont pas été remplies, peut également, dans le délai de quinzaine à dater de la réception du procès-verbal, déférer les opérations électorales au conseil de préfecture.

Dans l'un et l'autre cas, le préfet donne immédiatement connaissance de la réclamation par la voie administrative aux conseillers dont l'élection est contestée, les prévenant qu'ils ont cinq jours, pour tout délai, à l'effet de déposer leurs défenses au secrétariat de la mairie, de la sous-préfecture ou de la préfecture, et de faire connaître s'ils entendent user du droit de présenter des observations orales.

Il est donné récépissé, soit des réclamations, soit des défenses.

Art. 38. — Le conseil de préfecture statue, sauf recours au Conseil d'Etat.

Il prononce sa décision dans le délai d'un mois à compter de l'enregistrement des pièces au greffe de la préfecture, et le préfet la fait notifier dans la huitaine de sa date. En cas de renouvellement général, le délai est porté à deux mois.

S'il intervient une décision ordonnant une preuve, le conseil de préfecture doit statuer définitivement dans le mois à partir de cette décision.

Les délais ci-dessus fixés ne commencent à courir, dans le cas prévu à l'article 39, que du jour où le jugement sur la question préjudicielle est devenu définitif.

Faute par le conseil d'avoir statué dans les délais ci-dessus fixés, la réclamation est considérée comme rejetée. Le conseil de préfecture est dessaisi ; le préfet en informe la partie intéressée, qui peut porter sa réclamation devant le Conseil d'Etat. Le recours est notifié dans les cinq jours au secrétariat de la préfecture par le requérant.

Art. 39. — Dans tous les cas où une réclamation, formée en vertu de la présente loi implique la solution préjudicielle d'une question d'Etat, le conseil de préfecture renvoie les parties à se pourvoir devant les juges compétents, et la partie doit justifier de ses diligences dans le délai de quinzaine ; à défaut de cette justification, il sera passé outre, et la décision du conseil de préfecture devra intervenir dans le mois à partir de l'expiration de ce délai de quinzaine.

Art. 40. — Le recours au Conseil d'Etat contre la décision du conseil de préfecture est ouvert soit au préfet, soit aux parties intéressées.

Il doit, à peine de nullité, être déposé au secrétariat de la sous-préfecture ou de la préfecture, dans le délai d'un mois qui court, à l'encontre du préfet, à partir de la décision, et à l'encontre des parties, à partir de la notification qui leur est faite.

Le préfet donne immédiatement, par la voie administrative, connaissance du recours aux parties intéressées, en les prévenant qu'elles ont quinze jours, pour tout délai, à l'effet de déposer leurs défenses au secrétariat de la sous-préfecture ou de la préfecture.

Aussitôt ce nouveau délai expiré, le préfet transmet au ministre de l'intérieur, qui les adresse au Conseil d'Etat, le recours, les défenses, s'il y a lieu, le procès-verbal des opérations électorales, la liste qui a servi aux émargements, une expédition de l'arrêté attaqué et toutes les autres pièces visées dans ledit arrêté : il y joint son avis motivé.

Les délais pour la constitution d'un avocat et pour la communition au ministre de l'intérieur sont d'un mois pour chacune de ces opérations, et de trois mois en ce qui concerne les colonies.

Le pourvoi est jugé comme affaire urgente et sans frais, et dispensé du timbre et du ministère de l'avocat.

Les conseillers municipaux proclamés restent en fonctions jusqu'à ce qu'il ait été définitivement statué sur les réclamations.

Dans le cas où l'annulation de tout ou partie des élections est devenue définitive, l'assemblée des électeurs est convoquée dans un délai qui ne peut excéder deux mois.

Art. 41. — Les conseils municipaux sont nommés pour quatre ans. Ils sont renouvelés intégralement, le premier dimanche de mai, dans toute la France, lors même qu'ils ont été élus dans l'intervalle.

Art. 42. — Lorsque le conseil municipal se trouve, par l'effet des vacances survenues, réduit aux trois quarts de ses membres, il est, dans le délai de deux mois, à dater de la dernière vacance, procédé à des élections complémentaires.

Toutefois, dans les six mois qui précèdent le renouvellement intégral, les élections complémentaires ne sont obligatoires qu'au cas où le conseil municipal aurait perdu plus de la moitié de ses membres.

Dans les communes divisées en sections, il y a toujours lieu à faire des élections partielles, quand la section a perdu la moitié de ses conseillers.

Art. 43. — Un conseil municipal ne peut être dissous que par décret motivé du Président de la République, rendu en conseil des ministres et publié au *Journal officiel*, et dans les colonies régies par la présente loi, par arrêté du gouverneur en conseil privé, inséré au *Journal officiel de la colonie.*

S'il y a urgence, il peut être provisoirement suspendu par arrêté motivé du préfet, qui doit en rendre compte immédiatement au ministre de l'intérieur. La durée de la suspension ne peut excéder un mois. Dans les colonies ci-dessus spécifiées, le conseil municipal peut être suspendu par arrêté motivé du gouverneur. La durée de la suspension ne peut excéder un mois.

Le gouverneur rend compte immédiatement de sa décision au ministre de la marine et des colonies.

Art. 44. — En cas de dissolution d'un conseil municipal ou de démission de tous ses membres en exercice, et lorsqu'aucun conseil municipal ne peut être constitué, une délégation spéciale en remplit les fonctions.

Dans les huit jours qui suivent la dissolution ou l'acceptation de la démission, cette délégation spéciale est nommée par décret du Président de la République, et, dans les colonies, par arrêté du gouverneur.

Le nombre des membres qui la composent est fixé à trois dans les communes où la population ne dépasse pas 35,000 habitants. Ce nombre peut être porté jusqu'à sept dans les villes d'une population supérieure.

Le décret ou l'arrêté qui l'institue en nomme le président, et, au besoin le vice-président.

Les pouvoirs de cette délégation spéciale sont limités aux actes de pure administration conservatoire et urgente. En aucun cas, il ne lui est permis d'engager les finances municipales au-delà des ressources disponibles de l'exercice courant. Elle ne peut ni préparer le budget communal, ni recevoir les comptes du maire ou du receveur, ni modifier le personnel ou le régime de l'enseignement public.

Art. 45. — Toutes les fois que le conseil municipal a été dissous ou que, par application de l'article précédent, une délégation spéciale a été nommée, il est procédé à la réélection du conseil municipal dans les deux mois à dater de la dissolution ou de la dernière démission.

Les fonctions de la délégation spéciale expirent de plein droit dès que le conseil municipal est reconstitué.

Chapitre II. — *Fonctionnement des conseils municipaux.*

Art. 46. — Les conseils municipaux se réunissent en session ordinaire quatre fois l'année, en février, mai, août et novembre.

La durée de chaque session est de quinze jours ; elle peut être prolongée avec l'autorisation du sous-préfet.

La session pendant laquelle le budget est discuté peut durer six semaines.

Pendant les sessions ordinaires, le conseil municipal peut s'occuper de toutes les matières qui rentrent dans ses attributions.

Art. 47. — Le préfet ou le sous-préfet peut prescrire la convocation extraordinaire du conseil municipal. Le maire peut également réunir le conseil municipal chaque fois qu'il le juge utile. Il est tenu de le convoquer quand une demande motivée lui en est faite par la majorité en exercice du conseil municipal. Dans l'un et l'autre cas, en même temps qu'il convoque le conseil, il donne avis au préfet ou au sous-préfet de cette réunion et des motifs qui la rendent nécessaire.

La convocation contient alors l'indication des objets spéciaux et déterminés pour lesquels le conseil doit s'assembler, et le conseil ne peut s'occuper que de ces objets.

Art. 48. — Toute convocation est faite par le maire. Elle est mentionnée au registre des délibérations, affichée à la porte de la mairie et adressée par écrit et à domicile trois jours francs au moins avant celui de la réunion.

En cas d'urgence, le délai peut être abrégé par le préfet ou le sous-préfet.

Art. 49. — Les conseillers municipaux prennent rang dans l'ordre du tableau.

L'ordre du tableau est déterminé, même quand il y a des sections électorales : 1° par la date la plus ancienne des nominations ; 2° entre conseillers élus le même jour, par le plus grand nombre des suffrages obtenus ; 3° et, à égalité de voix, par la priorité d'âge.

Un double du tableau reste déposé dans les bureaux de la mairie, de la sous-préfecture et de la préfecture, où chacun peut en prendre communication ou copie.

Art. 50. — Le conseil municipal ne peut délibérer que lorsque la majorité de ses membres en exercice assiste à la séance.

Quand, après deux convocations successives, à trois jours au moins d'intervalle et dûment constatées, le conseil municipal ne s'est pas réuni en nombre suffisant, la délibération prise après la troisième convocation est valable, quel que soit le nombre des membres présents.

Art. 51. — Les délibérations sont prises à la majorité absolue des votants. En cas de partage, sauf le cas de scrutin secret, la voix du président est prépondérante. Le vote a lieu au scrutin public sur la demande du quart des membres présents ; les noms des votants, avec la désignation de leurs votes, sont insérés au procès-verbal.

Il est voté au scrutin secret toutes les fois que le tiers des membres présents le réclame, ou qu'il s'agit de procéder à une nomination ou présentation.

Dans ces derniers cas, après deux tours de scrutin secret, si aucun des candidats n'a obtenu la majorité absolue, il est procédé à un troisième tour de scrutin, et l'élection a lieu à la majorité relative ; à égalité de voix, l'élection est acquise au plus âgé.

Art. 52. — Le maire, et à défaut, celui qui le remplace, préside le conseil municipal.

Dans les séances où les comptes d'administration du maire sont débattus, le conseil municipal élit son président.

Dans ce cas, le maire peut, même quand il ne serait plus en fonction, assister à la discussion ; mais il doit se retirer au moment du vote. Le président adresse directement la délibération au sous-préfet.

Art. 53. — Au début de chaque session et pour sa durée, le conseil municipal nomme un ou plusieurs de ses membres pour remplir les fonctions de secrétaire.

Il peut leur adjoindre des auxiliaires pris en dehors de ses membres qui assisteront aux séances, mais sans participer aux délibérations.

Art. 54. — Les séances des conseils municipaux sont publiques.

Néanmoins, sur la demande de trois membres ou du maire, le conseil municipal, par assis et levé, sans débats, décide s'il se formera en comité secret.

Art. 55. — Le maire a seul la police de l'assemblée. Il peut faire expulser de l'auditoire ou arrêter tout individu qui trouble l'ordre. En cas de crime ou de délit, il en dresse un procès-verbal et le procureur de la République en est immédiatement saisi.

Art. 56. — Le compte rendu de la séance est, dans la huitaine, affiché par extrait à la porte de la mairie.

Art. 57. — Les délibérations sont inscrites par ordre de date sur un registre coté et paraphé par le préfet ou le sous-préfet.

Elles sont signées par tous les membres présents à la séance, où mention est faite de la cause qui les a empêchés de signer.

Art. 58. — Tout habitant ou contribuable a le droit de demander communication sans déplacement, de prendre copie totale ou partielle des procès-verbaux du conseil municipal, des budgets et des comptes de la commune, des arrêtés municipaux.

Chacun peut les publier sous sa responsabilité.

Art. 59. — Le conseil municipal peut former au cours de chaque session des commissions chargées d'étudier les questions soumises au conseil soit par l'administration, soit par l'initiative d'un de ses membres,

Les commissions peuvent tenir leurs séances dans l'intervalle des session.

Elles sont convoquées par le maire, qui en est le président de droit, dans les huit jours qui suivent leur nomination, ou à plus bref délai sur la demande de la majorité des membres qui les composent. Dans cette première réunion, les commissions désignent un vice-président qui peut les convoquer et les présider, si le maire est absent ou empêché.

Art. 60. — Tout membre du conseil municipal qui, sans motifs reconnus légitime par le conseil, a manqué à trois convocations successives, peut être, après avoir été admis à fournir ses explications, déclaré démissionnaire par le préfet, sauf recours, dans les dix jours de la notification, devant le conseil de préfecture.

Les démissions sont adressées au sous-préfet ; elles sont définitives à partir de l'accusé de réception par le préfet, et, à défaut de cet accusé de réception, un mois après un nouvel envoi de la démission constaté par lettre recommandée.

Chapitre III. — *Attributions des conseils municipaux.*

Art. 61. — Le conseil municipal règle par ses délibérations les affaires de la commune.

Il donne son avis toutes les fois que cet avis est requis par les lois et règlements, ou qu'il est demandé par l'administration supérieure.

Il réclame, s'il y a lieu, contre le contingent assigné à la commune dans l'établissement des impôts de répartition.

Il émet des vœux sur tous les objets d'intérêt local.

Il dresse chaque année une liste contenant un nombre double de celui des répartiteurs et des répartiteurs suppléants à nommer; et sur cette liste, le sous-préfet nomme les cinq répartiteurs visés dans l'article 9 de la loi du 3 frimaire an VII et les cinq répartiteurs suppléants.

Art. 62. — Expédition de toute délibération est adressée, dans la huitaine, par le maire au sous-préfet, qui en constate la réception sur un registre et en délivre immédiatement récépissé.

Art. 63. — Sont nulles de plein droit:

1° Les délibérations d'un conseil municipal portant sur un objet étranger à ses attributions ou prises hors de sa réunion légale;

2° Les délibérations prises en violation d'une loi ou d'un règlement d'administration publique.

Art. 64. — Sont annulables les délibérations auxquelles auraient pris part des membres du conseil intéressés, soit en leur nom personnel, soit comme mandataires, à l'affaire qui en a fait l'objet.

Art. 65. — La nullité de droit est déclarée par le préfet en conseil de préfecture. Elle peut être prononcée par le préfet, et proposée ou opposée par les parties intéressées, à toute époque.

Art. 66. — L'annulation est prononcée par le préfet en conseil de préfecture.

Elle peut être provoquée d'office par le préfet dans un délai de trente jours à partir du dépôt du procès-verbal de la délibération à la sous-préfecture ou à la préfecture.

Elle peut aussi être demandée par toute personne intéressée et par tout contribuable de la commune.

Dans ce dernier cas, la demande en annulation doit être déposée, à peine de déchéance, à la sous-préfecture ou à la préfecture, dans un délai de quinze jours à partir de l'affichage à la porte de la mairie.

Il en est donné récépissé.

Le préfet statuera dans le délai d'un mois.

Passé le délai de quinze jours sans qu'aucune demande ait été produite, le préfet peut déclarer qu'il ne s'oppose pas à la délibération.

Art. 67. — Le conseil municipal et, en dehors du conseil, toute partie intéressée peut se pourvoir contre l'arrêté du préfet devant le Conseil d'État. Le pourvoi est introduit et jugé dans les formes du recours pour excès de pouvoirs.

Art. 68. — Ne sont exécutoires qu'après avoir été approuvées par l'autorité supérieure les délibérations portant sur les objets suivants:

1° Les conditions des baux dont la durée dépasse dix-huit ans;

2° Les aliénations et échanges de propriétés communales;

3° Les acquisitions d'immeubles, les constructions nouvelles, les reconstructions entières ou partielles, les projets, plans et devis de grosses réparations et d'entretien, quand la dépense totalisée avec les dépenses de même nature pendant l'exercice courant dépasse les limites des ressources ordinaires et extraordinaires que les communes peuvent se créer sans autorisation spéciale;

4° Les transactions;

5° Le changement d'affectation d'une propriété communale déjà affectée à un service public;

6° La vaine pâture;

7° Le classement, le déclassement, le redressement ou le prolongement, l'élargissement, la suppression, la dénomination des rues et places publiques, la création et la suppression des promenades, squares ou jardins publics, champs de foire, de tir ou de course, l'établissement des plans d'alignement et de nivellement des voies publiques municipales, les modifications à des plans d'alignement adoptés, le tarif des droits de voirie, le tarif des droits de stationnement et de location sur les dépendances de la grande voirie, et, généralement, les tarifs des droits divers à percevoir au profit des communes en vertu de l'article 133 de la présente loi;

8° L'acceptation des dons et legs faits à la commune lorsqu'il y a des charges ou conditions, ou lorsqu'ils donnent lieu à des réclamations des familles;

9° Le budget communal;

10° Les crédits supplémentaires;

11° Les contributions extraordinaires et les emprunts, sauf dans le cas prévu par l'article 141 de la présente loi;

12° Les octrois, dans les cas prévus aux articles 137 et 138 de la présente loi;

13° L'établissement, la suppression ou les changements des foires et marchés autres que les simples marchés d'approvisionnement.

Les délibérations qui ne sont pas soumises à l'approbation préfectorale ne deviendront néanmoins exécutoires qu'un mois après le dépôt qui aura été fait à la préfecture ou à la sous-préfecture. Le préfet pourra, par un arrêté, abréger ce délai.

Art. 69. — Les délibérations des conseils municipaux sur les objets énoncés à l'article précédent sont exécutoires, sur l'approbation du préfet, sauf les cas où l'approbation par le ministre compétent, par le conseil général, par la commission départementale, par un décret ou par une loi, est prescrite par les lois et règlements.

Le préfet statue en conseil de préfecture dans les cas prévus aux nos 1, 2, 4 et 6 de l'article précédent.

Lorsque le préfet refuse son approbation ou qu'il n'a pas fait connaître sa décision dans un délai d'un mois à partir de la date du récépissé, le conseil municipal peut se pourvoir devant le ministre de l'intérieur.

Art. 70. — Le conseil municipal est toujours appelé à donner son avis sur les objets suivants:

1e Les circonscriptions relatives aux cultes;

2e Les circonscriptions relatives à la distribution des secours publics;

3e Les projets d'alignement et de nivellement de grande voirie dans l'intérieur des villes, bourgs et villages;

4e La création des bureaux de bienfaisance;

5e Les budgets et les comptes des hospices, hôpitaux et autres établissements de charité et de bienfaisance, des fabriques et autres administrations préposées aux cultes dont les ministres sont salariés par l'Etat; les autorisations d'acquérir, d'aliéner, d'emprunter, d'échanger, de plaider ou de transiger, demandées par les mêmes établissenrens; l'acceptation des dons et legs qui leur sont faits;

6e Enfin, tous les objets sur lesquels les conseils municipaux sont appelés par les lois et règlements à donner leur avis, et ceux sur lesquels ils seront consultés par le préfet.

Lorsque le conseil municipal, à ce régulièrement requis et convoqué, refuse ou néglige de donner son avis, il peut être passé outre.

Art. 71. — Le conseil municipal délibère sur les comptes d'administration qui lui sont annuellement présentés par le maire, conformément à l'article 151 de la présente loi.

Il entend, débat et arrête les comptes de deniers des receveurs, sauf règlement définitif, conformément à l'article 157 de la présente loi.

Art. 72. — Il est interdit à tout conseil municipal soit de publier des proclamations et adresses, soit d'émettre des vœux politiques, soit, hors les cas prévus par la loi, de se mettre en communication avec un ou plusieurs conseils municipaux.

La nullité des actes et des délibérations prises en violation de cet article est prononcée dans les formes indiquées aux articles 63 et 65 de la présente loi.

TITRE III. — Des maires et des adjoints. (1)

Art. 73. — Il y a dans chaque commune un maire et un ou plusieurs adjoints élus parmi les membres du conseil municipal.

Le nombre des adjoints est d'un dans les communes de 2,500 habitants et au-dessous, de deux dans celles de 2,501 à 10,000. Dans les communes d'une population supérieure, il y aura un adjoint de plus par chaque excédant de 25,000 habitants, sans que le nombre des adjoints puisse dépasser douze, sauf en ce qui concerne la ville de Lyon, où le nombre des adjoints sera porté à dix-sept.

La ville de Lyon continue à être divisée en six arrondissements municipaux. Le maire délègue spécialement deux de ses adjoints dans chacun de ces arrondissements. Ils sont chargés de la tenue des registres de l'état civil et des autres attributions déterminées par le règlement d'administration publique du 11 juin 1881, rendu en exécution de la loi du 21 avril 1881.

(Pour ce qui concerne la ville de Lyon, se reporter aux articles 104 et 105, ci-après.)

Gratuité des fonctions municipales.

Art. 74. — Les fonctions de maires, adjoints, conseillers municipaux sont gratuites. Elles donnent seulement droit au remboursement des frais que nécessite l'exécution des mandats spéciaux. Les conseils municipaux peuvent voter, sur les ressources ordinaires de la commune, des indemnités aux maires pour frais de représentation.

Les fonctions de maire, d'adjoint et de conseiller municipal sont gratuites. Mais à côté de ce principe la loi porte que les fonctionnaires précités ont droit au remboursement des frais que nécessite l'exécution des mandats spéciaux qui peuvent

---

(1) En raison de l'importance du titre III, nous avons fait suivre les articles qu'il renferme de commentaires et d'extraits de l'instruction du ministre de l'intérieur, en date du 15 mai 1884, sur l'application de la loi municipale.

leur être confiés, tels que frais de voyage et autres du même genre effectués pour les affaires municipales.

Ce que la loi a entendu interdire, c'est que les personnes dénommées à l'article 74 retirent de leurs fonctions municipales un profit personnel et soient indemnisées du temps et du travail qu'elles consacrent aux affaires de la commune. Mais il ne leur est pas interdit de réclamer le remboursement de leurs avances, sur pièces justificatives, sans qu'aucune allocation de ce genre puisse leur être accordée par voie d'abonnement.

Un traitement plus favorable a cependant été fait aux maires. Le conseil municipal est autorisé à leur voter sur les ressources ordinaires de la commune, des frais de représentation. La nécessité de ces allocations ne se rencontrera que dans quelques grandes villes, où les fonctions municipales sont très onéreuses et où il paraîtra équitable d'indemniser le maire des dépenses exceptionnelles qu'entraîne sa situation.

Mais il ne faut pas perdre de vue que le législateur n'a entendu ouvrir aux conseils municipaux qu'une simple faculté dont ils sont toujours libres de ne pas user, et, en second lieu, que l'indemnité accordée au maire ne doit pas être un traitement déguisé et ne peut être accordée que sur les fonds du budget ordinaire.

Il appartient toutefois, aux préfets, en vertu de leur droit de contrôle de refuser leur approbation aux projets de budgets qui seraient dressés contrairement à ces principes.

Adjoints spéciaux.

Art. 75. — Lorsqu'un obstacle quelconque ou l'éloignement rend difficiles, dangereuses ou momentanément impossibles les communications entre le chef-lieu et une fraction de commune, un poste d'adjoint spécial peut être institué, sur la demande du conseil municipal, par un décret rendu en Conseil d'Etat.

Cet adjoint, élu par le conseil, est pris parmi les conseillers et, à défaut d'un conseiller résidant dans cette fraction de commune, ou, s'il est empêché, parmi les habitants de la fraction. Il remplit les fonctions d'officier de l'état-civil, et il peut être chargé de l'exécution des lois et des règlements de police dans cette partie de la commune. Il n'a pas d'autres attributions.

La création d'un poste d'adjoint spécial, ne peut avoir lieu que sur la demande du conseil municipal, mais il est toujours loisible aux préfets de proyopuer cette demande.

Elle peut être utilement proposée pour éviter une demande de création de commune nouvelle, lorsque la difficulté des communications est le principal motif invoqué à l'appui de la séparation.

Les préfets font procéder à une enquête de *commodo* et *incommodo* sur les demandes qui leur ont été adressés et doivent joindre au dossier un plan, en double expédition, sur lequel sont marquées les limites de la section qui doit à l'avenir former une circonscription d'état civil.

Une fois le poste créé, les adjoints spéciaux sont nommés par le conseil municipal dans les mêmes formes que les autres adjoints. Ils ne comptent pas dans le nombre des adjoints fixé par l'article 73.

Le deuxième paragraphe de l'article 75 définit d'ailleurs leurs attributions.

Mode d'élection du maire et des adjoints.

Art. 76. — Le conseil municipal élit le maire et les adjoints parmi ses membres, au scrutin secret et à la majorité absolue.

Si, après deux tours de scrutin, aucun candidat n'a obtenu la majorité absolue, il est procédé à un troisième tour de scrutin et l'élection a lieu à la majorité relative. En cas d'égalité de suffrages, le plus âgé est déclaré élu.

Art. 77. — La séance dans laquelle il est procédé à l'élection du maire est présidée par le plus âgé des membres du conseil municipal.

Pour toute élection du maire ou des adjoints, les membres du conseil municipal sont convoqués dans les formes et délais prévus par l'article 48 ; la convocation contiendra la mention spéciale de l'élection à laquelle il devra être procédé.

Avant cette convocation, il sera procédé aux élections qui pourraient être nécessaires pour compléter le conseil municipal. Si, après les élections complémentaires, de nouvelles vacances se produisent, le conseil municipal procédera néanmoins à l'élection du maire et des adjoints, à moins qu'il ne soit réduit aux trois quarts de ses membres. En ce cas, il y aura lieu de recourir à de nouvelles élections complémentaires. Il y sera procédé dans le délai d'un mois, à dater de la dernière vacance.

Art. 78. — Les nominations sont rendues publiques dans les vingt-quatre heures de leur date, par voie d'affiches à la porte de la mairie. Elles sont, dans le même délai notifiées au sous-préfet.

Art. 79. — L'élection du maire et des adjoints peut être arguée de nullité dans les conditions, formes et délais prescrits pour les réclamations contre les élections du conseil municipal. Le délai de cinq jours court à partir de vingt-quatre heures après l'élection.

Lorsque l'élection est annulée ou que, pour toute autre cause, le maire ou les adjoints ont cessé leurs fonctions, le conseil, s'il est au complet, est convoqué pour procéder au remplacement dans le délai de quinzaine.

S'il y a lieu de compléter le conseil, il sera procédé aux élections complémentaires dans la quinzaine de la vacance, et le nouveau

4

maire sera élu dans la quinzaine qui suivra. Si, après les élections complémentaires, de nouvelles vacances se produisent, l'article 77 sera applicable.

Incapacités spéciales.

Art. 80. — Ne peuvent être maires ou adjoints ni en exercer même temporairement les fonctions :

Les agents et employés des administrations financières, les trésoriers-payeurs généraux, les receveurs particuliers et les percepteurs; les agents des forêts, ceux des postes et des télégraphes, ainsi que les gardes des établissements publics et des particuliers.

Les agents salariés du maire ne peuvent être adjoints.

Durée des fonctions.

Art. 81. — Les maires et adjoints sont nommés pour la même durée que le conseil municipal.

Ils continuent l'exercice de leurs fonctions, sauf les dispositions des articles 80, 86, 87 de la présente loi, jusqu'à l'installation de leurs successeurs.

Toutefois, en cas de renouvellement intégral, les fonctions de maire et d'adjoints sont, à partir de l'installation du nouveau conseil jusqu'à l'élection du maire, exercées par les conseils municipaux dans l'ordre du tableau.

Délégations données par le maire.

Art. 82. — Le maire est seul chargé de l'administration ; mais il peut, sous sa surveillance et sa responsabilité, déléguer par arrêté une partie de ses fonctions à un ou plusieurs adjoints, et, en l'absence ou en cas d'empêchement des adjoints, à des membres du conseil municipal.

Ces délégations subsistent tant qu'elles ne sont pas rapportées.

Les adjoints et les conseillers municipaux peuvent être appelés à remplacer le maire dans deux cas :

1° Lorsque le maire est absent, suspendu, révoqué ou simplement empêché et alors le remplacement a lieu de plein droit en vertu d'une délégation spéciale (article 84) ;

2° Lorsque le maire, bien que présent, veut se décharger d'une partie de ses fonctions, il peut les confier, soit à titre temporaire, soit à titre permanent, à un ou plusieurs des adjoints ou à des conseillers municipaux.

La délégation peut être faite pour un objet spécial ou comprendre l'ensemble d'un ou de plusieurs services, tels que l'état civil, l'instruction publique, l'octroi, la police, etc.

La délégation doit être faite par arrêté transcrit au registre de la mairie.

Lorsqu'elle est permanente, la délégation subsiste tant qu'elle n'a pas été rapportée ; elle devra donc l'être, s'il y a lieu, dans la même forme qu'elle a été donnée.

D'ailleurs la délégation doit être donnée aux adjoints, sans qu'il soit nécessaire d'observer de rang entre eux, mais, en l'absence ou en cas d'empêchement des adjoints, elle peut être donnée à des conseillers municipaux quel que soit leur rang d'inscription au tableau.

En outre, les adjoints ou les conseillers délégués n'exercent leurs fonctions que sous la surveillance et la responsabilité du maire. Ils doivent toujours mentionner, dans les actes qu'ils accomplissent en cette qualité, la délégation en vertu de laquelle ils agissent.

Remplacement du maire dans le cas où ses intérêts sont en opposition avec ceux de la commune.

Art. 83. — Dans les cas où les intérêts du maire se trouvent en opposition avec ceux de la commune, le conseil municipal désigne un autre de ses membres pour représenter la commune soit en justice, soit dans les contrats.

Cas d'absence, de suspension ou d'empêchement. — Remplacement.

Art. 84. — En cas d'absence, de suspension, de révocation ou de tout autre empêchement, le maire est provisoirement remplacé, dans la plénitude de ses fonctions, par un adjoint, dans l'ordre des nominations, et, à défaut d'adjoints, par un conseiller municipal désigné par le conseil, sinon pris dans l'ordre du tableau.

A défaut d'adjoint, le conseil municipal désigne un conseiller pour suppléer le maire. Mais cette assemblée ne peut choisir qu'un conseiller capable de remplir les fonctions de maire, puisqu'aux termes de l'article 80, ceux qui sont inéligibles comme maire ou adjoint ne peuvent en remplir, même temporairement, les fonctions.

A défaut de désignation par le conseil municipal, le suppléant du maire est pris dans l'ordre du tableau.

Remplacement du maire qui refuse d'accomplir un des actes qui lui sont prescrits par la loi.

Art. 85. — Dans le cas où le maire refuserait ou négligerait de faire un des actes qui lui sont prescrits par la loi, le préfet peut, après l'en avoir requis, y procéder d'office par lui-même ou par un délégué spécial.

Pour user de la faculté que l'article 85 accorde aux préfets, il faut que le maire ou son suppléant légal ait été, au préalable, mis en demeure d'accomplir l'acte que la loi lui prescrit de faire.

Les préfets peuvent, soit procéder eux-mêmes à l'accomplissement de l'acte que le maire refuse d'exécuter, soit désigner un délégué spécial, sans limiter leur choix aux membres du conseil municipal ou aux personnes éligibles aux fonctions de maire. Les préfets peuvent toujours nommer un délégué, lorsqu'il s'agit d'un acte qu'ils n'ont pas qualité pour accomplir, tel que la réception des actes de l'état civil.

Suspension et révocation des maires et adjoints.

Art. 86. — Les maires et adjoints peuvent être suspendus par arrêté du préfet pour un temps qui n'excédera pas un mois et qui peut être porté à trois par le ministre de l'intérieur.

Ils ne peuvent être révoqués que par décret du Président de la République.

La révocation emporte de plein droit l'inégibilité aux fonctions de maire et à celles d'adjoint pendant une année à dater du décret de révocation, à moins qu'il ne soit procédé auparavant au renouvellement général des conseils municipaux.

Dans les colonies régies par la présente loi, la suspension peut être prononcée par arrêté du gouverneur pour une durée de trois mois. Cette durée ne peut être prolongée par le ministre.

Le gouverneur rend compte immédiatement de sa décision au ministre de la marine et des colonies.

Pouvoirs du maire délégués au président de la délégation spéciale.

Art. 87. — Au cas prévu et réglé par l'article 44, le président, et à son défaut, le vice-président de la délégation spéciale remplit les fonctions de maire.

Ses pouvoirs prennent fin dès l'installation du nouveau conseil.

La délégation spéciale dont il s'agit dans l'article 87 est celle qui remplace le conseil municipal au cas de dissolution ou d'absence du conseil. —(Voir les articles 44 et 45 de la loi.)

ATTRIBUTIONS DU MAIRE.

Nomination aux emplois communaux par le maire.

Art. 88. — Le maire nomme à tous les emplois communaux pour lesquels les lois, décrets et ordonnances actuellement en vigueur ne fixent pas un droit spécial de nomination.

Il suspend et révoque les titulaires de ces emplois.

Il peut faire assermenter et commissionner les agents nommés par lui, mais à la condition qu'ils soient agréés par le préfet ou le sous-préfet.

Les restrictions de la loi s'expliquent et se justifient non seulement par la nature des fonctions ou emplois dont les titulaires, tels que les instituteurs, les receveurs municipaux, les préposés en chef de l'octroi, les commissaires de police, doivent être chargés par l'autorité supérieure, mais encore par la responsabilité qu'entraînent ces fonctions ou emplois et les intérêts généraux qui s'y rattachent.

La faculté donnée au maire par l'article 88 lui permet de charger certains agents de constater, *par des procès-verbaux* (1), les contraventions aux lois et règlements de police.

Adjudications publiques.

Art. 89. — Lorsque le maire procède à une adjudication publique pour le compte de la commune, il est assisté de deux membres du conseil municipal désignés d'avance par le conseil ou, à défaut de cette désignation, appelés dans l'ordre du tableau.

Le receveur municipal est appelé à toutes les adjudications. Toutes les difficultés qui peuvent s'élever sur les opérations préparatoires de l'adjudication sont résolues, séance tenante, par le maire et les deux assistants, à la majorité des voix sauf le recours de droit.

Il n'est pas dérogé aux prescriptions du décret du 17 mai 1809 relatives à la mise en ferme des octrois.

Attributions du maire pour la gestion des intérêts communaux.

Art. 90. — Le maire est chargé, sous *le contrôle du conseil municipal* et la surveillance de l'administration supérieure :

1° De conserver et d'administrer les propriétés de la commune et de faire, en conséquence, tous actes conservatoires de ses droits ;

2° De gérer les revenus, de surveiller les établissements communaux et la comptabilité communale ;

3° De préparer et proposer le budget et ordonnancer les dépenses ;

4° De diriger les travaux communaux ;

5° De pourvoir aux mesures relatives à la voirie municipale ;

6° De souscrire les marchés, de passer les baux des biens et les adjudications des travaux communaux dans les formes établies par les lois et règlements et par les articles 68 et 69 de la présente loi ;

---

(1) L'expression *procès-verbaux* nous paraît irrégulière, en ce sens qu'elle s'emploie uniquement pour désigner des actes faisant foi en justice d'après les dispositions du Code d'instruction criminelle, tandis que les actes dressés par les agents municipaux pour les constatations dont il s'agit ne peuvent valoir que comme renseignements devant les tribunaux.

7° De passer dans les mêmes formes les actes de vente, échange, partage, acceptation de dons ou legs, acquisition, transaction, lorsque ces actes ont été autorisés conformément à la présente loi ;

8° De représenter la commune en justice, soit en demandant, soit en défendant ;

9° De prendre, de concert avec les propriétaires ou les détenteurs du droit de chasse dans les buissons, bois et forêts, toutes les mesures nécessaires à la destruction des animaux nuisibles désignés dans l'arrêté du préfet pris en vertu de l'article 9 de la loi du 3 mai 1844 ;

De faire pendant le temps de neige, à défaut des détenteurs du droit de chasse, à ce dûment invités, détourner les loups et les sangliers reunis sur le territoire ; de requérir, à l'effet de les détruire, les habitants avec armes et chiens propres à la chasse de ces animaux ;

De surveiller et d'assurer l'exécution des mesures ci-dessus et d'en dresser procès-verbal ;

10° Et, d'une manière générale, d'exécuter les décisions du conseil municipal.

Le maire exerce ses attributions tantôt comme chef de l'association communale, en vertu des pouvoirs qu'il tient directement de la loi, tantôt comme délégué de l'administration supérieure.

Dans le premier cas, il agit soit sous le contrôle du conseil municipal et la surveillance de l'administration supérieure, soit seulement, sous cette surveillance. Dans le second cas, il agit sous l'autorité de l'administration supérieure.

Parfois, il agit comme organe de la loi, en dehors de ces deux cas. C'est ce qui a lieu, par exemple, lorsqu'il remplit les fonctions d'officier de l'état civil ou de police judiciaire.

La loi du 5 avril 1884 ne s'occupe que des attributions dont le maire est investi à titre de chef de l'association communale ou de délégué de l'administration supérieure.

L'article 90, indique les attributions qui, ayant surtout pour objet les biens, les travaux, les finances de la commune, sont soumises à la fois au contrôle du conseil municipal et à la surveillance de l'administration supérieure.

Il charge, en outre, le maire de se concerter avec les propriétaires ou les détenteurs du droit de chasse dans les buissons, bois et forêts, pour prendre les mesures nécessaires à la destruction des animaux nuisibles désignés dans l'arrêté du préfet, pris en vertu de l'article 9 de la loi du 3 mai 1844 ; de faire, pendant le temps de neige, à défaut de détenteurs du droit de chasse, à ce dûment invités, détourner les loups et sangliers réunis sur le territoire ; de requérir, à l'effet de détruire ces animaux, les habitants avec armes et chiens.

Enfin, l'article 90 prescrit au maire d'assurer l'exécution des délibérations du conseil municipal.

Attributions de police municipale et rurale.

Art. 91. — Le maire est chargé, *sous la surveillance de l'administration supérieure*, de la police municipale, de la police rurale et de l'exécution des actes de l'autorité supérieure qui y sont relatifs.

Cet article mentionne les attributions qui, ayant trait à la police municipale, à la police rurale ou à l'exécution des actes de l'administration supérieure y relatifs, sont seulement soumises à la surveillance de cette administration. C'est un pouvoir spécial attribué au maire, mais qui est soumis à des restrictions particulières, ainsi qu'on le verra sous les articles 95 et 99.

Attributions du maire comme délégué de l'administration supérieure.

Art. 92. — Le maire est chargé, sous *l'autorité de l'administration supérieure* :

1° De la publication et de l'exécution des lois et règlements;

2° De l'exécution des mesures de sûreté générale;

3° Des fonctions spéciales qui lui sont attribuées par les lois.

L'article 92 résume les attributions du maire agissant comme délégué de l'administration supérieure. Il n'est que la reproduction littérale de l'article 9 de la loi du 18 juillet 1837.

Le maire doit exécuter les ordres qu'il reçoit, et s'il refusait d'obéir, le préfet pourrait agir comme il a été dit à l'article 85.

Outre la publication des lois et règlements, le maire, aux termes de l'article 11 du Code d'instruction criminelle est chargé, comme officier de police judiciaire de rechercher et constater les contraventions de police.

Pour *les mesures de sûreté générale* le maire doit obéir aux ordres du préfet à qui seul appartient l'initiative de ces mesures. Le préfet, du reste, peut à son gré, soit déléguer au maire le soin de pourvoir à leur exécution, soit transmettre directement ses ordres aux fonctionnaires chargés du service de la police.

En ce qui concerne les *fonctions spéciales,* il faut se rappeler que le maire est officier de l'état civil, et qu'il a diverses attributions pour le recrutement de l'armée, pour la formation des listes électorales, etc.

Mesures à prendre d'urgence par le maire ou, à défaut, par l'autorité supérieure pour l'ensevelissement et l'inhumation des personnes décédées.

Art. 93. — Le maire ou, à son défaut, le sous-préfet pourvoit d'urgence à ce que toute personne décédée soit ensevelie et inhumée décemment, sans distinction de culte, ni de croyance.

Cette disposition est nouvelle. Cependant, en ce qui touche le maire, elle ne fait que consacrer le pouvoir de police qu'il tenait implicitement des lois et règlements antérieurs. Le législateur de 1884 veut, de plus, que, dans le cas où, au sujet de l'ensevelissement et de l'inhumation d'une personne décédée, des difficultés s'élèvent, des retards trop considérables se produisent, notamment parce qu'elle est inconnue ou délaissée, le préfet dans l'arrondissement chef-lieu et le sous-préfet dans les autres arrondissements, prennent les mesures qu'exige soit le bon ordre, soit la décence publique, si le maire refuse ou néglige de les prescrire. Il n'a pas, d'ailleurs, entendu conférer soit au maire, soit au préfet ou au sous-préfet la faculté de porter atteinte au droit des familles de recourir aux cérémonies religieuses pour les obsèques des parents qu'elles ont perdus.

Arrêtés municipaux.

Art. 94. — Le maire prend des arrêtés à l'effet :

1° D'ordonner les mesures locales sur les objets confiés par les lois à sa vigilance et à son autorité ;

2° De publier de nouveau les lois et les règlements de police et de rappeler les citoyens à leur observation.

L'article 94 est la reproduction des paragraphes 1 et 2 de l'article 11 de la loi du 18 juillet 1837. Les mesures locales mentionnées dans le premier paragraphe sont surtout celles qui appartiennent à la police municipale ou à la police rurale.

Les lois et règlements visés dans le second paragraphe concernent soit l'une ou l'autre de ces polices, soit la police générale. C'est une conséquence de l'article 92, les maires procèdent à ces publications soit d'office, soit sur l'invitation de l'autorité supérieure.

Lorsque les maires publient à nouveau les lois et règlements de police, leurs arrêtés n'ajoutent rien à la force de ces actes qui sont exécutoires par eux-mêmes en vertu de la promulgation qui en a été faite antérieurement.

Transmission immédiate au sous-préfet ou au préfet des arrêtés pris par le maire en matière de police. — Distinction, au point de vue de l'exécution, entre les arrêtés portant règlement permanent et ceux qui n'ont pas ce caractère. — Pouvoirs du préfet : annulation ou suspension, exécution immédiate.

Art. 95. — Les arrêtés pris par le maire sont immédiatement adressés au sous-préfet ou, dans l'arrondissement du chef-lieux du département au préfet.

Le préfet peut les annuler ou en suspendre l'exécution.

Ceux de ces arrêtés qui portent règlement permanent ne sont exécutoires qu'un mois après la remise de l'ampliation constatée par les récépissés délivrés par le sous-préfet ou le préfet.

Néanmoins, en cas d'urgence, le préfet peut en autoriser l'exécution immédiate.

L'article 95 a été, comme l'article 94, emprunté à l'article 11 de la loi du 18 juillet 1837, dont il reproduit, sauf de légères différences de rédaction, les deux derniers alinéas. Il comprend de plus la disposition conférant au préfet le pouvoir d'autoriser, en cas d'urgence, l'exécution immédiate des arrêtés du maire qui présentent le caractère de règlement permanent.

Cette innovation fait disparaître les graves inconvénients qu'entraînait la jurisprudence de la Cour de cassation, qui refusait, sous l'empire de la loi du 18 juillet 1837, de reconnaître au préfet le droit d'abréger, même dans les cas les plus urgents, le délai pendant lequel il lui appartenait d'annuler ou de suspendre les arrêtés avant leur mise à exécution.

Publication ou notification des arrêtés pris par le mairv en matière de police. — Inscription de ces arrêtés sur un registre.

Art. 96. — Les arrêtésdu maire ne sont obligatoires qu'après avoir été portés à la connaissance des intéressés, par voie de publications et d'affiches, toutes les fois qu'ils contiennent des dispositions générales, et, dans les autres cas par voie de notification individuelle.

La publication est constatée par une déclaration certifiée par le maire.

La notification est établie par le récépissé de la partie intéressée, ou, à son défaut par l'original de la notification conservé dans les archives de la mairie.

Les arrêtés, actes de publication et de notification sont inscrits à leur date sur le registre de la mairie.

L'article 96 édicta des règles nouvelles consacrant la jurisprudence soit des tribunaux, soit de l'administration centrale en ce qui touche la publication ou la notification des arrêtés du maire.

Elles exigent, indépendamment des formalités prescrites par l'article 95, que les arrêtés du maire, pour devenir obligatoires, soient portés à la connaissance des intéressés, par voie de publication et d'affiches, toutes les fois qu'ils contiennent des dispositions générales et, dans les autres cas, par voie de notification individuelle. Elles établissent, en même temps un mode simple et pratique de constatation de la publication et de la notification. Enfin, pour mieux assurer la conservation des arrêtés, des actes de publication et de notification, elles en prescrivent l'inscription, à leur date, sur le registre de la mairie.

Triple but immédiat de la police municipale. — Mesures les plus importantes qu'elle comprend.

Art. 97. — La police municipale a pour objet d'assurer le bon ordre, la sûreté et la salubrité publiques.

Elle comprend notamment :

1° Tout ce qui intéresse la sûreté et la commodité du passage dans les rues, quais, places et voies publiques, ce qui comprend le nettoiement, l'éclairage, l'enlèvement des encombrements, la démolition ou la réparation des édifices menaçant ruine, l'interdiction de rien exposer aux fenêtres ou aux autres parties des édifices, qui puisse nuire par sa chute ou celle de rien jeter qui puisse endommager les passants ou causer des exhalaisons nuisibles;

2° Le soin de réprimer les atteintes à la tranquillité publique, telles que les rixes et disputes accompagnées d'ameutement dans les rues, le tumulte excité dans les lieux d'assemblée publique, les attroupements, les bruits et rassemblements nocturnes qui troublent le repos des habitants, et tous actes de nature à compromettre la tranquillité publique ;

3° Le maintien du bon ordre dans les endroits où il se fait de grands rassemblements d'hommes, tels que les foires, marchés, réjouissances et cérémonies publiques, spectacles, jeux, cafés, églises et autres lieux publics;

4° Le mode de transport des personnes décédées, les inhumations et exhumations, le maintien du bon ordre et de la décence dans les cimetières, sans qu'il soit permis d'établir des distinctions ou des prescriptions particulières à raison des croyances ou du culte du défunt ou des circonstances qui ont accompagné sa mort;

5° L'inspection sur la fidélité du débit des denrées qui se vendent au poids ou à la mesure, et sur la salubrité des comestibles exposés en vente ;

6° Le soin de prévenir, par des précautions convenables, et celui de faire cesser, par la distribution des secours nécessaires, les accidents et les fléaux calamiteux, tels que les incendies, les inondations, les maladies épidémiques ou contagieuses, les épizooties, en provoquant, s'il y a lieu, l'intervention de l'administration supérieure ;

7° Le soin de prendre provisoirement les mesures nécessaires contre les aliénés dont l'état pourrait compromettre la morale publique, la sécurité des personnes ou la conservation des propriétés;

8° Le soin d'obvier ou de remédier aux évènements fâcheux qui pourraient être occasionnés par la divagation des animaux malfaisants ou féroces.

Après avoir indiqué le triple but immédiat de la police municipale qui consiste à assurer le bon ordre, la sûreté et la salubrité publiques, l'article 97 énumère les mesures importantes que comprend cette police. Cette énumération presque tout entière est empruntée, sauf quelques différences de rédaction, à la loi des 16-24 août

1790 (titre XI, art. 3). Les mesures qu'elle mentionne, en dehors de celles prévues dans cette dernière loi, ont pour objet le mode de transport des personnes décédées, les inhumations et les exhumations, le maintien du bon ordre et de la décence dans les cimetières, sans qu'il soit permis d'établir des distinctions ou des prescriptions particulières à raison des croyances et du culte du défunt ou des circonstances qui ont accompagné sa mort.

Il est à remarquer, relativement à ces dernières mesures, que l'article 97, contrairement au décret du 18 mai 1806, reconnaît implicitement au maire le droit de régler le mode de transport des personnes décédées. Il reproduit, en outre, les prescriptions du décret du 23 prairial an XIII sur la police des lieux de sépulture, telles qu'elles ont été modifiées par la loi du 14 novembre 1881 portant abrogation de l'article 15 de ce décret.

Pouvoirs de police du maire dans l'intérieur des agglomérations, sur les routes soit nationales, soit départementales et sur les autres voies de communications. — Permis de stationnement ou de dépôt temporaire. — Alignements individuels. — Simples permissions de voirie.

Art. 98. — Le maire a la police des routes nationales et départementales, et des voies de communication dans l'intérieur des agglomérations, mais seulement en ce qui touche à la circulation sur lesdites voies.

Il peut, moyennant le paiement de droits fixés par un tarif dûment établi, sous les réserves imposées par l'article 7 de la loi du 11 frimaire an VII, donner des permis de stationnement ou de dépôt temporaire sur la voie publique, sur les rivières, ports et quais fluviaux et autres lieux publics.

Les alignements individuels, les autorisations de bâtir, les autres permissions de voirie sont délivrés par l'autorité compétente, après que le maire aura donné son avis dans le cas où il ne lui appartient pas de les délivrer lui-même.

Les permissions de voirie à titre précaire ou essentiellement révocable sur les voies publiques qui sont placées dans les attributions du maire et ayant pour objet, notamment, l'établissement dans le sol de la voie publique des canalisations destinées au passage ou à la conduite soit de l'eau, soit du gaz, peuvent, en cas de refus du maire non justifié par l'intérêt général, être accordées par le préfet.

Mesures de police qu'il appartient au préfet de prendre pour toutes les communes du département, ou pour l'une ou plusieurs d'entre elles.

Art. 99. — Les pouvoirs qui appartiennent au maire, en vertu de l'article 91, ne font pas obstacle au droit du préfet de prendre, pour toutes les communes du département ou plusieurs d'entre elles, et dans tous les cas où il n'y aurait pas été pourvu par les autorités municipales, toutes mesures relatives au maintien de la salubrité, de la sûreté et de la tranquillité publiques.

Ce droit ne pourra être exercé par le préfet à l'égard d'une seule commune qu'après une mise en demeure au maire restée sans résultats.

Les dispositions de l'article 99 qui découlent du principe fondamental posé par les lois des 22 décembre 1789 et 18 janvier 1790 et de diverses lois spéciales; elles ont pour objet de préciser les attributions des préfets, en tant qu'il s'agit de mesurus dont l'initiative continue d'appartenir au maire, mais qui, intéressant la tranquillité, la sûreté ou la salubrité publiques, doivent être prises par le préfet si l'initiative du maire n'y a pas pourvu. Ainsi la négligence, l'inertie ou le mauvais vouloir des autorités municipales ne sauraient paralyser ou arrêter l'exercice des pouvoirs de police générale du préfet dans la sphère légitime d'action qui lui est assignée.

La police générale, la police municipale et la police rurale ont des buts immédiats de même nature : le bon ordre ou la tranquillité, la sûreté et la salubrité publiques. Elles s'appliquent, en outre, le plus souvent aux mêmes matières ou objets. Elles ne diffèrent essentiellement que sous le rapport du nombre plus ou moins considérable des personnes dont elles tendent, en assurant l'ordre, la tranquillité, la sécurité, la salubrité, à défendre ou protéger la vie, les droits ou les intérêts. En effet, l'existence, les droits ou les intérêts que la police générale a pour mission de défendre ou de protéger par les mesures qu'elle comprend sont ceux de la société tout entière, de l'Etat, d'un département ou d'une partie d'un département comprenant plusieurs communes. La police municipale et la police rurale, au contraire, ont seulement pour mission de défendre ou de protéger les existences, les droits ou les intérêts renfermés dans la circonscription territoriale de la commune. Il rentre, par conséquent, dans les attributions de la police générale de prendre sur les objets que le législateur n'a pas formellement ou implicitement soustraits à son action, les mesures qui ont l'un ou plusieurs des buts immédiats qu'elle doit poursuivre, lorsqu'elles intéressent les habitants soit de toute la France, soit de l'ensemble d'un département ou d'une de ses parties dépassant les limites d'une commune. Il n'a jamais été dans la pensée du législateur d'interdire de pareilles mesures quand elles devraient porter sur les objets ou matières appartenant au domaine de la police municipale ou de la police rurale.

Il n'interdit l'exercice des pouvoirs de police générale sur ces objets que dans le cas où les mesures qui seraient prises n'intéresseraient que les habitants de chacune des communes auxquelles elles s'appliqueraient. C'est ainsi que la Cour de cassation a refusé de connaître comme rentrant dans les attributions de police générale du préfet les arrêtés par lesquels il règlementerait dans toutes les communes du département le balayage et le nettoiement des voies publiques pour en assurer la propreté, ou par lesquels il imposerait aux chevriers l'obligation de munir de clochettes ou de muselières les chèvres conduites au pâturage (Cour de cassation, chambr. crimin., arrêts des 28 juin 1861, 6 juillet 1856). Mais elle a déclaré obligatoires, comme ayant le caractère d'utilité générale, les arrêtés préfectoraux réglementant, dans toutes les communes du département, les couvertures en chaume, les bals publics, les heures d'ouverture et de fermeture des débits de boissons, la divagation des chiens, les dépôts de fumiers ou d'immondices à proximité des habitations (Cour de cassation, chambre crimin., arrêts des 12 septembre 1845, 19 et 26 janvier 1856, 15 novembre 1856, 17 mai 1861, 4 janvier 1862, 6 juillet 1867, 17 janvier 1868). Les mesures concernant le balayage ou la conduite des chèvres au pâturage n'intéressent dans chaque commune que ses habitants. Au contraire, les mesures relatives aux couvertures en chaume, aux bals publics, aux heures d'ouverture et de fermeture des débits de boissons, à la divagation des chiens, aux dépôts de fumiers et d'immondices dans le voisinage des maisons n'intéressent pas seulement les habitants de la commune où elles sont exécutées : elles intéressent également ou peuvent intéresser les habitants des communes voisines et même de tout le département.

Il peut se faire qu'une mesure intéressant les habitants d'un canton, d'un arrondissement, d'un ou plusieurs départements soit seulement applicable dans une commune. Telle serait la mesure qui prescrirait à un ou plusieurs propriétaires de mares ou d'étables situées dans une commune soit d'exécuter les travaux ou ouvrages nécessaires, soit de prendre les précautions indispensables pour faire disparaître l'état d'insalubrité de ces mares ou étables, présentant, en ce qui concerne les habitants non seulement de la localité, mais encore des localités voisines, les plus graves dangers au point de vue de la salubrité publique. Une pareille mesure a le caractère d'utilité générale dépassant les limites d'une circonscription communale. Toutefois, comme elle ne doit avoir d'application que dans ces limites, on aurait pu hésiter à reconnaître au préfet le pouvoir de la prendre. Il ne saurait lui être contesté sous l'empire de la nouvelle loi municipale, en présence du dernier paragraphe de l'article 99. Ce paragraphe, d'ailleurs, édicte une garantie en faveur de l'autorité municipale. Il veut, en effet, que le préfet n'exerce son pouvoir en pareil cas qu'après une mise en demeure adressée au maire et restée sans résultat.

Sonnerie des cloches des églises. — Clefs du clocher et de l'église.

Art. 100. — Les cloches des églises sont spécialement affectées aux cérémonies du culte.

Néanmoins, elles peuvent être employées dans les cas de péril commun qui exigent un prompt secours et dans les circonstances où cet emploi est prescrit par des dispositions de lois ou règlements, ou autorisé par les usages locaux.

Les sonneries religieuses, comme les sonneries civiles, feront l'objet d'un règlement concerté entre l'évêque et le préfet, ou entre le préfet et les consistoires, et arrêté, en cas de désaccord, par le ministre des cultes.

Art. 101. — Une clef du clocher sera déposée entre les mains des titulaires ecclésiastiques, une autre entre les mains du maire, qui ne pourra en faire usage que dans les circonstances prévues par les lois ou règlements.

Si l'entrée du clocher n'est pas indépendante de celle de l'église, une clef de la porte de l'église sera déposée entre les mains du maire.

Des gardes champêtres

Art. 102. — Toute commune peut avoir un ou plusieurs gardes champêtres. Les gardes champêtres sont nommés par le maire ; ils doivent être agréés et commissionnés par le sous-préfet ou par le préfet dans l'arrondissement du chef-lieu. Le préfet ou le sous-préfet devra faire connaître son agrément ou son refus d'agréer dans le délai d'un mois. Ils doivent être assermentés. Ils peuvent être suspendus par le maire. La suspension ne pourra durer plus d'un mois ; le préfet seul peut les révoquer.

En dehors de leurs fonctions relatives à la police rurale, les gardes champêtres sont chargés de rechercher, chacun dans le territoire pour lequel il est assermenté, les contraventions aux règlements et arrêtés de police municipale. Ils dressent des procès-verbaux pour constater ces contraventions.

La loi du 20 messidor an III (art. 1er) imposait à toute commune l'obligation d'avoir un garde champêtre.

L'article 102 rend l'institution des gardes champêtres facultative pour toutes les communes, comme elle l'était avant la loi du 20 messidor an III sous l'empire de la loi des 28 septembre-6 octobre 1791 (titre VII). Chaque commune, est actuellement libre soit de n'avoir aucun garde champêtre, soit d'en avoir un ou plusieurs.

Mais, d'après l'esprit, sinon le texte de la nouvelle loi municipale, plusieurs communes ne peuvent s'associer pour entretenir un seul garde champêtre. La Chambre des députés avait admis cette faculté. Le Sénat n'a pas cru devoir la maintenir, par le motif que le service d'un garde unique pour deux communes ou un plus grand nombre serait fait le plus souvent d'une manière incomplète dans chacune d'elles, et que les maires ne pourraient pas se mettre d'accord sur les questions de nomination ou de suspension.

Les villes qui ont des commissaires et agents de police peuvent souvent se passer de gardes champêtres. Il en est de même des communes dont le territoire est peu étendu. Dans les autres localités, la présence d'un ou plusieurs gardes champêtres sera presque toujours d'utilité incontestable. Lorsque vous l'aurez constaté, vous devrez engager les municipalités à conserver ou à instituer des gardes champêtres, autant que les besoins de la police rurale l'exigeraient et que les ressources communales le permettraient.

Le législateur de 1884 ne se contente pas de laisser une entière liberté aux communes en ce qui touche l'institution des gardes champêtres. Il rend au maire la nomination de ces agents, qui lui avait été enlevée par le décret législatif du 25 mars 1852. L'article 102 de la nouvelle loi municipale ne subordonne pas cette nomination à l'approbation du préfet comme faisait la loi de 1837 ; il exige seulement que les gardes champêtres soient agréés et commissionnés par le sous-préfet, ou par le préfet dans l'arrondissement chef-lieu. Lorsque le préfet ou le sous-préfet n'a pas fait connaître son agrément dans le mois qui suit le jour où il lui a été demandé, il est censé le donner.

Les gardes champêtres, étant officiers de police judiciaire, doivent être assermentés.

Organisation du personnel de la police dans les villes de plus de 40.000 habitants. — Nomination des agents dans toutes les communes.

Art. 103. — Dans les villes ayant plus de 40.000 habitants, l'organisation du personnel chargé du service de la police est réglée, sur l'avis du conseil municipal, par décret du Président de la République.

Si un conseil municipal n'allouait pas les fonds exigés pour la dépense, ou n'allouait qu'une somme insuffisante, l'allocation nécessaire serait inscrite au budget par décret du Président de la République, le Conseil d'Etat entendu.

Dans toutes les communes, les inspecteurs de police, les brigadiers et sous-brigadiers et les agents de police nommés par le maire doivent être agréés par le sous-préfet ou par le préfet. Ils peuvent être suspendus par le maire, mais le préfet seul peut les révoquer.

L'article 103 de la loi du 5 avril 1884 a pour objet l'organisation du personnel chargé de la police. Il reproduit les dispositions de la loi du 24 juillet 1867 (art. 23) et de la loi du 20 janvier 1874 (art. 3), sauf quelques modifications. La plus importante consiste en ce que, dans toutes les communes, le maire nomme et suspend les inspecteurs de police, les brigadiers, les sous-brigadiers et les agents de police, tandis qu'il ne les nommait ni les suspendait précédemment que dans les villes ayant plus de 40.000 habitants.

Les inspecteurs, brigadiers, sous-brigadiers et agents de police ne peuvent, comme sous la législation antérieure, être révoqués que par le préfet. La nouvelle loi maintient au préfet le droit de les agréer dans l'arrondissement chef-lieu. Elle donne le même droit au sous-préfet dans les autres arrondissements.

Nous répétons ici ce que nous avons dit, à l'occasion de l'article 88 de la loi, c'est que les agents de police, inspecteurs, brigadiers, sous-brigadiers, etc, peuvent bien être *assermentés*, mais que leurs *rapports* ou actes de constatation des délits ou contraventions ne valent en justice que comme simples renseignements, et ne font pas foi en justice, comme les procès-verbaux définis par le Code d'instruction criminelle.

Art. 104 et 105. Dispositions spéciales à la ville de Lyon et aux communes de l'agglomération lyonnaise.

Art. 104. — Le préfet du Rhône exerce dans les communes de Lyon, Caluire et Cuire, — Oullins, Sainte-Foy, — Saint-Rambert, Villeurbane, — Vaux-en-Velin, — Brou, Venissieux et Pierre-Bénite, du département du Rhône, et dans celle de Sathonay, du département de l'Ain, les mêmes attributions que celles qu'exerce le préfet de police dans les communes suburbaines de la Seine.

Art. 105. Dans les communes dénommées à l'article 104, les maires restent investis de tous les pouvoirs de police conférés aux administrations municipales par les paragraphes 1, 4, 5, 6, 7 et 8 de l'article 97.

Ils sont, en outre, chargés du maintien du bon ordre dans les foires, marchés, réjouissances et cérémonies publiques, spectacles, jeux, cafés, églises et autres lieux publics.

On a vu à l'article 73 que la ville de Lyon est divisée en six arrondissements municipaux et que le nombre de ses adjoints est de dix-sept.

En outre, indépendamment des délégations qu'ils peuvent recevoir du maire, conformément à l'article 82, ceux des adjoints qui sont délégués, au nombre de deux, dans chaque arrondissement, ont des attributions spéciales qui comprennent la tenue des registres de l'état civil et les affaires diverses énumérées dans l'article 2 du règlement d'administration publique du 11 juin 1881.

Au point de vue de la police, il n'y a plus aujourd'hui aucune distinction à faire entre Lyon et les autres communes de l'agglomération lyonnaise.

L'article 104 modifie la composition de cette agglomération ; il retranche des communes qui en faisaient partie celles de Rillieux et de Miribel et y ajoute celles de Sathonay (Ain), et de Pierre-Bénite, section distraite en 1869 de la commune d'Oullins (Rhône).

L'agglomération comprend donc aujourd'hui les communes de Lyon, Calluire-et-Cuire, Oullins, Sainte-Foy, Saint-Rambert, Villeurbanne, Vaulx-en-Velin, Brou, Vénissieux et Pierre-Bénite, du département du Rhône, et celle de Sathonay, du département de l'Ain.

Dans toutes ces communes, le préfet du Rhône exerce, en principe, les mêmes attributions qui appartiennent au préfet de police dans les communes suburbaines du département de la Seine, conformément aux arrêtés des consuls des 12 messidor an VIII, 3 brumaire an IX, à la loi du 10 juin 1853 et au décret du 16 octo- 1859.

Mais l'article 105 de la loi du 5 avril 1884 remet aux maires les pouvoirs de police municipale tels qu'ils sont définis par l'article 97 sous les réserves suivantes :

1° Le préfet du Rhône reste chargé du soin de réprimer les atteintes à la tranquillité publique (§ 2 de l'article 97) ;

2° Il garde également la mission d'assurer le maintien du bon ordre dans les endroits où il se fait de grands rassemblements (combinaisons des paragraphes 3 de l'article 97 et 2 de l'article 102.)

Art. 106. — Les communes sont civilement responsables des dégâts et dommages résultant des crimes ou délits commis à force ouverte ou par violence sur leur territoire par des attroupements ou rassemblements armés, ou non armés, soit envers les personnes, soit contre les propriétés publiques ou privées.

Les dommages-intérêts dont la commune est responsable sont répartis entre tous les habitants domiciliés dans la dite commune, en vertu d'un rôle spécial comprenant les quatre contributions directes.

Art. 107. — Si les attroupements ou rassemblements ont été formés d'habitants de plusieurs communes, chacune d'elles est responsable des dégâts et dommages causés, dans la proportion qui sera fixée par les tribunaux.

Art. 108. — Les dispositions des articles 106 et 107 ne sont pas applicables :

1° Lorsque la commune peut prouver que toutes les mesures qui étaient en son pouvoir ont été prises à l'effet de prévenir les attroupements ou rassemblements, et d'en faire connaître les auteurs;

2° Dans les communes où la municipalité n'a pas la disposition de la police locale ni de la force armée;

3° Lorsque les dommages causés sont le résultat d'un fait de guerre.

Art. 109. — La commune déclarée responsable peut exercer son recours contre les auteurs et complices du désordre.

TITRE IV. — Budget communal.

Chapitre III. — *Dépenses obligatoires.*

Art. 135. — Les dépenses du budget ordinaire comprennent les dépenses annuelles et permanentes d'utilité communale.

Les dépenses du budget extraordinaire comprennent les dépenses accidentelles ou temporaires qui sont imputées sur des recettes énumérées à l'article 134 ou sur l'excédent des recettes ordinaires.

Art. 136. — Sont obligatoires pour les communes les dépenses suivantes :

1° L'entretien de l'Hôtel-de-Ville, ou, si la commune ne possède pas, la location d'une maison ou d'une salle pour en tenir lieu ;

2e Les frais de bureau et d'impression pour le service de la commune, de conservation des archives communales et du Recueil des actes administratifs du département ; les frais d'abonnement au *Bulletin des communes* et, pour les communes chefs-lieux de canton, les frais d'abonnement et de conservation du *Bulletin des lois* ;

3e Les frais de recensement de la population : ceux des assemblées électorales qui se tiennent dans les communes et ceux des cartes électorales ;

4e Les frais des registres de l'état civil et des livrets de famille et la portion de la table décennale des actes de l'état-civil à la charge des communes ;

5e Le traitement du receveur municipal, du préposé en chef de l'octroi et les frais de perception ;

6e Les traitements et autres frais du personnel de la police municipale et rurale et des gardes des bois de la commune ; (1)

7e Les pensions à la charge de la commune, lorsqu'elles ont été régulièrement liquidées et approuvées ;

8e Les frais de loyer et de réparation du local de la justice de paix, ainsi que ceux d'achat et d'entretien de son mobilier dans les communes chefs-lieux de canton ;

9e Les dépenses relatives à l'instruction publique, conformément aux lois ;

10e Le contingent assigné à la commune, conformément aux lois, dans la dépense des enfants assistés et des aliénés ;

11e L'indemnité de logement aux curés et desservants et ministres des autres cultes salariés par l'Etat, lorsqu'il n'existe pas de bâtiment affecté à leur logement et lorsque les fabriques ou autre administrations préposées aux cultes ne pourront pourvoir elles-mêmes au paiement de cette indemnité ;

12e Les grosses réparations aux édifices communaux, sauf, lorsqu'ils sont consacrés aux cultes, l'application préalable des revenus et ressources disponibles des fabriques à ces réparations, et sauf l'exécution des lois spéciales concernant les bâtiments affectés à un service militaire ;

S'il y a désaccord entre la fabrique et la commune, quand le concours financier de cette dernière est réclamé par la fabrique dans les cas prévus aux paragraphes 11 et 12, il est statué par décret sur les propositions des ministres de l'intérieur et des cultes ;

13e La clôture des cimetières, leur entretien et leur translation

(1) Les traitements des commissaires de police sont compris dans ce paragraphe de l'article 136.

dans les cas déterminés par les lois et règlements d'administration publique ;

14e Les frais d'établissement et de conservation des plans d'alignement et de nivellement ;

15e Les frais et dépenses des conseils de prud'hommes pour les communes comprises dans le territoire de leur juridiction et proportionnellement au nombre des électeurs inscrits sur les listes électorales spéciales à l'élection et les menus frais des chambres consultatives des arts et manufactures pour les communes où elles existent ;

16e Les prélèvements et contributions établis par les lois sur les biens et revenus communaux ;

17e L'acquittement des dettes exigibles ;

18e Les dépenses des chemins vicinaux dans les limites fixées par la loi ;

19e Dans les colonies régies par la présente loi, le traitement du secrétaire et des employés de la mairie ; les contributions assises sur les biens communaux ; les dépenses pour le service de la milice qui ne sont pas à la charge du Trésor ;

20e Les dépenses occasionnées par l'application de l'article 85 de la présente loi, et généralement toutes les dépenses mises à la charge des communes par une disposition de loi.

TITRE VII. — Dispositions générales

Art. 168. — Sont abrogés :

1° Le titre XI, article 3, de la loi des 16-24 août 1790 ;

2° Les articles 1, 2, 3 et 5 de la loi du 20 messidor an III ;

3° Les titres I, IV et V de la loi du 10 vendémiaire an IV ;

4° La loi du 29 vendémiaire an V, la loi du 17 vendémiaire an X, l'arrêté du 21 frimaire an XII ;

5° Les articles 36, nos 4, 39, 49, 72 à 103, du décret du 30 décembre 1809 ; la loi du 14 février 1810 ;

6° La loi du 18 juillet 1837 ;

7° L'ordonnance du 18 décembre 1838 ;

8° L'ordonnance du 15 juillet 1840 ;

9° L'ordonnance du 7 août 1842 ;

10° La loi du 19 juin 1851, à l'exception de l'article 5 ;

11° Le décret des 4-11 septembre 1851 ;

12° L'article 5, nos 13 et 21, du décret du 25 mars 1852 ;

13° La loi du 5 mai 1855 ;

14° Le décret du 13 avril 1861, tableau A, n°s 42, 48, 50, 51, 56, 59;

15° La loi du 24 juillet 1867, à l'exception de la disposition de l'article 9 relative à l'établissement du tarif général et de l'article 17, lequel reste en vigueur provisoirement, mais seulement en ce qui concerne la ville de Paris.

16° La loi du 22 juillet 1870;

17° Les articles 1, 2, 3, 4, 5, 6, 8, 9, 18, 19, 20 de la loi du 14 avril 1871, le paragraphe 25 de l'article 46 et le paragraphe 4 de l'article 48 de la loi du 10 août 1871;

18° La loi du 4 avril 1873;

19° La loi du 20 janvier 1874;

20° La loi du 12 août 1876;

21° La loi du 21 avril 1881;

22° La loi du 28 mars 1882.

Sont abrogés également pour les colonies, en ce qu'ils ont de contraire à la présente loi:

23° Le décret colonial du 12 juin 1827 (Martinique);

24° Le décret colonial du 20 septembre 1837 (Guadeloupe);

25° L'arrêté du 12 novembre 1848 (Réunion);

26° Le décret du 29 juin 1882 (Saint-Barthélemy);

27° L'article 116 du décret du 20 novembre 1882 sur le régime financier des colonies, pour les colonies soumises à la présente loi;

28° Et, en outre, toutes dispositions contraires à la présente loi, sauf celles qui concernent la ville de Paris.

Fonctionnaires et agents appelés à concourir à l'action administrative.

A côté des autorités administratives, divers fonctionnaires et agents sont appelés à concourir à l'action de l'administration, ce sont: Les commissaires de police. — Les gardes champêtres et forestiers. — Les agents municipaux et la gendarmerie (Voy. *Organisation militaire.*)

Commissaires de police.

Les commissaires de police se divisent en deux catégories: 1° les commissaires de police chargés des services de police dans les villes ou communes; 2° les commissaires de police attachés aux services spéciaux des chemins de fer, des postes-frontières, etc.

1° *Commissaires de police des villes ou communes.*

Ces commissaires de police comprennent eux-mêmes deux catégories : 1° ceux qui sout rétribués sur les fonds communaux ; 2° les commissaires de police qui, à défaut du concours des communes, sont payés sur les fonds de l'Etat.

Bien que ces derniers aient reçu le titre de commissaires *spéciaux* de police, pour les distinguer des précédents, leurs fonctions n'en sont pas moins identiques.

Nomination. Révocation.

Aux termes de l'art. 12 de la loi du 28 pluviôse an VIII, il y a un commissaire de police dans les villes de 5.000 à 10.000 habitants. Dans les villes dont la population excède 10.000 habitants, il doit y avoir un commissaire de police par 10.000 d'excédent.

Un certain nombre de communes ayant moins de 5.000 habitants ont des commissaires de police payés en tout ou en partie sur le budget municipal.

Le gouvernement a d'ailleurs le droit d'établir des commissaires spéciaux de police dans les communes où il juge cette institution nécessaire.

Les commissaires de police sont nommés : 1° sur la proposition du Ministre de l'intérieur, par le chef du Pouvoir exécutif, dans les villes dont la population excède 6.000 habitants ; 2° par les préfets, sur la présentation des chefs de services dans les communes de 6.000 âmes et au-dessous. (D. du 25 mars 1852, art. 5 § 22, et D. du 13 avril 1861, art. 5)

Les commissaires spéciaux de police sont tous nommés par décret.

Les préfets peuvent révoquer les commissaires de police dont ils ont la nomination, mais la révocation n'est définitive qu'après l'approbation du Ministre de l'intérieur. (D. du 25 mars 1852, art. 6.)

Les autres commissaires de police ne peuvent être révoqués que par un décret du chef du Pouvoir exécutif.

Incompatibilités.

Les fonctions de commissaires de police sont incompatibles avec celles de maires, d'adjoints, ou de conseillers municipaux (L. du 5 avril 1884), de secrétaires de mairies (Circ. Int. du 23 novembre 1854); de notaires ou d'avoués (L du 1er juin 1792) ; de juges suppléants, de greffiers, de commissaires-priseurs ou d'huissiers (2 juin 1807; de percepteurs des contributions directes (L. du 27 mars 1791); de conseillers généraux (L. du 10 août 1871, art. 8, n° 7).

Les commissaires de police ne peuvent être jurés. (L. du 21 novembre 1872, art 3.)

Traitements, Classes.

Les commissaires de police sont divisés en quatre classes dont les traitements sont répartis de la manière suivante :

	Traitement annuel.	Frais de bureau.
1re classe.	4.000 fr.	800 fr.
2e classe.	3.000	600
3e classe.	2.000	400
4e classe.	1.500	300

(D. 3 juillet 1883).

Un décret du 15 mai 1861 a établi une classe exceptionnelle pour les commissaires centraux en résidence dans les préfectures de 1re classe. Le traitement annuel de ces fonctionnaires a été porté à 5.000 fr. et les frais de bureau à 1.000 fr. La différence entre ce traitement et celui attribué à la 1re classe des commissaires de police par le décret du 27 février 1855, est payée sur les fonds de l'Etat.

Les préfectures auxquelles s'applique le décret de 1861 sont : Bordeaux, Lille, Saint-Etienne, Rouen, Versailles, Nantes, Nice, Amiens et Toulouse.

Il existe aussi des commissaires spéciaux, principalement dans le service des chemins de fer et des frontières dont le traitement est porté exceptionnellemennt à 6.500, 7.000 et 8.000 fr.

En dehors de leur traitement, les commissaires de police ne doivent recevoir des administrations municipales aucune allocation en argent, ni aucun avantage matériel.

Deux exceptions ont été faites à cette règle : la première concerne l'installation par l'administration municipale du bureau du commissaire de police dans un édifice communal. La seconde, l'affectation au logement du commissaire de police d'un local convenable pour lui et sa famille. Dans ce dernier cas, toutefois, un bail de 3, 6 ou 9 ans doit être passé entre l'administration municipale et ce fonctionnaire, et soumis à l'approbation du préfet. (Circ. Int. du 23 janvier 1855.)

Serment.

Au moment de leur installation, les commissaires de police doivent prêter, devant le préfet du département, le serment professionnel ainsi conçu : « Je jure de remplir les fonctions qui me sont confiées en bon et loyal magistrat. » (Circ. Int., 12 décembre 1854.)

Leur traitement ne court qu'à dater du jour de la prestation de serment qui marque leur installation. (Inst. min., 21 juillet 1858.)

Procès-verbal de la prestation de serment doit être consigné sur un registre spécial tenu dans les préfectures ; extrait en est adressé au ministère de l'intérieur, immédiatement après l'installation.

En cas d'empêchement, le préfet peut déléguer, pour recevoir le serment d'un commissaire de police, le sous-préfet de l'arrondissement où doit résider le fonctionnaire (Circ. int. 12 décembre 1854).

Echarpe.

Les commissaires de police doivent toujours être munis de l'écharpe tricolore, qui est le signe de leur autorité lorsqu'ils sont en fonctions. — Ils sont tenus de la ceindre pour assurer l'exécution des actes de leurs fonctions, maintenir force à la loi et à leur caractère qui pourrait être méconnu. (Instr. min., 21 juillet 1858.)

Le port de l'écharpe est surtout indispensable lorsqu'il s'agit de s'introduire dans le domicile d'un citoyen, et chaque fois que le commissaire de police doit accomplir un acte où il pourrait éprouver de la résistance.

Toutefois dans les actes ordinaires de leurs fonctions, lorsqu'il s'agit de constater un délit ou une contravention, les commissaires de police ne sont pas tenus d'être revêtus de leur costume, ni même de leur écharpe. (C. C., 9 nivôse an XI, 10 mars 1815.)

Préséances. Rang dans les cérémonies publiques.

Les commissaires de police ont un rang de préséances dans les cérémonies publiques ; ils marchent immédiatement après les juges de paix (D. du 26 messider an XII, art. 8) :

Lorsqu'il existe un commissaire central dans la localité, il marche à la tête des commissaires de police, ayant, à sa droite et à sa gauche, les deux plus anciens commissaires ; les autres suivent par ordre d'ancienneté. (Circ. Int., 21 juillet 1858.)

Congés.

Les préfets ne peuvent accorder aux commissaires de police des congés de plus de *quatorze jours*, le ministre se réservant de statuer sur les congés d'une plus longue durée.

Les commissaires de police en congé ne sont reçus dans les bureaux de l'administration centrale, qu'autant qu'ils ont été autorisés spécialement à s'y présenter. Les préfets doivent, en dehors des cas d'extrême urgence, n'accorder de congés pour aller à Paris, qu'après en avoir référé au ministre de l'intérieur. (Circ. Int., 7 février 1874.)

Les prolongations de congés ne sont accordées que dans le cas de nécessité absolue ou d'utilité constatée.

Tout commissaire de police qui s'absente de sa résidence, sans autorisation, est privé de traitement pendant le temps de son absence et peut même être suspendu, sans préjudice des mesures plus sévères qui pourraient être prises contre lui. (Inst. min., 21 juillet 1858.)

Intérim.

Dans les communes qui ont plusieurs commissaires de police, le préfet, s'il s'agit de l'arrondissement chef-lieu, désigne directement, ou sur la proposition du sous-préfet et l'avis du maire, s'il s'agit d'une ville située dans un autre arrondissement, le commissaire de police qui doit suppléer le fonctionnaire absent ou empêché.

Dans une commune qui n'a qu'un commissaire de police, le maire ou son adjoint en remplit les fonctions pendant la durée de l'empêchement. (Circ. Int., 16 février 1855.)

Organisation d'un bureau de police. Registres. Archives. Timbre-cachet.

Pour la tenue de ses écritures un commissaire de police doit avoir :

1° Un journal-agenda, ou main courante, registre sur lequel il tient note de ses opérations quotidiennes ;

2° Un répertoire servant à l'enregistrement et à l'analyse de ses procès-verbaux ;

3° Un registre d'ordre sur lequel doivent être inscrits à la date de leur arrivée, et sous une série de numéros reproduits sur la pièce, l'analyse des différents actes, documents, procès-verbaux, lettres, qui lui sont adressées concernant le service. (Circ. Int., 8 février 1855.

Les divers documents déposés au bureau appartiennent à l'administration. Le commissaire n'en est que le dépositaire responsable. Aussi, à la cessation de ses fonctions, un procès-verbal, dressé sous le contrôle et avec la signature du maire, doit, après inventaire, constater leur remise au nouveau titulaire ou leur dépôt aux archives du commissariat. (Instr. Min., 21 juillet 1858.)

Le registre d'ordre qui doit être compris dans la remise des archives permettra de vérifier si elles sont au complet. (Circ. Int. 8 février 1855, 28 février 1874.)

Les commissaires de police doivent se munir d'un timbre-cachet portant en haut de l'exergue le nom de la circonscription du commissariat ; en bas, le nom du département, et sur le champ du cachet ces mots : *Commissaire de police*, ou, suivant le cas, *Commissaire central*. (Cir. Int., 18 mars 1853.)

Toutes les pièces qui émanent du bureau d'un commissaire de police doivent porter le sceau du commissariat.

Il est interdit aux commissaires de police de substituer une griffe à leur signature. (Circ. Int., 12 mars 1856.)

Une circulaire du 28 novembre 1886, a rappelé les instructions précédentes et, en outre, prescrit dans les commissariats, l'établissement de *fiches* mobiles au nom de tout individu qui, pour un motif quelconque, crime, délit ou contravention a été appelé à comparaître devant le commissaire de police. La circulaire donne le modèle de ces fiches et règle le mode de leur conservation.

Commissaires centraux de police et commissaires de police placés sous leurs ordres

Dans les localités où le service exige le concours simultané de plusieurs commissaires de police, ces fonctionnaires sont placés sous la direction et l'autorité d'un chef hiérarchique qui prend le titre de *commissaire central* de police. Il en est établi dans les villes possédant au moins trois commissariats, y compris le commissaire central. (D. du 27 février 1855, art. 1er ; Circ. Int. du 11 avril 1871.)

Le commissaire central, chef responsable de tout le service de la ville chef-lieu de sa résidence, est particulièrement placé sous la direction du préfet, pour les services se rattachant à la sûreté publique. Il reçoit de ce magistrat, à cet effet, les instructions nécessaires et les transmet aux commissaires de police et aux agents placés sous ses ordres, en surveille et dirige l'exécution, et rend compte directement au préfet des résultats obtenus.

Dans les chefs-lieux d'arrondissement, le commissaire central agit de même vis-à-vis du sous-préfet, en ce qui concerne la police générale.

Il reçoit également du maire et de l'autorité judiciaire les instructions relatives aux services qui les concernent.

Il tient les diverses autorités dont il relève informées des faits qui viennent à sa connaissance. (Cir. Int., 3 Avril 1854, 21 Juillet 1858, 3 novembre 1867).

Les commissaires de police ayant la même résidence que le commissaire central sont placés sous son autorité directe. C'est à lui qu'ils adressent leurs rapports et c'est par son intermédiaire qu'ils reçoivent les instructions et les ordres relatifs à leur service, sauf les exceptions motivées par des circonstances particulières, et dont l'appréciation est laissée entièrement aux représentants de l'autorité administrative ou judiciaire. (Circ. Int. du 3 avril 1854.)

Commissaires de police des villes qui n'ont pas de commissaire central.

Ces commissaires de police sont chefs de service, chacun dans l'étendue de la circonscription qui lui est attribuée. Ils correspondent directement avec les représentants de l'autorité administrative ou judiciaire (Circ. Int. 3 avril 1854).

Devoirs généraux des commissaires de police

Les commissaires de police sont des agents d'exécution chargés de surveiller l'application des lois et règlements, sous la direction et la surveillance des autorités administratives et judiciaires.

Les devoirs des commissaires de police envers ces autorités sont de deux natures : ils sont *généraux* c'est-à-dire ayant un caractère commun aux trois ordres de fonctionnaires, ou *spéciaux*, c'est-à-dire rentrant directement ou exclusivement dans les attributions de l'un ou de l'autre de ces fonctionnaires.

Si, par exemple, il se produit un fait grave intéressant la sûreté publique, un grand désastre, un incendie, une inondation, ou tout autre fait d'intérêt général, le commissaire de police doit en informer simultanément les diverses autorités dont il dépend.

Mais s'il s'agit de la recherche d'un prévenu ou d'un condamné, ou de la constatation et de la poursuite d'un crime ou d'un délit, c'est au fonctionnaire de l'ordre judiciaire que le commissaire de police doit adresser son rapport.

Toutefois, s'il s'agit d'un crime ou d'un délit politique ou d'un crime exceptionnel destiné à produire une profonde impression sur toute une population, le commissaire de police doit en donner connaissance à la fois à l'autorité administrative et à l'autorité judiciaire.

Quand il s'agit d'un fait de nature confidentielle, c'est à l'autorité supérieure que ce fait intéresse de déterminer, quand elle s'adresse au commissaire de police, si le rapport qu'elle demande doit avoir ce caractère.

Lorsque le commissaire de police agit spontanément, c'est à lui de discerner dans les attributions de quel ordre de fonctionnaires rentre plus spécialement le fait dont il s'agit, et s'il doit ou non en donner avis aux autorités dont il dépend, ou à l'une d'elles seulement.

En tout état de choses, toutes les fois qu'un fonctionnaire, en demandant un renseignement au commissaire de police, a indiqué que le rapport doit être confidentiel, les fonctionnaires d'un autre ordre ne peuvent en exiger communication. (Circ., Police générale du 8 décembre 1852).

Commissaires spéciaux des frontières

Des commissaires spéciaux sont établis aux postes-frontières pour la surveillance des voyageurs, le visa des passe-ports, l'inspection de la librairie étrangère, etc.

Ces fonctionnaires sont rétribués sur les fonds de l'Etat et divisés en quatre classes dont le traitement est fixé sur les mêmes bases que celui des commissaires de police ordinaires.

Commissaires spéciaux des chemins de fer

Voir ci-après : Législation des chemins de fer

Commissaires de police de la ville de Paris et du département de la Seine.

Les *commissaires de la ville de Paris* sont placés directement sous les ordres du préfet de police. (Arr., messidor an VIII, art. 35.)

Le nombre des commissaires de police des quartiers de la ville de Paris a été fixé à 75. (D. du 24 Mars 1882.)

Ils sont nommés par décret du chef de pouvoir exécutif et prêtent serment entre les mains du préfet de police.

Ils sont divisés en trois classes, dont le traitement est ainsi fixé : 1re classe, 7.000 francs ; 2e classe, 6.000 francs ; 3e classe, 5.000 francs.

Un délai de deux années d'exercice dans la classe inférieure est exigé pour la promotion à la classe supérieure. (D. du 8 décembre 1859, art. 2 et 3.)

Il est alloué à chaque commissariat de police, à titre de frais de bureau, une indemnité annuelle. Pour l'attribution de cette indemnité, les commissariats sont divisés en deux catégories par le ministre de l'intérieur. L'indemnité est de 1.500 francs pour les commissariats de la première catégorie, et de 1.200 francs pour la seconde. (D., art. 4.)

Les *Commissaires de police des communes* de la Seine, en dehors de Paris, sont au nombre de 23 (Déc. 6 Août 1885). Ils sont divisés en deux classes : la 1re classe a un traitement de 4.000 fr., la 2e 3.500. L'organisation du personnel des Commissaires de police et des agents, ainsi que les dépenses du service sont fixées en exécution de l'article 3 de la loi du 10-13 Juin 1853, sur l'extension des attributions du préfet de police.

Gardes champêtres

Il faut se reporter à ce qui a été dit, à l'article 102 de la loi du 5 avril 1884, de l'institution et de la nomination des gardes champêtres.

Nous ajouterons toutefois que les gardes champêtres doivent être âgés de 25 ans au moins et être de bonne vie et mœurs. (L. du 6 octobre 1791, art. 5 ; D. du 20 messidor an III, art. 2.)

Avant d'entrer en fonctions, ils prêtent, devant le juge de paix du canton, le serment professionnel exigé par l'article 5, section VII, titre 1er, de la loi du 6 octobre 1791. Il est donné acte de cette formalité sur l'arrêté de nomination du garde.

Le traitement des gardes champêtres fait partie des dépenses obligatoires des communes. (L. du 5 avril 1884, art. 136 § 6.)

Dans l'exercice de leurs fonctions, les gardes champêtres peuvent porter les armes qui seront jugées leur être nécessaires par le préfet.

Ils doivent avoir sur le bras une plaque de métal ou d'étoffe où sont inscrits ces mots : *La loi,* le nom de la municipalité et celui du garde (L. 28 Sept.-6 oct. 1791, art. 4.)

Rapports des gardes avec les commissaires de police

Les gardes champêtres sont placés sous l'autorité du commisssaire de police qui peut, au besoin, les requérir ainsi que les gardes forestiers de sa circonscription. Les gardes doivent informer ce magistrat de tout ce qui intéresse la tranquillité publique. (D. du 28 mars 1852, art. 3 ; Décision int., *Bull.*, 1866, p. 437.)

Rapports des gardes champêtres avec la gendarmerie

Les gardes champêtres des communes sont aussi placés sous la surveillance des commandants de brigades de gendarmerie ; ces derniers inscrivent, sur le registre à ce destiné, les noms, l'âge et le domicile des gardes champêtres, avec des notes sur leur conduite et leur manière de servir. (D. du 1er mars 1854, art. 624.)

Les officiers, sous-officiers et brigadiers de gendarmerie s'assurent, dans leurs tournées, si les gardes champêtres remplissent bien les fonctions dont ils sont chargés ; ils donnent connaissance aux préfets ou sous-préfets de ce qu'ils ont appris sur la moralité et le zèle de chacun d'eux. (*Id.*, art. 625.)

Dans les cas urgents ou pour des objets importants, les sous-officiers et brigadiers de gendarmerie peuvent mettre en réquisition les gardes champêtres d'un canton, et les officiers ceux d'un arrondissement, soit pour les seconder dans l'exécution des ordres qu'ils ont reçus, soit pour le maintien de la police et de la tranquillité publique ; mais ils sont tenus de donner avis de cette réquisition aux maires et aux sous-préfets, et de leur en faire connaître les motifs généraux. (*Id.*, art. 626.)

Les officiers, sous-officiers et brigadiers de gendarmerie adressent, au besoin, aux maires, pour être remis aux gardes champêtres, le signalement des individus qu'ils ont l'ordre d'arrêter. (*Id.*,art. 627.)

Les gardes champêtres sont tenus d'informer les maires, et ceux-ci les officiers ou sous-officiers et brigadiers de gendarmerie, de tout ce qu'ils découvrent de contraire au maintien de l'ordre et de la tranquillité publique ; ils leur donnent avis de tous les délits qui ont été commis dans leurs territoires respectifs. (*Id.*, art. 628.)

Agents municipaux de police

On comprend sous cette dénomination les agents établis par les municipalités sous le titre de *sergents de ville*, *gardiens de la paix* ou tous autres analogues. Ces agents, placés sous l'autorité des maires doivent être aussi sous celle des commissaires de police. Ils sont chargés de surveiller l'exécution des lois et des règlements de police dans les localités où ils résident ; ils ont la qualité d'agents *de la force publique*. C'est en cette qualité qu'ils peuvent être requis par les commissaires de police, en vertu de l'article 25 du code d'instruction criminelle.

Les agents de police municipaux sont organisés sous les ordres de chefs immédiats, qui veillent à la bonne exécution du service. Ces chefs prennent, à Paris, le titre d'*Officiers de paix*, dans les départements, ceux d'*Inspecteurs* ou de *Brigadiers de police.*

On a vu qu'aux termes de l'article 103 de la loi municipale du 5 Avril 1884, dans toutes les communes, les inspecteurs de police, les brigadiers et sous-brigadiers et les agents de police nommés par le maire doivent être agréés par le sous-préfet ou par le préfet. Ils peuvent être suspendus par le Maire, mais le préfet seul peut les révoquer.

V. *Gendarmerie*, au chapitre : *Organisation militaire.*

SECTION II.

Organisation de la Justice

Autorité judiciaire. — Tribunaux Fonctionnaires.

L'expression *autorité judiciaire* synonyme de *pouvoir judiciaire* s'applique à l'ensemble des fonctionnaires et des corps chargés de l'application et de l'exécution des lois.

L'autorité judiciaire, de même que l'autorité administrative, est une émanation du pouvoir exécutif. Elle agit au nom du chef de l'Etat, sous la direction du garde des seaux, ministre de la justice, qui donne des ordres et instructions pour tout ce qui concerne l'administration de la justice.

La justice est divisée en justice civile et en justice répressive ou criminelle. Elle est rendue par des *Tribunaux* composés du même personnel pour chacune des juridictions.

La justice civile appartient aux *tribunaux de paix* ou justice de paix, aux *tribunaux de 1re instance* ou d'arrondissement et aux *cours d'appel.*

On peut y ajouter les tribunaux de commerce et les conseils de prudhommes pour la justice commerciale.

La justice criminelle est rendue par les tribunaux de paix, convertis en *tribunaux de simple police*, les tribunaux d'arrondissement (*chambres correctionnelles)*, les cours d'appel (*chambres correctionnelles*), et les *cours d'assises*. (V. *au chapitre de l'Instruction criminelle ce qui concerne les juridictions pénales ou criminelles.*)

Notions sur les divers tribunaux.

Justices de paix

Aux termes de la loi du 24 Août 1790, Titre III, art. 1er, il existe une justice de paix par canton, et il n'y a par justice de paix qu'un seul juge, assisté d'un greffier.

Pour être nommé juge de paix, il faut :

1° Etre français ; — 2° Avoir la jouissance de ses droits civiques, civils et politiques ; — 3° Etre âgé de 30 ans.

Sous le rapport du traitement, les juges de paix sont divisés en neuf classes : la 1re classe comprend Paris (8000 fr.) ; — la 2e, les villes où siègent les tribunaux qui étaient de 2e classe avant la loi de 1883 (5000 fr.) ; — la 3e les cantons des arrondissements de St-Denis et de Sceaux (3.600) ; — la 4e, les villes de Brest, du Havre, St-Etienne et Toulon (3.500) ; — la 5e, les villes où siègent les tribunaux qui étaient de 4e classe avant la loi de 1883, et les villes de Cette, Roubaix et Tourcoing (3000) ; — la 6e, les anciens sièges des tribunaux de 5e classe et les villes d'Arles, Armentières et Mézières (2.700) ; — la 7e classe, les anciens sièges des tribunaux de 6e classe et les villes d'Argelès, Boussac, Château-Salins, Commercy, La Palisse, La Tour-du-Pin, Mauléon, Poligny et Puget-Théniers (2.400) ; la 8e classe, les chefs-lieux de canton où la population agglomérée est de 3.000 âmes et au-dessus (2.100) ; — la 9e, toutes les autres justice de paix (1.800).

Les fonctions de juge de paix sont incompatibles avec celles de maire, adjoint, préfet, sous-préfet et conseiller de préfecture, ainsi qu'avec celles d'officiers ministériels, d'avocat, de comptable public ou commerçant (L. 24 Vendémaire an III).

Tribunaux d'arrondissement

Ces tribunaux sont appelés aussi *tribunaux de 1re instance* et *tribunaux civils*.

Chaque tribunal se compose d'une ou de plusieurs chambres. Quand il existe plusieurs chambres, l'une connaît des affaires correctionnelles, les autres des affaires civiles.

Les tribunaux de 1re instance ont d'ordinaire leur siège au chef-lieu de chaque arrondissement. Il faut en excepter les suivants : celui de l'arrondissement de Poligny (Jura) a son siège à Arbois ; —

de l'arrondissement de La Tour-du-Pin (Isère), à Bourgoin : — de l'arrondissement de Mézières (Ardennes), à Charleville ; — de l'arrondissement de la Palisse (Allier), à Cusset ; — de l'arrondissement d'Argelès (Hautes-Pyrénées), à Lourdes ; — de l'arrondissement de Commercy (Meuse), à St Mihiel ; — de l'arrondissement de Mauléon (Basses-Pyrénées), à St-Palais ; — de l'arrondissement d'Arles (Bouches-du-Rhône), à Tarascon — L'arrondissement de Puget-Théniers (Alpes-Maritimes) est réuni sous le rapport judiciaire au tribunal de Nice.

Les tribunaux de 1re instance, celui de la Seine excepté, sont répartis en trois classes, d'après la population de leur siège.

La 1re classe est attribuée aux tribunaux qui siègent dans les villes de 80.000 habitants et au-dessus ; ils sont au nombre de 10.

Par exception Nice, Versailles sont rangés dans cette classe.

La 2e classe comprend les tribunaux dont le siège est dans les villes d'une population de 20.000 à 80.000 habitants, ces tribunaux sont au nombre de 70.

Le tribunal de Chambéry est assimilé à la 2e classe.

La 3e classe renferme tous les autres tribunaux, au nombre de 294, qui siègent dans les villes dont la population est inférieure à 20.000 habitants.

Chaque tribunal est composé d'un président, de vice-présidents, de juges d'instruction, de juges, d'un procureur de la République, d'un greffier en chef et de commis greffiers.

Le tribunal d'Alger est rangé dans la 1re classe. Ceux de Constantine, d'Oran, de Blidah, de Bône et de Tlemcen appartiennent à la 2e classe.

Cours d'assises.

Les cours d'assises sont des tribunaux temporaires qui tiennent des sessions dans chaque département tous les trois mois (Cod. Inst. Crim. art. 269).

Dans les départements où siègent les cours d'appel, les assises sont tenues par trois des membres de la Cour dont l'un est président.

Les fonctions du Ministère public sont remplies soit par le procureur général, soit par un des avocats généraux, soit par un des substituts du procureur général. Le greffier de la cour y exerce ses fonctions par lui-même ou par l'un de ses commis assermentés. (Cod. Inst. crim. art, 252.)

Dans les autres départements, la cour d'assises est composée, 1°

d'un conseiller de la cour d'appel, délégué à cet effet, et qui est président de la cour d'assises ; 2° de deux juges, pris, soit parmi les conseillers de la cour d'appel, soit parmi les présidents ou juges du tribunal de première instance du lieu de la tenue des assises ; 3° du procureur de la République près le tribunal ou de l'un de ses substituts ; 4° du greffier du tribunal ou de l'un de ses commis assermentés. (Cod. Inst. crim. art. 253).

Président des assises

Les présidents d'assises sont nommés par le ministre de la justice ou par le premier président (L. du 20 Avril 1810, art. 16.)

Ils ont droit à un logement soit à l'hotel de ville, soit au palais de Justice, soit dans une maison particulière et meublée désignée par le Maire (Déc. 27 Février 1811.)

Les présidents d'assises ont aussi droit à des honneurs déterminés par le décret précité et les articles 151 et 152 du décret du 1er mars 1854 sur la gendarmerie.

Lieu où se tiennent les assises

Les cours d'assises siègent habituellement au chef-lieu de chaque département. La cour d'appel peut néanmoins désigner un autre que celui du chef-lieu (Cod. Inst. crim. art. 258. — L. 20 Avril 1810, art. 17.

C'est ainsi que les assises des Bouches-du-Rhône se tiennent à Aix ; celles du Cantal, à St-Flour ; de la Charente-Inférieure, à Saintes ; de la Corse, à Bastia ; de la Manche, à Coutances ; de la Marne, à Reims ; de la Meuse, à St-Mihiel ; du Nord, à Douai ; du Pas-de-Calais, à St Omer ; du Puy-de-Dôme, à Riom ; de Saône-et-Loire, à Châlons ; de Vaucluse, à Carpentras.

Cours d'appel

Les cours d'appel sont au nombre de 27. Leur ressort s'étend à plusieurs départements.

En voici le tableau d'après leur rang d'importance et avec l'indication des départements compris dans chaque ressort :

PARIS. (9 chambres). — Seine, Seine-et-Oise, Eure-et-Loir, Seine-et-Marne, Marne, Aube, Yonne.

ALGER. (4 chambres). — Alger, Constantine, Oran.

Cours ayant trois chambres.

Aix. — Bouches-du-Rhône, Basses-Alpes, Alpes-Maritimes, Var.
Bordeaux. — Gironde, Dordogne, Charente.
Douai. — Nord, Pas-de-Calais.
Lyon. — Rhône, Loire, Ain.
Montpellier. — Hérault, Aveyron, Aude, Pyrénées Orientales.
Rennes. — Ille-et-Vilaine, Côtes-du-Nord, Finistère, Morbihan, Loire-Inférieure.
Rouen. — Seine-Inférieure, Eure.

Cours ayant deux chambres.

Agen. — Lot-et-Garonne, Lot, Gers.
Amiens. — Somme, Oise, Aisne.
Besançon. — Doubs, Haute-Saône, Jura, Belfort.
Caen. — Calvados, Manche, Orne.
Dijon. — Côte-d'Or, Haute-Marne, Saône-et-Loire.
Grenoble. — Isère, Drôme, Hautes-Alpes.
Nancy. — Meurthe-et-Moselle, Meuse, Vosges, Ardennes.
Nimes. — Gard, Ardèche, Lozère, Vaucluse.
Poitiers. — Vienne, Deux-Sèvres, Vendée, Charente-Inférieure.
Riom. — Puy-de-Dôme, Allier, Cantal, Haute-Loire.
Toulouse. — Haute-Garonne, Tarn-et-Garonne, Tarn, Ariège.

Cours ayant une seule chambre

Angers. — Maine-et-Loire, Mayenne, Sarthe.
Bastia. — Corse.
Bourges. — Cher, Indre, Nièvre.
Chambéry. — Savoie, Haute-Savoie.
Limoges. — Haute-Vienne, Creuse, Corrèze.
Orléans. — Loiret, Loir-et-Cher, Indre-et-Loire.
Pau. — Basses-Pyrénées, Landes, Hautes-Pyrénées.

On remarquera qu'à l'exception de quatre, les cours d'appel siègent au chef-lieu de départements. Les quatre exceptions sont : Aix, Douai, Riom et Bastia.

Chaque cour d'appel est composée d'un premier président, de présidents de chambre et de conseillers dont le nombre varie avec celui des chambres.

Il y a, en outre auprès de chaque cour un procureur général, des avocats généraux, des substituts du procureur général, un greffier en chef et des commis greffiers en nombre déterminé par la loi du 30 août 1883, art. 2.

Outre les chambres dont le nombre a été indiqué, chaque Cour comprend une *chambre d'accusation* formée de conseillers pris dans les autres chambres.

On trouvera au chapitre de l'*Instruction criminelle* ce qui concerne les attributions des cours d'appel.

Cour de cassation

Au dessus de ces Cours et tribunaux est placée la Cour de cassation qui a son siège à Paris.

La Cour de cassation est composée d'un premier président, de trois présidents, de quarante-cinq conseillers.

Il y a, en outre, près la Cour de cassation, un procureur général six avocats généraux, un greffier en chef et quatre greffiers.

Elle se divisent en trois sections ou chambres, composées chacune d'un président et de quinze conseillers. Ces trois chambres sont la *chambre des requêtes*, la *chambre civile*, la *chambre criminelle.*

Le premier président siège habituellement à la chambre civile; il peut présider toutes les chambres.

La chambre des requêtes statue sur l'admission ou le rejet des requêtes en cassation et *définitivement* sur les demandes, soit en réglement de juge, soit en renvoi d'un tribunal à un autre pour cause de suspicion légitime, soit en annulation des actes par lesquels les cours ou tribunaux ont excédé leurs pouvoirs.

La chambre civile statue sur les demandes par lesquelles les requêtes ont été préalablement admises, et, sans admission préalable, sur les affaires d'expropriation pour cause d'utilité publique.

La chambre criminelle prononce exclusivement sur les demandes en cassation en matière criminelle, correctionnelle et de police, sans qu'il soit besoin de jugement préalable d'admission.

Conseil supérieur de la magistrature. Action du ministre de la Justice.

La Cour de cassation constitue le conseil supérieur de la magistrature. Elle ne peut statuer en cette qualité que toutes chambres réunies.

Le procureur général près la Cour de cassation représente le gouvernement devant le conseil supérieur. (L. 30 août 1883, art. 13.)

Le conseil supérieur de la magistrature exerce à l'égard des premiers présidents, présidents de chambre, conseillers de la Cour de cassation et des cours d'appel, des présidents, vice-présidents, juges, juges suppléants des tribunaux de première instance et de paix, tous les pouvoirs disciplinaires actuellement dévolus à la Cour de cassation ainsi qu'aux cours et tribunaux, conformément aux dispositions de l'article 82 du sénatus-consulte du 16 thermidor an X, du chapitre VII de la loi du 20 avril 1810 et des articles 4 et 5 du décret du 1er mars 1852.

Toute délibération politique est interdite aux corps judiciaires.

Toute manifestation ou démonstration d'hostilité au principe ou à la forme du gouvernement de la République est interdite aux magistrats.

L'infraction aux dispositions qui précèdent constitue une faute disciplinaire. (L. Idem, art. 14.)

Aucun premier président, président de chambre, conseiller de Cour d'appel, aucun président, vice-président, juge ou juge suppléant des tribunaux de première instance ne peut être déplacé que sur l'avis conforme du conseil supérieur. Ce déplacement ne doit entraîner pour le magistrat qui en est l'objet aucun changement de fonctions, aucune diminution de classe ni de traitement.

Les magistrats que des infirmités graves et permanentes mettraient hors d'état d'exercer leurs fonctions peuvent être mis d'office à la retraite, sur avis conforme du conseil supérieur; cet avis est donné dans les formes et conditions prescrites par la loi du 16 juin 1824. (L. idem art. 15.)

Le conseil supérieur ne peut être saisi que par le garde des sceaux, et il ne doit statuer ou donner son avis qu'après que le magistrat aura été entendu ou dûment appelé. (L. idem art. 16.)

Le garde des sceaux a sur les magistrats de toutes les juridictions civiles et commerciales un droit de surveillance.

Il peut leur adresser une réprimande; cette réprimande est notifiée, au magistrat qui en est l'objet, par le premier président pour les présidents de chambre, conseillers, présidents, juges et juges suppléants; par le procureur général pour les officiers du ministère public.

Le garde des sceaux peut mander tout magistrat afin de recevoir ses explications sur les faits qui lui sont imputés. (L. idem. art. 17.)

Notions sur les magistrats et fonctionnaires judiciaires.

Nous donnerons ici seulement quelques notions sur les principaux magistrats et fonctionnaires de l'ordre judiciaire, renvoyant au chapitre de l'*Instruction criminelle* tout ce qui concerne leurs attributions diverses.

1° Magistrats inamovibles et magistrats amovibles.

Il y a deux catégories de magistrats : les magistrats inamovibles et les magistrats amovibles.

Les magistrats *inamovibles* sont ceux qui ne peuvent être déplacés ou suspendus de leurs fonctions qu'en vertu d'une décision du conseil supérieur, tel sont : les premiers présidents, les présidents de chambres, les conseillers de la cour de cassation et des cours d'appel ; les présidents et les juges des tribunaux de première instance.

Les magistrats *amovibles* sont ceux qui sont chargés de représenter le gouvernement près des cours et tribunaux et qui sont révocables par décret du chef du pouvoir exécutif, tels sont : les procureurs généraux, les avocats généraux, les procureurs de la République et les substituts.

Les juges de paix sont aussi amovibles.

2° Officiers du Ministère public et du Parquet.

Les magistrats amovibles sont aussi appelés *officiers du ministère public* par ce qu'ils sont chargés de provoquer, au nom de la société, la poursuite et la répression des crimes et des délits.

On leur donne aussi le titre de membres ou magistrats du *Parquet*, du nom du local ou du cabinet où travaille habituellement les procureurs de la République.

On appelle aussi *Parquet,* dit Massabiau, la place que les officiers du ministère public occupent à l'audience, et, par extension, l'espace libre entre le siège des juges et le barreau.

3° Procureur général

De même que les autres magistrats, les procureurs généraux doivent remplir les conditions suivantes :

1° Etre français ; 2° avoir la jouissance des droits civils, civiques et politiques ; 3° Etre de bonne vie et mœurs ; 4° Etre licencié en droit, avoir prêté le serment d'avocat et avoir fait, en cette qualité, deux ans de stage au moins. (D. 20 Avril 1810, art. 64).

Ils doivent être, en outre, âgés de 30 ans accomplis (Idem art. 65.)

Les procureurs généraux exercent l'action de la justice criminelle dans toute l'étendue de leur ressort; ils veillent au maintien de l'ordre dans tous les tribunaux, et ont la surveillance de tous les officiers de police judiciaire et officiers ministériels du ressort (D. 20 Avril 1810, art. 45.)

Le procureur général n'a pas personnellement l'*exercice* de la police judiciaire, c'est-à-dire qu'il ne doit pas faire par lui-même les actes tendant à la recherche et à la constatation des crimes et délits.

Mais il donne aux procureurs de la République tous les ordres qu'il juge convenables relativement aux actes de la police judiciaire.

Il les charge soit d'office, soit d'après les ordres du ministre de la justice, de poursuivre les délits dont il a connaissance, et il leur transmet, dans le même but, les dénonciations et les plaintes qui lui sont adressées soit par la cour d'appel, soit par un fonctionnaire public, soit par un simple citoyen (C. Inst. crim. art. 27, 274, 275.)

Le procureur général est du reste tenu au courant de l'action de la justice de son ressort par les avis, extraits et notices que doivent lui fournir les procureurs de la République.

Avocats généraux et substituts du parquet du Procureur général.

Les procureurs généraux sont assistés par des avocats généraux et des substituts.

Ces magistrats, toutefois, ne participent à l'exercice des fonctions du ministère public que sous la direction du chef du parquet. Dans chaque cour, il y a autant d'avocats généraux que de chambres, excepté à Paris, où la cour composée de neuf chambres ne compte que sept avocats généraux (L. 30 Août 1883.)

Les avocats généraux sont spécialement chargés de porter la parole au nom du procureur général, aux audiences civiles ou criminelles de la Cour d'appel; le procureur général les attache à la chambre à laquelle il croit leur service le plus utile (D. 6 juillet 1810, art. 44.)

Les substituts de service au parquet sont spécialement chargés, sous la direction immédiate du procureur général, de l'examen et des rapports sur les mises en accusation; ils rédigent les actes d'accusation et assistent le procureur général dans toutes les parties du service intérieur du parquet (Idem. art. 45)

Dans les cas d'absence ou empêchement du procureur géuéral, il est remplacé par le plus ancien des avocats généraux, soit pour porter la parole, soit pour les autres actes du Ministère public (Idem. art. 50.)

Les avocats généraux absents ou empêchés sont remplacés par des substituts de service au parquet (Idem. art. 51.)

Procureur de la République.

Il y a près chaque tribunal de 1re instance un procureur de la République assisté d'un ou plusieurs substituts (L. 20 avril 1810, art. 43. L. 30 août 1883.)

Nul ne peut être procureur de la République s'il n'est âgé de 25 ans accomplis, s'il n'est licencié en droit et s'il n'a suivi le barreau pendant deux ans, aprés avoir prêté serment à la cour d'appel, ou s'il ne se trouve dans un cas d'exception prévu par la loi (L. du 20 avril 1818, art. 64.)

Le procureur de la République est le chef du parquet de l'arrondissement, il en a la direction absolue sous l'autorié et surveillance du procureur général dont il est un *substitut.* (L. 20 Avril 1880, art. 6).

Le procureur de la République a, comme le procureur général, le plein exercice de l'action publique dans son arrondissement. Il tient de la loi la délégation directe de cette action, il l'exerce en son propre nom et en est personnellement investi. (Cod. Inst. crim. art 22 et suivants).

Les *substituts* placés près du procureur de la République sont sous sa direction immédiate. Il leur désigne les parties du service qu'ils ont à remplir, et reste toujours le maître de changer la destination qu'il leur a donnée. (D. 18 Août 1810, art. 17, 18, 19.)

Aux termes de l'article 9 du Code d'Instruction criminelle, les substituts sont officiers de police judiciaire.

Enfin, d'après l'article 43 de la loi du 20 Avril 1810, ils exerçent, comme les procureurs, les fonctions du ministère public près des tribunaux de première instance.

Le procureur de la République, en cas d'empêchement, est remplacé par son substitut, ou, s'il a plusieurs substituts, par le plus ancien. S'il n'a pas de substitut, il est remplacé par un juge commis à cet effet par le président (C. Inst. crim., art 26. D. 18 Août 1810, art. 20, 21.)

Rapports de l'autorité judiciaire avec l'autorité administrative.

L'autorité judiciaire et l'autorité administrative forment deux branches du pouvoir exécutif; elles tendent à un but commun : l'exécution des lois.

Pour atteindre ce but, elles se prêtent au concours mutuel, mais doivent conserver les limites de leur compétence respective, sans jamais empiéter l'une sur l'autre.

Le principe de la séparation des pouvoirs administratif et judiciaire a été posé en ces termes, dans la loi des 16-24 Août 1790 (titre II, art. 13).

« Les fonctions judiciaires sont distinctes et demeureront toujours séparées des fonctions administratives. Les juges ne pourront à peine de forfaiture, troubler de quelque manière que ce soit les opérations des corps administratifs, ni citer devant eux les administrateurs pour raison de leurs fonctions. »

Un décret du 16 Fructidor an III (27 septembre 1795), confirmant ce principe, porte : « Défenses itératives sont faites aux tribunaux de connaître des actes d'administration de quelque espèce qu'ils soient, aux peines de droit, sauf aux réclamants à se pourvoir pour leur être fait droit, s'il y a lieu, en exécution des lois, etc. »

D'un autre côté, la Cour de cassation interprétant les lois qui ont établi la distinction entre les fonctions judiciaires et les fonctions administratives, a reconnu : « que la seule conséquence qui résulte de ces lois est que les cours et tribunaux sont dans la double impuissance d'exercer les fonctions administratives, et de soumettre les actes de l'administration à leur censure, en les infirmant, les modifiant, arrêtant ou suspendant leur exécution ; mais que si un acte administratif attribue à quelqu'un la propriété d'un objet, les cours et tribunaux, juges exclusifs de toutes les questions qui dérivent du droit de propriété, doivent nécessairement prendre connaissance de cet acte, pour y appliquer les principes de la législation commune, sous la seule condition de n'y point porter atteinte. »

L'autorité judiciaire peut toutefois se refuser à assurer la sanction pénale des règlements administratifs, lorsqu'elle reconnaît que ceux-ci n'ont pas été légalement pris.

De son côté, l'autorité administrative ne peut intervenir dans les questions de propriété ou d'intérêts privés entre particuliers, ni instituer de pénalités dans ses règlements, ni infirmer ou contredire les décisions rendues par l'autorité judiciaire.

L'autorité administrative jouit dans certaines limites d'un droit d'initiative, elle peut agir quand elle le croit utile et prescrire des mesures obligatoires pour les citoyens, sans qu'elle soit provoquée.

L'autorité judiciaire, au contraire, doit presque toujours être saisie, elle ne prescrit pas de mesures générales, elle juge d'après des procédures particulières.

Il existe souvent entre ces deux autorités des points de contact. Elles emploient des agents communs, tels sont certains fonctionnaires qui, comme les Maires, les Adjoints, les Commissaires de police et les gardes champêtres, sont à la fois agents administratifs et officiers de police judiciaire.

En outre, l'autorité administrative a recours à la justice pour les questions qui concernent les propriétés de l'Etat. C'est elle qui pourvoit au loyer, entretien du mobilier et menues dépenses des Cours d'assises, tribunanx civils et tribunaux de commerce et menues dépenses des justices de paix.

L'autorité administrative concourt aussi à l'exécution des jugements de l'autorité judiciaire.

Bien que les attributions de ces deux autorités soient définies, il existe des cas où il est difficile de les distinguer, l'une d'elles peut s'attribuer ou refuser la connaissance d'une affaire. Il y a alors *conflit*. Si les deux autorités se déclarent compétentes, il y a *conflit positif*, et *conflit négatif* si l'une et l'autre se croient incompétentes.

La difficulté est alors tranchée par un tribunal spécial appelé *tribunal des conflits*.

Section III.

Organisation militaire.

Armée de terre.

Division de l'armée en quatre portions.

L'armée est divisée en :

Armée active composée, indépendamment des hommes qui ne se recrutent pas par les appels, de tous les jeunes gens déclarés propres à un des services de l'armée et compris dans les cinq dernières classes appelées ;

Réserve de l'armée active composée de tous les hommes également déclarés propres à un des services de l'armée et compris dans les quatre classes appelées immédiatement avant celles qui forment l'armée active;

Armée territoriale composée de tous les hommes qui ont accompli le temps de service prescrit pour l'armée active et la réserve;

Réserve de l'armée territoriale composée des hommes qui ont accompli le temps de service pour cette armée. (L. 27 Juillet 1872, art. 36).

Tout Français qui n'est pas déclaré impropre à tout service militaire fait partie: de l'armée active pendant cinq ans; de la réserve de l'armée active pendant quatre ans; de l'armée territoriale pendant cinq ans; de la réserve de l'armée territoriale pendant six ans.

Division du territoire en régions et subdivisions de régions.

Le territoire de la France est divisé, pour l'organisation de l'armée active, de l'armée territoriale et de leurs réserves, en dix-huit régions et en subdivisions de régions (L. 24 Juillet 1873, art. 1er).

Chaque région est occupée par un corps d'armée qui y tient garnison (Idem. a. 2)

Chacun des corps d'armée des dix-huit régions comprend : deux divisions d'infanterie (à deux brigades de deux régiments); une brigade de cavalerie (à deux régiments); une brigade d'artillerie (à deux régiments); un bataillon du génie; un escadron du train des équipages militaires (Idem. a. 6.)

Le corps d'armée comprend, en outre, divers services administratifs, savoir: une section de secrétaires d'état-major et de recrutement; une section de commis et ouvriers militaires d'administration; une section d'infirmiers militaires.

Liste des dix-huit régions et des départements que renferme chacune d'elles.

Ire Région. — Chef-lieu : *Lille;* comprend les départements du Nord et du Pas-de-Calais.

IIe Région. — Chef-lieu; *Amiens;* comprend les départements de l'Aisne, de l'Oise, de la Somme, de Seine-et-Oise (arrondissement de Pontoise) et de la Seine (cantons de Saint-Denis et de Pantin), 10e, 19e et 20e arrondissements de Paris.

IIIe Région. — Chef-lieu : *Rouen;* comprend les départements du

Calvados, de l'Eure, de la Seine-Inférieure, de Seine-et-Oise (arrondissements de Mantes et de Versailles) et de la Seine (cantons de Courbevoie et de Neuilly), 1er, 7e, 8e, 9e, 15e, 16e, 17e et 18e arrondissements de Paris.

IVe Région. — Chef-lieu : *le Mans*; comprend les départements d'Eure-et-Loir, de la Mayenne, de l'Orne, de la Sarthe, de Seine-et-Oise (arrondissement de Rambouillet) et de la Seine (cantons de Villejuif et de Sceaux), 4e, 5e, 6e, 13e et 14e arrondissements de Paris.

Ve Région. — Chef-lieu : *Orléans;* comprend les départements du Loiret, de Loir-et-Cher, de Seine-et-Marne, de l'Yonne, de Seine-et-Oise (arrondissements d'Etampes et de Corbeil) et de la Seine (cantons de Charenton et de Vincennes), 2e, 3e, 11e et 12e arrondissements de Paris.

VIe Région. — Chef-lieu : *Châlons-sur-Marne;* comprend les départements des Ardennes, de l'Aube, de la Marne, de Meurthe-et-Moselle, de la Meuse et des Vosges.

VIIe Région. — Chel-lieu : *Besançon;* comprend les départements de l'Ain, du Doubs, du Jura, de la Haute-Marne, du Haut-Rhin, de la Haute-Savoie et du Rhône (canton de Neuville), 4e et 5e arrondissements de Lyon.

VIIIe Région. — Chef-lieu : *Bourges;* comprend les départements du Cher, de la Côte-d'Or, de la Nièvre, de Saône-et-Loire et du Rhône (arrondissement de Villefranche).

IXe Région. — Chef-lieu : *Tours;* comprend les départements de Maine-et-Loire, d'Indre-et-Loire, de l'Indre, des Deux-Sèvres et de la Vienne.

Xe Région. — Chef-lieu : *Rennes;* comprend les départements des Côtes-du-Nord, de la Manche et d'Ille-et-Vilaine.

XIe Région. — Chef-lieu : *Nantes*; comprend les départements du Finistère, de la Loire-Inférieure, du Morbihan et de la Vendée.

XIIe Région. — Chef-lieu : *Limoges;* comprend les départements de la Charente, de la Corrèze, de la Creuse, de la Dordogne et de la Haute-Vienne.

XIIIe Région. — Chef-lieu : *Clermont-Ferrand;* comprend les départements de l'Allier, de la Loire, du Puy-de-Dôme, de la Haute-Loire, du Cantal et du Rhône (canton de l'Arbresle, Condrieu, Limonest, Mornant, Saint-Symphorien, Saint-Laurent et Vaugneray).

XIVe Région. — Chef-lieu : *Grenoble;* comprend les départements des Hautes-Alpes, de la Drôme, de l'Isère, de la Savoie, de la

Haute-Savoie et du Rhône), cantons de Givors, Saint-Genis-Laval, Villeurbanne), 1er, 2e, 3e et 6e arrondissements de Lyon.

XVe Région. — Chef-lieu : *Marseille;* comprend les départements des Basses-Alpes, des Alpes-Maritimes, de l'Ardèche, des Bouches-du-Rhône, de la Corse, du Gard, du Var et de Vaucluse.

XVIe Région. — Chef-lieu : *Montpellier;* comprend les départements de l'Aude, de l'Aveyron, de l'Hérault, de la Lozère, du Tarn et des Pyrénées-Orientales.

XVIIe Région. — Chef-lieu : *Toulouse;* comprend les départements de l'Ariège, de la Haute-Garonne, du Gers, du Lot, de Lot-et-Garonne et de Tarn-et-Garonne.

XVIIIe Région. — Chef-lieu : *Bordeaux;* comprend les départements de la Charente-Inférieure, de la Gironde, des Landes, des Basses-Pyrénées et des Hautes-Pyrénées.

L'Algérie forme une XIXe région qui comprend les départements d'Alger, de Constantine et d'Oran.

En dehors des régions, il y a deux *commandements supérieurs :* celui de Paris, qui comprend les départements de la Seine et de Seine-et-Oise, et celui de Lyon, formé du département du Rhône avec quelques communes des départements de l'Ain et de l'Isère.

A la tête de chaque commandement supérieur, il y a un *gouverneur militaire.* Celui de Lyon est en même temps commandant du 14e corps d'armée.

Chacune des dix-huit régions comprend huit subdivisions dont les chefs-lieux sont :

1re région : Arras, Avesne, Béthune, Cambrai, Dunkerque, Lille, St-Omer, Valenciennes.

2e région : Abbeville, Amiens, Beauvais, Compiègne, Laon, Péronne, Soissons, St-Quentin.

3e région : Bernay, Caen, Evreux, Falaise, La Havre, Lisieux, Rouen, St-Sever.

4e Région : Alençon, Argentan, Chartres, Dreux, Le Mans, Laval, Mamers, Mayenne.

5e région : Auxerre, Blois, Coulommiers, Fontainebleau, Melun, Montargis, Orléans, Sens.

6e région : Châlons-sur-Marne, Mézières, Nancy, Neufchateau, Reims, Toul, Troyes, Verdun.

7e région : Belfort, Belfort (Vesoul), Belley, Besançon, Bourg, Chaumont, Langres, Lons-le-Saulnier.

8e région : Auxonne, Autun, Bourges, Châlons-sur-Saône, Cosne, Dijon, Mâcon, Nevers.

9e région : Angers, Châteauroux, Chatellerault, Cholet, Le Blanc, Parthenay, Poitiers, Tours.

10e région : Cherbourg, Granville, Guingamp, Rennes, Saint-Brieuc, St-Lô, St-Malo, Vitré.

11e région : Ancenis, Brest, Fontenay, La Roche-sur-Yon, Lorient, Nantes, Quimper, Vannes.

12e région : Angoulême, Bergerac, Brives, Guéret, Limoges, Magnac-Laval, Périgueux, Tulle.

13e région : Aurillac, Clermont-Ferrand, Le Puy, Montbrison, Montluçon, Riom, Roanne, St-Etienne.

14e région : Annecy, Chambéry, Grenoble, Gap, La Tour-du-Pin, Montélimar, Romans, Vienne.

15e région : Aix, Ajaccio, Avignon, Pont-St-Esprit, Nimes, Privas, Toulon, Villefranche (Nice).

16e région : Albi, Béziers, Carcassonne, Montpellier, Mende, Narbonne, Perpignan, Rodez.

17e région : Agen, Cahors, Foix, Marmande, Montauban, Mirande, St-Gaudens, Toulouse.

18e région : Bayonne, Bordeaux, La Rochelle, Libourne, Mont-de-Marsan, Pau, Saintes, Tarbes.

Commandement.

Au chef-lieu de chaque région réside un général commandant en chef le corps d'armée. Ce général a sous son commandement le territoire, les forces de l'armée active, de la réserve de l'armée territoriale et de sa réserve, ainsi que de tous les services et établissements affectés à ces forces. (L. 24 Juillet 1873 a. 14 et L. 16 Mars 1882, a. 9.)

Il est, sous l'autorité supérieure du ministre, le chef responsable de l'administration dans son corps d'armée (L. 16 mars 1882 art. 9, § 2.)

Rapports des autorités militaires avec les autorités administratives.

Les autorités militaires ont de fréquents rapports avec les autorités administratives, notamment en ce qui concerne le *recrutement*, la *mobilisation*, les *réquisitions* et le *service des places*.

Recrutement.

L'autorité administrative est chargée des opérations préliminaires qui précèdent l'appel des classes, conformément à la loi du 27 Juillet 1872. Ce sont les Maires de chaque commune qui dressent les *tableaux de recensement* et en font la publication et l'affichage. (L. a. 8 et suivants.)

Le sous-préfet se rend, ensuite, dans chaque chef-lieu de canton de son arrondissemant pour y examiner et rectifier les tableaux de recensement. Il fait, en même temps, procéder au tirage au sort entre les jeunes gens inscrits et fait établir la *liste de tirage*. (L. a. 13 à 15.)

A la suite de ces opérations, un *conseil de révision*, composé du préfet, d'un conseiller de préfecture, d'un conseiller général, d'un conseiller d'arrondissement et d'un officier général ou supérieur, se transporte au chef-lieu de chaque canton du département. Un membre de l'intendance, le commandant du recrutement, un médecin militaire, ou à défaut, un médecin civil désigné par l'autorité milltaire assistent aux opérations.

Le Conseil prononce sur les réclamations auxquelles les opération précédentes ont pu donner lieu, statue sur l'aptitude physique des jeunes gens, sur les causes d'exemption et de dispenses prévues par la loi et dresse la liste du recrutement cantonal. (L. art. 27 et suivants).

La mise en route des jeunes soldats appelés à l'activité n'a lieu que sur l'ordre du Ministre de la guerre.

Mobilisation.

On appelle *Mobilisation* le passage du pied de paix au pied de guerre des forces militaires du pays.

La mobilisation a lieu en vue de la guerre ; elle est ordonnée par un décret, elle est totale lorsqu'on prévoit une grande guerre; elle embrasse alors la totalité de l'armée ; elle est partielle quand elle est restreinte à un certain nombre de corps d'armée. (Rapport à la chambre des Députés, 1877).

Le rassemblement doit s'entendre de toute concentration provoquée non par l'imminence d'une guerre, mais par des circonstances accidentelles, telles qu'un sinistre nécessitant l'aide des troupes, une sédition, une insurrection sur un point du territoire.

Le rassemblement doit s'entendre aussi de la réunion des troupes pour les grandes manœuvres annuelles. (Idem.)

La mobilisation s'effectue par région et subdivision, par état-major, service administratif et corps de troupes, chaque unité militaire ayant en tout temps son plan constamment préparé et tenu à jour.

En cas de mobilisation et pour la mise sur le pied de guerre des forces militaires d'une région, le ministre de la guerre transmet au général commandant le corps d'armée l'ordre de mobilisation de tout ou partie des hommes des diverses classes de la disponibilité et de la réserve, enfin de la mise en activité des diverses classes de l'armée territoriale. (L. 24 Juillet 1873, a. 21).

Dès que le commandant du corps d'armée a reçu l'ordre de mobilisation, il le transmet aux commandants des bureaux de recrutement et aux diverses autorités civiles. Il fait immédiatement procéder à la mobilisation des états-majors, services administratifs et corps de troupes de son corps d'armée.

A la réception de l'ordre de mobilisation, le maire de chaque commune fait aussitôt remplir des *affiches de mobilisation* préparées à l'avance et les fait afficher dans sa commune; il en fait aussi donner lecture par voie de *publication sur la voie publique,* de manière à porter le plustôt possible la mobilisation à la connaissance de tous ses administrés, tant pour le rappel des hommes sous les drapeaux que pour les diverses réquisitions qui peuvent être faites en chevaux, mulets, voitures et locaux recensés.

Dès cet appel, tout homme compris dans les catégories de l'armée, qui sont l'objet de l'appel, doit se mettre en route, de façon à arriver à son corps le jour fixé par l'ordre de mobilisation. Il ne doit attendre aucune notification individuelle pour se rendre à la destination qui lui est assignée, soit au dépôt de son corps ou au chef-lieu de la subdivision de sa région.

Il est tenu de se conformer aux indications qui se trouvent à la fin du *livret individuel* dont il est détenteur depuis sa première incorporation.

Chemins de fer. Postes et télégraphes

En cas de mobilisation ou de guerre, les compagnies de chemins de fer sont tenues de mettre à la disposition du ministre de la guerre tous les moyens nécessaires pour les mouvements et la concentration des troupes et du matériel de l'armée. (L. 24 Juillet 1873, art. 26.)

L'administration des postes et télégraphes tient, en tout temps, à la disposition du ministre de la guerre, le matériel et le personnel nécessaires pour assurer le service des postes et compléter celui de la télégraphie militaire. (Idem, a. 27.)

Intendance militaire. Maire suppléant.

A défaut d'un fonctionnaire de l'intendance, le sous-intendant absent ou empêché est suppléé *par le Maire* dans les lieux où il n'y a pas de garnison et dans ceux où la garnison ne comporte pas d'officiers du grade de capitaine. (Circ. guerre, 16 Janvier 1883. L. 16 mars 1882, a. 15.)

En cette qualité, le maire est chargé :

D'assurer la distribution des prestations en nature dues aux troupes de passage et à celles en station ;

De pourvoir à l'hospitalisation des militaires malades ;

De délivrer aux isolés des sauf-conduits valables jusqu'à la plus prochaine résidence d'un sous-intendant ou d'un suppléant militaire ;

De constater, s'il y a lieu, par des procès-verbaux toujours soumis à l'homologation des sous-intendants, les pertes ou accidents qui lui sont signalés.

Réquisitions militaires.

Les *réquisitions militaires* sont des charges imposées, moyennant indemnité en général, aux habitants d'une commune en cas d'insuffisance des ressources propres dont dispose, en matériel, en approvisionnements ou en personnel auxiliaire, l'armée, la marine ou une place de guerre.

Tout ce qui concerne les réquisitions militaires est réglé par la loi du 3 Juillet et le décret du 2 août 1877 (1).

Les réquisitions ne peuvent être faites que dans les trois cas suivants : 1° en cas de mobilisation totale ou partielle de l'armée ; c'est-à-dire lors d'une déclaration de guerre ; 2° en cas de rassemblement de troupes, pour quelque cause que ce soit, en temps de paix ; 3° en temps de paix, pour le logement et le cantonnement des troupes seulement.

En cas de mobilisation ou de rassemblement de troupes, pour quelque cause que ce soit, des arrêtés du ministre de la guerre déterminent l'époque où pourra commencer et celle où devra se terminer l'exercice du droit de réquisition, ainsi que les portions du territoire où le droit de réquisition pourra être exercé.

Ces arrêtés sont publiés dans les communes. (D. 2 Août 1877, art. 2.)

(1) On trouvera la loi et le décret dans le *Dictionnaire général de police.*

Leur affichage est laissé aux soins des généraux commandant les corps d'armée, qui disposeront, à cet effet, de la gendarmerie, laquelle doit veiller à l'affichage et en dresser procès-verbal. (Circ. grre. 29 Août 1883).

Lors d'une mobilisation totale, les généraux commandant une armée, un corps d'armée, une division ou des troupes ayant une mission spéciale, exerceront de plein droit des réquisitions. Ils peuvent déléguer le droit de requérir aux fonctionnaires de l'intendance ou aux officiers commandant des détachements (D. a. 3).

En cas de mobilisation partielle ou d'un rassemblement de troupes, les mêmes pouvoirs n'appartiennent de plein droit, qu'aux généraux commandant les corps d'armée mobilisés ou les rassemblements de troupes. (Déc. a. 4).

Des prestations à fournir par voie de réquisition.

En cas de mobilisation ou de rassemblement, les réquisitions militaires peuvent comprendre le logement chez l'habitant et le cantonnement pour les hommes, chevaux, mulets, etc., ainsi que les bâtiments nécessaires pour le personnel et le matériel des services de l'armée ; la nourriture journalière des officiers et soldats ainsi logés, les vivres et le chauffage pour l'armée, les fourrages pour les chevaux, mulets et bestiaux, les moyens d'attelage et de transports de toute nature y compris le personnel, etc., etc. (L. 1877, a. 5).

Devoirs des municipalités

Toute réquisition doit être adressée à la commune ; elle est notifiée au Maire.

Toutefois, si aucun membre de la municipalité ne se trouve au siège de la commune, ou si une réquisition urgente est nécessaire sur un point éloigné du siège de la commune et qu'il soit impossible de la notifier régulièrement, la réquisition peut être adressée directement par l'autorité militaire aux habitants. (L. 1877, a. 19).

Lorsqu'un officier est obligé d'exercer une réquisition urgente dans un hameau éloigné et qu'il n'a pas le temps de prévenir le maire, il s'adresse, autant que possible, à un conseiller municipal, ou, à son défaut, à un habitant, pour se faire aider dans la répartition des prestations à fournir. (Déc. 1877, a. 36).

D'ailleurs, les réquisitions exercées sur une commune ne doivent porter que sur les ressources qui y existent sans pouvoir les absorber complètement. (L. 1877, a. 19).

Si le Maire déclare que les quantités requises excèdent les ressources de sa commune, il doit d'abord livrer toutes les prestations qu'il lui est possible de fournir. L'autorité militaire peut toujours, dans ce cas, faire procéder à des vérifications (Déc. a. 37).

Dans le cas de refus de la municipalité, le Maire, ou celui qui en fait fonctions, peut être condamné à une amende de 25 à 500 fr.

Si le fait provient du mauvais vouloir des habitants, le recouvrement est assuré, au besoin par la force ; en outre, les habitants qui n'obtempèrent pas aux ordres de réquisitions, sont passibles d'une amende qui peut s'élever au double de la valeur de la prestation requise (L. 1877, a. 21).

En vue des réquisitions à faire par l'autorité militaire, les municipalités doivent établir un recensement de tous les logements, établissements et écuries que les habitants peuvent fournir pour le logement ou le cantonnement des troupes.

Tous les trois ans, elles dressent, en double expédition sur des modèles transmis par les commandants de région, un état des ressources que peut offrir leur commune pour le logement et le cantonnement des troupes (L. 1877, a. 10. Déc. 1877, a. 23).

Lorsque les troupes doivent être logées ou cantonnées chez l'habitant, les municipalités sont chargées de délivrer des billets de logement (L. 1877, a. 11).

Les municipalités doivent veiller à ce que la charge du logement et du cantonnement soit répartie avec équité sur tous les habitants (L. 1877, a. 13).

Le Maire transmet à l'autorité militaire les réclamations que les habitants pourraient avoir à faire au sujet des dégâts ou dommages occasionnés par les troupes (L. idem, a. 14).

Indemnités.

Les diverses réquisitions militaires de l'intérieur ne peuvent être faites que moyennant le payement par l'Etat d'indemnités calculées d'après la valeur des objets fournis ou services rendus, excepté en ce qui concerne le logement et le cantonnement des troupes.

Les indemnités sont fixées par l'autorité militaire sur la proposition de commissions, composées de membres civils et de membres militaires. (L. 1877. Titre V. Déc. 1877, a. 44 et suivants).

Rapports de la police civile avec la police militaire dans les places de guerre et les villes de garnison. *(Extrait du décret du 23 octobre 1883.)*

Spectacles.

Art. 114. — Le commandant d'armes prend des dispositions spéciales afin que les militaires qui assistent au spectacle y respectent le bon ordre et y observent les règles de police intérieure. Un officier ou un sous-officier est de service pour cet objet.

Maisons de jeu. — Cabarets. — Filles publiques.

Art. 116. — Le commandant d'armes ne permet pas que les militaires se livrent aux jeux de hasard.

Lorsqu'il est informé qu'une maison de jeu est fréquentée par eux, il la signale à l'autorité civile.

Il peut aussi requérir la visite des auberges, cafés, cabarets et autres lieux publics, pour que les militaires n'y restent pas après l'heure fixée pour leur rentrée au quartier. Il consigne ces établissements aux troupes de la garnison, quand il le juge nécessaire à l'intérêt de la discipline et de l'hygiène.

Les filles publiques rencontrées dans les casernes ou établissements militaires sont arrêtées et remises à la police locale ; le commandant d'armes a droit au concours de l'autorité civile pour toutes les mesures de recherches et de précaution qu'exige le soin de la santé des hommes.

Rapport du commandant d'armes avec les autorités civiles.

Police civile.

Art. 175. — La police civile est exercée dans les places de guerre et les villes de garnison par les fonctionnaires de l'ordre civil chargés de veiller au maintien de la tranquillité publique et à l'observation des lois et règlements de police. L'autorité militaire ne peut intervenir que lorsqu'elle est requise, dans les circonstances ou sous les conditions déterminées par le présent règlement (art. 176 et suivants).

Réciproquement, l'autorité civile ne peut s'immiscer dans les actes de la police militaire.

Les dispositions de police civile auxquelles la garnison doit se conformer sont communiquées officiellement au commandant d'armes, qui en donne connaissance aux troupes, les fait afficher, au besoin, dans les bâtiments militaires, après y avoir mis son visa, et s'assure qu'elles sont observées.

Les dispositions de police militaire dont l'observation s'étend aux habitants ou les intéresse sont communiquées par le commandant d'armes à l'autorité civile qui en informe le public.

Mesures communes à la police civile et à la police militaire.

Art. 176. — L'autorité civile et le commandant d'armes doivent régler de concert les mesures de police civile ou militaire auxquelles les troupes et les habitants sont respectivement intéressés.

L'autorité municipale, sur la réquisition du commandant d'armes, arrête les dispositions de police relatives à la conservation des fortifications et des bâtiments ou établissements militaires, pour les cas non spécifiés par les lois ou les règlements militaires. Ces dispositions sont publiées et affichées. Elles énumèrent les peines de simple police applicables aux contrevenants, qui sont traduits, s'il y a lieu, devant le tribunal compétent (art. 158 et suivants).

L'autorité civile et le commandant d'armes déterminent de concert l'emplacement où les salves d'artillerie doivent se faire lors des fêtes et des cérémonies publiques, en vue de prévenir tout inconvénient ou dommage qui pourrait en résulter pour les habitants.

L'autorité militaire obtempère aux réquisitions de l'autorité civile pour le maintien et le rétablissement de l'ordre.

Art. 177. — Lorsque l'intervention des troupes est jugée nécessaire pour maintenir l'ordre public et pour assurer l'exécution des lois, l'autorité militaire agit sur la réquisition écrite des autorités compétentes (voir l'art. 67), et autant que possible, après s'être concertée avec elles. Les motifs et l'objet de la réquisition doivent être clairement exprimés.

Le choix et l'exécution des mesures à prendre appartiennent exclusivement à l'autorité militaire, dont la responsabilité à cet égard reste entière.

Cas où les troupes doivent faire usage de leurs armes. — Sommations.

Art. 178. — En cas de troubles et en dehors des circonstances spécifiées par l'article 74, dans lesquelles les troupes sont l'objet d'une agression et doivent se défendre par tous les moyens possibles, elles ne peuvent faire usage de leurs armes pour le rétablissement de l'ordre que dans les conditions ci-après déterminées par la loi du 7 juin 1848 :

Lorsqu'un attroupement s'est formé sur la voie publique, le maire ou l'un de ses adjoints, à leur défaut le commissaire de police ou tout autre agent ou dépositaire de la force publique, revêtu de l'écharpe tricolore, se rend sur les lieux de l'attroupement.

Un roulement de tambour ou une sonnerie de clairon annonce l'arrivée du magistrat.

Si l'attroupement est armé, le magistrat lui fait sommation de se dissoudre et de se retirer.

Si cette première sommation reste sans effet, une seconde somtion, précédée d'un roulement de tambour ou d'une sonnerie de clairon, est faite par le magistrat.

En cas de résistance, l'attroupement est dissipé par la force.

Si l'attroupement est sans armes, le magistrat, après le premier roulement de tambour ou la première sonnerie de clairon, exhorte les citoyens à se disperser ; s'ils ne se retirent pas, trois sommations sont successivement faites.

En cas de résistance, l'attroupement est dispersé par la force.

De la générale.

Art. 179. — Hors le cas d'incendie, d'inondation, l'autorité militaire seule peut faire battre ou sonner la générale ; elle avertit toujours l'autorité civile.

Cas d'incendie ou d'inondation.

Art. 180. — Le service et la police de la place pour les cas d'incendie sont prévus et concertés à l'avance entre l'autorité municipale et le commandant d'armes. Les différents corps de la garnison reçoivent communication, dès leur arrivée dans la place, des consignes générales et spéciales qui règlent leur action en cas d'incendie (art. 75).

Lorsque l'avis d'un incendie parvient à une caserne, les hommes de piquet sont mis immédiatement sur pied, moitié, en travailleurs, moitié en armes. L'adjudant-major de semaine fait prévenir à leurs logements les officiers de service et, sans attendre des ordres, il dirige le piquet sur le lieu de l'incendie.

Le commandant d'armes prend toutes les mesures nécessaires pour le maintien de l'ordre et la protection des manœuvres qui ont pour objet d'éteindre ou de couper l'incendie ; il arrête ces mesures avec le représentant de l'autorité civile, le commandant de la gendarmerie, le chef du génie, s'il y a lieu, et le commandant de sapeurs-pompiers, auquel incombe la direction des manœuvres.

Des dispositions analogues sont prises pour le cas d'inondation, particulièrement dans les villes exposées au débordement périodique des rivières.

Militaires arrivant dans la place.

Art. 18. — L'autorité civile est, en tout temps, tenue d'envoyer chaque soir au commandant d'armes les renseignements parvenus à sa connaissance et concernant les militaires arrivés dans la place.

Dettes de militaires.

Art. 182. — Le commandant d'armes invite l'autorité civile à faire savoir aux habitants qu'il est interdit aux sous-officiers et aux soldats de contracter aucune dette; que les créanciers sont sans recours sur la solde, et que, par conséquent, les habitants qui favoriseraient les désordres et l'inconduite de militaires en leur ouvrant des crédits, s'exposent à perdre leur créance, et à voir leur établissement consigné à la troupe.

Arrestations sur le terrain et dans les bâtiments ou établissements militaires.

Art. 183. — Le commandant d'armes prend les mesures nécessaires pour que, dans aucun cas, les terrains, les bâtiments et les établissements militaires ne puissent servir de refuge aux individus prévenus ou poursuivis. Il donne les consignes nécessaires pour que les postes et les sentinelles arrêtent sur-le-champ ou aident à arrêter toute personne surprise en flagrant délit ou poursuivie par la clameur publique, qui se serait réfugiée sur le terrain ou dans les établissements militaires. Sur la réquisition de qui de droit, il y fait faire ou autorise les perquisitions nécessaires.

Jugements des tribunaux.

Art. 184. Le commandant d'armes prête le concours de la force armée, toutes les fois qu'il en est requis, pour l'exécution des ordonnances ou des jugements rendus par les tribunaux.

Dégradations aux établissements militaires. — Contraventions à la police militaire par des personnes de l'ordre civil.

Art. 185. — Le commandant d'armes donne les consignes nécessaires pour poursuivre et faire arrêter, s'il y a lieu, en cas de flagrant délit les personnes qui dégradent les ouvrages ou les bâtiments militaires, ou qui commettent sur le terrain militaire des délits contre la police de la place. Lorsque ces personnes échappent à la poursuite des agents militaires, il peut réclamer de l'autorité civile leur arrestation.

Les individus n'appartenant pas à l'armée qui ont été arrêtés sont remis, dans tous les cas, entre les mains de l'autorité civile, à laquelle le commandant d'armes transmet les rapports et procès-verbaux établissant le délit, afin que les poursuites aient lieu conformément aux lois et aux règlements de police (article 158 et suivants).

Gendarmerie.

La gendarmerie est une force instituée pour veiller à la sûreté publique et pour assurer le maintien de l'exécution des lois. — Elle est particulièrement destinée à la sûreté des campagnes et des voies de communication. (D. du 1er mars 1864, art. 1er.)

La gendarmerie est placée dans les attributions du ministère de l'intérieur pour toutes les mesures relatives à la police générale et à la sûreté de l'Etat. (*Id.*, art 79).

Ainsi, il est rendu compte sur-le-champ au ministre de l'intérieur de tous les événements qui sont de nature à compromettre la tranquillité publique. (*Id.*, art. 76 à 83.)

Tels sont : les vols avec effraction, commis par des malfaiteurs, au nombre de plus de deux ;

Les incendies, les inondations et autres sinistres de toute nature et les assassinats ;

Les attaques des voitures publiques, des courriers, des convois de deniers de l'Etat ou de munitions de guerre ;

L'enlèvement et le pillage des caisses publiques et des magasins militaires ;

Les arrestations d'embaucheurs, d'espions employés à lever le plan des places et du territoire, ou à se procurer des renseignements sur la force et les mouvements des troupes ; la saisie de leur correspondance et de toutes les pièces pouvant donner des indices ou fournir des preuves de crimes et de complots attentatoires à la sûreté intérieure ou extérieure de l'Etat ;

Les provocations à la révolte contre le gouvernement ;

Les attroupements séditieux ayant pour objet le pillage des convois de grains ou farine ;

Les émeutes populaires ;

Les découvertes d'ateliers et instruments servant à fabriquer la fausse monnaie ; l'arrestation des faux-monnayeurs ;

Les assassinats tentés ou consommés sur les fonctionnaires publics ;

Les attroupements, armés ou non armés, qualifiés séditieux par les lois ;

Les distributions d'argent, de vin, de liqueurs enivrantes, et les autres manœuvres tendant à favoriser la désertion ou à empêcher les militaires de rejoindre leurs drapeaux ;

Les attaques dirigées et exécutées contre la force armée chargée des escortes et des transfèrements des prévenus ou condamnés ;

Les rassemblements, excursions et attaques de malfaiteurs réunis et organisés en bandes, dévastant et pillant les propriétés ;

Les découvertes de dépôts d'armes cachées, d'ateliers clandestins de fabrication de poudres, de lettres comminatoires, de signes et mots de ralliement, d'écrits, d'affiches et de placards incendiaires provoquant à la révolte, à la sédition, à l'assassinat et au pillage ;

L'envahissement, avec violence, d'un ou de plusieurs postes télégraphiques, et la destruction, par des individus ameutés, des appareils de télégraphie, soit électrique, soit aérienne ;

La dégradation d'une partie quelconque de la voie d'un chemin de fer, commise en réunion séditieuse, avec rébellion ou pillage ;

Et généralement tous les évenements qui exigent des mesures promptes et décisives, soit pour prévenir le désordre, soit pour le réprimer. (D., art. 77 à 83).

Rapports de la gendarmerie avec les autorités locales.

L'action des autorités civiles, administratives et judiciaires, sur la gendarmerie, ne s'exerce que par des réquisitions. (*Id.*, art. 91.

Les réquisitions doivent toujours être adressées au commandant de la gendarmerie du lieu où elles doivent recevoir leur exécution, et, en cas de refus, à l'officier sous les ordres duquel est immédiatement placé celui qui n'a pas obtempéré à ces réquisitions.

Elle ne peuvent être données, ni exécutées que dans l'arrondissement de celui qui les donne et de celui qui exécute. (*Id.*, art. 92).

Les cas où la gendarmerie peut être requise sont tous ceux prévus par les lois et les règlements, ou spécifiés par les ordres particuliers du service. (*Id.*, art. 94).

Les réquisitions doivent énoncer la loi qui les autorise, le motif, l'ordre, le jugement ou l'acte administratif en vertu duquel elles ont lieu. — Elles sont faites par écrit, signées, datées, et dans la forme ci-après :

« Conformément à la loi... en vertu d... (loi, arrêté, règlement), nous requérons le (grade et lieu de résidence) de commander, faire... se transporter... arrêter, etc.
et qu'il nous fasse part (si c'est un officier) et qu'il nous rende compte (si c'est un sous-officier) de l'exécution de ce qui est par nous requis au nom de la loi. » (*Id.*, art. 95 et 96).

Les réquisitions ne doivent contenir aucun terme impératif, tel que : ordonnons, voulons, enjoignons, mandons, etc., ni aucune expression ou formule pouvant porter atteinte à la considération de l'arme et au rang qu'elle occupe parmi les corps de l'armée. (*Id.*, art. 97).

Lorsque la gendarmerie est légalement requise, elle ne doit être employée que pour assurer l'effet de la réquisition, et pour faire cesser, au besoin, les obstacles et empêchements. (*Id.*, art 98).

Elle ne peut être distraite de son service ni détournée de ses fonctions, pour porter les dépêches des autorités civiles ou militaires.

Ce n'est donc que dans le cas d'extrême urgence, et quand l'emploi des moyens ordinaires amènerait des retards préjudiciables aux affaires, que les autorités peuvent recourir à la gendarmerie pour la communication d'ordres et d'instructions qu'elles ont à donner.

Hors de ces circonstances exceptionnelles et très rares, il ne leur est point permis d'adresser des réquisitions abusives qui fatiguent inutilement les hommes et les chevaux. (*Id.*, art. 99).

Autorités administratives qui peuvent requérir la gendarmerie.

Les préfets des départements agissant en vertu de l'article 10 du Code d'instruction criminelle, peuvent requérir les officiers de la gendarmerie de faire, en leur qualité d'officiers de police judiciaire et dans l'étendue de leur commandement, tous les actes nécessaires à la constatation des crimes, délits et contraventions. (*Id.*, art. 116).

Dans les cas urgents, les sous-préfets peuvent requérir des officiers commandant la gendarmerie de leur arrondissement le rassemblement de plusieurs brigades, à charge d'en informer sur-le-champ le préfet, qui, pour les mesures ultérieures, se concerte avec l'officier général et le commandant de la gendarmerie du département, conformément aux prescriptions de l'article 143 ci-dessus. (*Id.*, art. 117).

Les commissaires de police, dans l'exercice de leur fonctions, peuvent requérir la gendarmerie, en se conformant aux dispositions qui précèdent des articles 91 et suivants. (*Id.*, art. 118).

Dans aucun cas, ni directement, ni indirectement, la gendarmerie ne doit recevoir de missions occultes, de nature à lui enlever son caractère véritable.

Son action s'exerce toujours en tenue militaire, ouvertement et sans manœuvres de nature à porter atteinte à la considération de l'arme. (*Id.*, art. 119).

Lorsque les autorités administratives ont adressé leurs réquisitions aux commandants de la gendarmerie, conformément à la loi, elles ne peuvent s'immiscer en aucune manière dans les opérations militaires ordonnées par ces officiers pour l'exécution desdites réquisitions. Les commandants de la force publique sont dès lors seuls chargés de la responsabilité des mesures qu'ils ont cru devoir prendre, et l'autorité civile qui a requis ne peut exiger d'eux que le rapport de ce qui aura été fait en conséquence de sa réquisition. (*Id.*, art. 115).

Armée de mer.

Autorités et circonscriptions maritimes.

Le territoire de la France, au point de vue maritime, est divisé en cinq arrondissements qui ont pour chefs-lieux : Cherbourg, Brest, Lorient, Rochefort et Toulon.

Dans chacun de ces arrondissements, le service de la marine est dirigé par un préfet maritime, choisi exclusivement parmi les vice-amiraux en activité de service et qui a le même rang et les mêmes prérogatives qu'un vice-amiral commandant en chef une escadre.

Le préfet maritime a la direction supérieure de tous les services et établissements maritimes situés dans son arrondissement ; il reçoit directement les ordres du ministre avec lequel il correspond aussi directement.

Il a également dans ses attributions la sûreté des ports militaires et arsenaux, la police des rades, le service des forts et batteries qui les défendent, la protection maritime de la côte et du cabotage, la police des pêches maritimes.

Chaque arrondissement maritime est divisé en plusieurs sous-arrondissements, subdivisés eux-mêmes en quartiers, sous-quartiers et syndicats.

Arrondissements et quartiers maritimes.

1er arrondissement, chef-lieu Cherbourg, comprend 3 sous-arrondissements, savoir :

1° Le sous-arrondissement de Dunkerque, avec 4 quartiers : Dunkerque, Calais, Boulogne, St-Valery-sur-Somme ;

2° le sous-arrondissement du Havre, avec 5 quartiers : Dieppe, Fécamp, Le Havre, Rouen, Honfleur ;

3° le sous-arrondissement de Cherbourg, avec 3 quartiers : Caen, La Hougue, Cherbourg.

2e arrondissement, chef-lieu Brest, comprend deux sous-arrondissements, savoir :

1° le sous-arrondissement de St-Servan, avec 4 quartiers : Granville, Cancale, St-Malo, Dinan;

2e le sous-arrondissement de Brest, avec 6 quartiers : St-Brieuc, Paimpol, Morlaix, Brest, Douarnenez et Quimper.

3e arrondissement, chef-lieu Lorient, comprend deux sous-arrondissements, savoir :

1e celui de Lorient, avec 4 quartiers : Lorient, Auray, Vannes, Belle-Isle-en-Mer ;

2e celui de Nantes, avec 3 quartiers : Croisic, St-Nazaire, Nantes.

4e arrondissement, chef-lieu Rochefort, comprenant deux sous-arrondissements, savoir :

1° celui de Rochefort, avec 9 quartiers : Noirmoutiers, Sables-d'Olonne, La Rochelle, l'ile de Ré, l'ile d'Oléron, Rochefort, Marennes, Saintes et Royan;

2e celui de Bordeaux, avec 8 quartiers : Pauillac, Blaye, Libourne, Bordeaux, Langon, La Teste-de-Buch, Dax, Bayonne, St-Jean-de-Luz.

5e arondissement, chef-lieu Toulon, comprend deux sous-arrondissements savoir :

1° Celui de Marseille, avec 8 quartiers : Port-Vendres, Narbonne, Agde, Cette, Arles, Martigues, Marseille, La Ciotat;

2° celui de Toulon, avec 7 quartiers : La Seyne, Toulon, St-Tropez, Antibes, Nice, Bastia, Ajaccio.

Commissariat de la marine.

La direction des services administratifs de la marine est confiée, soit à terre, soit à la mer, au commissariat de la marine, qui a sous ses ordres de nombreux corps auxiliaires.

Il remplit dans l'armée de mer un rôle à peu près analogue à celui du corps de l'intendancedans l'armée de terre. Indépendamment de la comptabilité et des dépenses des divers services et établissements, il y a encore l'inscription maritime, l'administration et la police des hôpitaux, le service des vivres, etc.

Dans les sous-arrondissements, le service de la marine est confié généralement à un officier supérieur du commissariat de la marine.

Dans les quartiers, le service est fait par des fonctionnaires du commissariat portant, les uns, le titre de commissaires de l'inscription maritime, les autres celui d'administrateurs. Près des commissaires et administrateurs de l'inscription maritime, il existe des *syndics des gens de mer*, anciens marins, qui veillent à l'exécution des lois et règlements relatifs aux gens de mer et servent d'intermédiaires pour le recrutement de l'armée navale.

Inscription maritime.

L'inscription maritime est la principale source du recrutement de l'armée de mer. Elle consiste dans l'immatriculation de tous les marins français âgés de 18 à 50 ans sur des registres tenus par le commissariat de la marine.

Est porté sur la liste de l'inscription maritime, tout individu âgé de 18 ans révolus, qui a fait deux voyages au long cours, soit sur les bâtiments de l'Etat, soit à bord de navires de commerce, ou qui compte dix-huit mois de navigation, ou deux ans de petite pêche maritime et qui déclare vouloir continuer sur mer la navigation ou la pêche.

Réquisition de l'autorité maritime.

Les dispositions de la loi du 3 juillet 1877 et du décret du 2 août suivant, sur les réquisitions militaires sont applicables à celles qui peuvent être exercées pour les besoins de l'armée de mer. (Loi et Décret : Titre VII).

CHAPITRE II

Notions d'instruction criminelle.

Sommaire du n° 4 du programme.

Action publique et action civile. Délits commis sur le territoire et hors du territoire. — Police judiciaire : Officiers de police judiciaire ; moyens d'information, procès-verbaux, constatations ; instruction dans les cas ordinaires, dans les cas de crimes ou de délits flagrants ; — Attributions et devoirs des commissaires de police. — Notions générales sur l'organisation et la composition des juridictions pénales.

De l'instruction criminelle.

La procédure criminelle, dit F. Hélie, est l'ensemble des formes qui constituent la justice criminelle et règle son action.

Les règles de la procédure criminelle sont, pour la plupart, renfermées dans le code d'instruction criminelle qui indique les actes par lesquels les crimes, les délits et les contraventions doivent être constatés, et les formes à suivre dans les poursuites à exercer.

Le code d'instruction criminelle est divisé en trois parties principales ; la première partie intitulée : *Dispositions préliminaires* comprend ce qui concerne l'action publique et l'action civile (art. 1 à 4), et les délits commis sur le territoire et hors du territoire (art. 5 à 7). — La seconde partie intitulée : Livre 1er, traite de la police judiciaire et des officiers de police qui l'exercent (art. 8 à 136). — La troisième partie, sous le titre de Livre II, est relative à la justice, c'est-à-dire à la procédure devant les divers tribunaux (art. 137 à 643).

Action publique. — Action civile. — Définition.

On appelle *action*, en langage judiciaire, le droit qui appartient à la société ou bien aux particuliers, de faire valoir en justice des droits méconnus (Morin, *Rép. de droit*). De là deux sortes d'action : l'*action publique* et l'*action civile*.

L'action publique a pour objet de réprimer les atteintes portées à l'ordre social ; elle a pour but l'application d'une peine.

L'action civile a pour objet la réparation d'un dommage causé par un fait puni par la loi.

De l'action publique. — Fonctionnaires qui l'exercent. — Ministère public.

L'article 1er du Code d'instruction criminelle porte : « L'action pour l'application des peines n'appartient qu'aux fonctionnaires auxquels elle est confiée par la loi. » (§ 1er.)

L'action publique est exercée par des magistrats, désignés sous le titre général d'officiers du ministère public, qui agissent sous la surveillance et la direction du pouvoir exécutif et en certains cas des Cours d'appel.

Ces magistrats sont : 1e les procureurs généraux près les cours d'appel, les avocats généraux et les substituts de leurs parquets (L. 20 avril 1810, art. 6, 45 et 47) ;

2e Les procureurs de la République près les tribunaux de 1re instance et leurs substituts (Code inst. crim., art. 22, 26 et déc. 18 août 1810, art. 20).

3e Les commissaires de police, les maires et leurs adjoints chargés des fonctions du ministère public près les tribunaux de simple police. (Code inst. crim. art. 144, 145).

On a vu au chapitre précédent que les procureurs généraux exercent l'action publique dans toute l'étendue de leur ressort. (L. 20 avril 1810, art. 45). Ils l'exercent, en outre, non-seulement par eux-mêmes, mais par les fonctionnaires du ministère public, leurs subordonnés, tels que les procureurs de la République qu'ils peuvent charger d'exercer des poursuites (Code Inst. crim. a. 274).

L'action des procureurs généraux s'exerce, d'ailleurs, sur tous les crimes, délits et même sur les contraventions de police (Code inst. crim. art. 144). Elle n'a d'autres limites que celles du territoire des cours d'appel près desquelles ces magistrats sont institués.

Les procureurs de la République, bien que qualifiés substituts du procureur général, ont aussi la plénitude de l'action publique pour la poursuite des crimes et délits commis dans l'étendue de leur ressort. Ils n'ont besoin, pour agir, d'aucune délégation du procureur général, car ils tiennent de la loi même, la délégation de l'action publique. L'article 22 du code d'instruction criminelle les charge, en effet, de la recherche et de la poursuite de tous les délits dont la connaissance appartient aux tribunaux de police correctionnelle ou aux cours d'assises.

Toutefois, les procureurs de la République sont tenus à des devoirs de subordination vis-à-vis du procureur général qui est leur chef hiérarchique. Ils ne pourraient, par exemple, exercer des poursuites sans en référer à ce magistrat, si celui-ci avait décidé qu'il n'y a pas lieu d'intenter l'action publique.

L'article 27 du code d'instruction criminelle leur fait, d'ailleurs, un devoir d'exécuter les ordres du procureur général relativement à tous les actes de police judiciaire.

En ce qui concerne les avocats généraux, les substituts du parquet général et ceux du parquet de 1re instance, on peut se reporter à ce qui a été dit au chapitre précédent, section II, *Organisation de la justice.*

Tous les membres du ministère public sont placés sous l'autorité du ministre de la Justice. Toutefois, l'autorité du ministre n'est qu'administrative et ne porte nullement sur la validité des actes des procureurs généraux. Le ministre peut bien ordonner des poursuites, faire interjeter appel ou former un pourvoi (C. I. crim. 274, 441), mais la loi ne l'autorise pas à interdire un de ces actes, encore moins à les désavouer. (F. Hélie).

Administrations qui ont le droit d'exercer l'action publique.

Trois administrations ont le droit d'exercer l'action publique pour la poursuite des délits et contraventions prévus par les lois et règlements qui les régissent. Ce sont : l'administration forestière, l'administration des douanes et celles des contributions indirectes.

L'administration forestière a qualité pour poursuivre tous les délits et contraventions commis dans les bois soumis au régime forestier; ainsi que les délits de pêche (Cod. for. a. 159 et 183 ; cod. inst. crim. 18 et 182 ; Loi 15 avril 1829, a. 36 sur la pêche fluviale).

L'action de l'administration forestière comprend l'application des peines prononcées par la loi aussi bien que la condamnation aux dommages-intérêts. Mais cette action n'est pas absolue, elle n'exclut pas celle du ministère public qui peut poursuivre lorsque l'action a été mise en mouvement.

L'administration des contributions indirectes est investie du droit de poursuivre, non seulement la réparation du dommage causé, mais même l'application des peines de confiscation et d'amende. (Arr. 5 germinal an XII; déc. 1er germinal an XIII et ordon. 3 Janvier 1821).

La poursuite des contraventions aux lois sur les contributions indirectes ne peut être faite d'office par le ministère public, qui n'intervient que dans les cas où les faits seraient passibles d'emprisonnement.

Les contraventions aux lois sur la garantie des matières d'or et d'argent peuvent être poursuivies d'office par le ministère public, comme par l'administration des contributions indirectes.

L'administration des douanes a le droit de poursuivre les contrevenants tant en première instance qu'en appel. (L. 6-22 août 1791; L. 4 floréal an II; L. 9 floréal an VII).

Toutefois, le ministère public a qualité, aux termes de l'article 19 de la loi du 17 décembre 1814, de l'article 66 de la loi du 28 avril 1816 et de l'article 37 de la loi du 21 novembre 1810, pour poursuivre les faits de contrebande qui sont de la compétence des tribunaux correctionnels.

Droits du ministère public pour exercer les poursuites.

En général, l'action publique peut s'exercer sans avoir été provoquée par une plainte ou par une dénonciation.

La loi a cependant reconnu des cas où les poursuites ne peuvent être intentées sans une plainte préalable, tels sont : l'adultère (c. p. a. 336); l'enlèvement de mineure (c. p. a. 357); les délits de fournisseurs (c. p. a. 433); la diffamation et les injures (L. 29 Juillet 1881, a. 47 et 60); les délits de chasse sur le terrain d'autrui (L. 3 mai 1844, a. 26); les délits de pêche, dans les eaux d'un particulier (L. 15 avril 1829).

Indépendance du ministère public.

Le ministère public, dans l'exercice de ses fonctions, est indépendant des tribunaux. Les officiers du ministère public sont les délégués du gouvernement, c'est à lui seul qu'ils doivent compte de leur conduite. Aussi les juges ne peuvent leur prescrire de poursuivre ou de mettre en cause des individus contre lesquels ils n'ont pas jugé devoir procéder, ni censurer directement ou indirectement leur conduite.

L'action publique n'est pas nécessairement mise en mouvement par les dénonciations ou les plaintes légères et insignifiantes, n'intéressant pas directement l'ordre public.

Extinction de l'action publique.

L'action publique, pour l'application de la peine, s'éteint par la mort du prévenu, et aussi par la prescription (Cod. Inst. crim. a. 2 § 1 et 3).

Les délais de la prescription de l'action publique sont de dix ans, trois ans ou d'un an, suivant que les faits sont qualifiés crimes, délits et contraventions, ces délais s'appliquent aux faits prévus par le code pénal. Des lois spéciales indiquent des délais différents pour les délits et contraventions qu'elles punissent. (Cod. Int. crim. a. 635 et suivants).

L'action publique est encore éteinte par l'amnistie et par l'exception de la chose jugée.

L'exercice de l'action publique ne peut être arrêté ni suspendu par la renonciation à l'action civile (Cod. Inst. crim. a. 4).

Ainsi le ministère public peut malgré le désistement de la partie civile à l'audience, exercer immédiatement et sans nouvelle citation l'action publique, et prendre contre le prévenu toutes réquisitions.

Il y a exception au principe posé par l'article 4, en matière de douanes et de contributions indirectes, ces administrations ayant le droit de transiger avec les contrevenants, soit avant, soit après le jugement.

De l'action civile.

Le code d'instruction criminelle porte dans son article 1er § 2 : « L'action en réparation du dommage causé par un crime, par un « délit ou par une contravention, peut être exercée par tous ceux « qui ont souffert de ce dommage. »

« L'action civile pour la réparation du dommage peut être exercée « contre le prévenu et contre ses représentants. (Cod. Int. crim. a. « 2, §2).

« L'action civile peut-être poursuivie en même temps et devant « les mêmes juges que l'action publique. Elle peut aussi l'être sé- « parément: dans ce cas, l'exercice en est suspendu tant qu'il n'a « pas été prononcé définitivement sur l'action publique intentée « avant ou pendant la poursuite de l'action civile » (Cod. Inst. crim. « a. 3).

Les tribunaux de répression ne sont compétents pour connaître de la réparation civile d'un dommage qu'autant que le fait d'où résulte ce dommage constitue par lui-même un crime, un délit ou une contravention.

Extinction de l'action civile.

L'action civile, comme l'action publique, s'éteint par l'exception de la chose jugée, par la transaction et par la prescription.

L'action civile n'est point éteinte par le décès du prévenu; l'article 2 du code d'instruction criminelle autorisant les poursuites contre le prévenu et contre ses représentants, l'action peut être intentée après le décès contre les héritiers.

Délits commis sur le territoire et hors du territoire.

1° Par un Français hors du territoire

« Tout français qui hors du territoire de la France, s'est rendu « coupable d'un crime commis par la loi française, peut être pour- « suivi et jugé en France.

« Tout Français qui, hors du territoire de France, s'est rendu « coupable d'un fait qualifié délit par la loi française peut être pour- « suivi et jugé en France, si le fait est puni par la législation du « pays où il a été commis.

« Toutefois, qu'il s'agisse d'un crime ou d'un délit, aucune pour- « suite n'a lieu si l'inculpé prouve qu'il a été jugé définitivement à « l'étranger. (Cod. Int. crim. a. 6 § § 1. 2. 3).

2° Contre un Français ou un étranger

« En cas de délit commis contre un particulier français ou un « étranger, la poursuite ne peut être intentée qu'à la requête du mi- « nistère public ; elle doit être précédée d'une plainte de la partie « offensée ou d'une dénonciation officielle à l'autorité française par « l'autorité du pays où le délit a été commis.

« Aucune poursuite n'a lieu avant le retour de l'inculpé en France, « si ce n'est pour les crimes énoncés en l'article 7 ci-après. » (Cod. Idem. a. 5 §§ 4. et 5).

Par qui sont exercées les poursuites.

« La poursuite est intentée à la requête du ministère public du « lieu où réside le prévenu ou du lieu où il peut être trouvé.

« Néanmoins, la Cour de cassation peut, sur la demande du mi- « nistère public ou des parties, renvoyer la connaissance de l'affaire « devant une Cour ou un tribunal plus voisin du lieu du crime ou « du délit » (Cod. Idem, a. 6).

Crimes spéciaux commis par un étranger hors du territoire.

« Tout étranger qui, hors du territoire de la France, se sera

« rendu coupable, soit comme auteur, soit comme complice, d'un « crime attentoire à la sûreté de l'Etat, ou de contrefaçon du sceau « l'Etat, de monnaies nationales ayant cours, de papiers nationaux, « de billets de banque autorisés par la loi, pourra être poursuivi et « et jugé d'après les dispositions des lois françaises, s'il est arrêté « en France ou si le Gouvernement obtient son extradition. » (Cod. Inst. crim. a. 7).

Police judiciaire

Définition.

« La police judiciaire recherche les crimes, les délits et les con- « traventions, en rassemble les preuves et en livre les auteurs aux « tribunaux chargés de les punir. » (C. I. c. a. 8).

La *police judiciaire*, dit F. Hélie, est en général une sorte d'instruction préparatoire qui précède l'instruction faite par le juge. Elle commence au moment où le délit se manifeste, elle finit au moment où le juge est saisi, où la justice procède elle-même.

Sa mission consiste à signaler les crimes et les délits aussitôt qu'ils sont commis ou qu'ils se révèlent, à recevoir les dénonciations, à saisir sommairement, au cas où ils sont flagrants, les indices et les preuves de leur perpétration et à transmettre immédiatement à l'autorité judiciaire les actes de cette enquête préliminaire.

Le but de la *police administrative* est différent.

Celle-ci, en effet, prend des mesures générales plutôt que des mesures particulières; elle procède soit par des arrêtés, soit par des dispositions préventives; elle exerce une mission de prévoyance qui consiste à écarter les causes de trouble, à modifier ou supprimer les faits qui peuvent exciter le désordre et augmenter les délits; à surveiller, pour les contenir, les agents les plus dangereux; à maintenir, en un mot, la paix de la cité en refrénant les provocations des mauvaises passions, les excès du vice, l'audace des malfaiteurs.

Fonctionnaires et agents chargés d'exercer la police judiciaire.

Officiers de police judiciaire.

« La police judiciaire est exercée, sous l'autorité des Cours d'ap- « pel et suivant les distinctions qui vont être établies; — par les gar- « des champêtres et les gardes forestiers; — par les commissaires de

« police; — par les maires et les adjoints de maire; — par les pro- « cureurs de la République et leurs substituts; — par les juges de « paix; — par les officiers de gendarmerie; — par les juges d'instruc- « tion. » (Cod. d'Inst. crim. a. 9).

Ces fonctionnaires et agents portent tous le titre d'*officiers de police judiciaire.* Toutefois, leurs droits et leurs attributions diffèrent essentiellement. Ainsi, les procureurs de la République et les juges d'instruction dirigent, dans chaque arrondissement, la police judiciaire; ils en soumettent les actes à la répression des tribunaux.

Les officiers de gendarmerie, les juges de paix, les Maires et les adjoints, et les commissaires de police sont, dans certains cas, (flagrant délit), revêtus des pouvoirs attribués aux procureurs. de la République.

Enfin, les gardes champêtres et les gardes forestiers ont des pouvoirs plus restreints qui ne s'appliquent qu'à certains délits et contraventions.

DEVOIRS ET ATTRIBUTIONS DES OFFICIERS DE POLICE JUDICIAIRE.

I. — *Procureurs de la République.*

Nous avons vu que comme membres du ministère public, les procureurs de la République ont, dans leur arrondissement, la plénitude de l'action publique. Pour la police judiciaire, ils sont investis d'une direction presque absolue, et exercent sur elle une surveillance constante.

Ils centralisent à leur parquet tous les actes et renseignements, résultats des investigations des agents de l'arrondissement.

Ainsi, aux termes de l'article 29 du Cod Inst. crim. : « Toute autorité constituée, toul fonctionnaire ou officier public, qui, dans l'exercice de ses fonctions, acquerra la connaissanee d'un crime ou d'un délit, est tenu d'en donner avis sur le champ au procureur de la République près le tribunal dans le ressort duquel ce crime ou délit a été commis, ou dans lequel le prévenu pourrait être trouvé, et de transmetre à ce magistrat tous les renseignements, procès-verbaux et actes qui y sont relatifs. »

L'article 30 étend cette obligation dans ces termes :

« Toute personne qui a été témoin d'un attedtat soit contre la sûreté publique, soit contre la vie ou la propriété d'un individu, est pareillement tenue d'en donner avis au procureur de la République soit du lieu du crime ou délit, soit du lieu où le prévenu pourra être trouvé. »

D'un autre côté, les procès-verbaux des gardes champêtres des communes et ceux des gardes champêtres et forestiers des particuliers doivent être remis au procureur de la République, lorsqu'il s'agit d'un délit de nature à mériter une peine correctionnelle (Cod. Inst. crim. a. 20)

Les officiers de police auxiliaires sont tenus d'envoyer, sans délai, les dénonciations, procès-verbaux et autres actes faits par eux dans les cas de leur compétence, au procureur de la République, qui doit examiner sans retard les procédures, et les transmettre, avec les réquisitions qu'il juge convenables, au juge d'instruction (Cod. Inst. crim. a. 53).

Il en est de même, dans les cas de dénonciation de crimes ou délits autres que ceux que ces officiers sont directement chargés de constater (Idem, a, 54 et 64).

Réquisition de la force publique.

Les procureurs de la République ont, en outre, pour l'accomplissement de leurs fonctions, le droit de requérir directement la force publique (Cod. Inst. crim. a. 25).

La force publique s'entend ordinairement de la force armée et notamment de la gendarmerie.

On a vu au chapitre précédent, au paragraphe de *la Gendarmerie*, comment doivent être faites les réquisitions des autorités administratives et judiciaires.

A défaut de gendarmerie, les réquisitions peuvent être adressées aux autres agents de la force publique (D. 24 décem. 1811, a. 82).

Parmi ces agents on range : 1° les gardes forestiers de l'Etat, les gardes champêtres des communes et même les gardes particuliers; 2° les préposés du service actif des douanes; 3° les agents de police.

Le recours à la force publique peut avoir lieu, lorsque les officiers de la police judiciaire rencontrent dans l'exercice de leurs fonctions, une opposition ou une résistance qui suspend cet exercice, ou lorsqu'ils prévoient, au moment d'en accomplir un acte, qu'ils pourront rencontrer cette opposition ou cette résistance. Il importe peu que le délit soit ou ne soit pas flagrant, il suffit qu'ils aient la mission de le constater ou d'en arrêter les auteurs, et que cette mission soit régulière et conforme à la loi, pour qu'ils puissent invoquer l'assistance qui leur est nécessaire pour son accomplissement. (F. Hélie).

Avis à donner au Procureur général.

Les procureurs de la République sont tenus, aussitôt que les délits parviennent à leur connaissance, d'en donner avis au procureur général près la cour d'appel, et d'exécuter ses ordres relativement à tous les actes de police judiciaire (Cod. Inst. crim. a. 27).

Mode de procéder dans les cas de flagrant délit.
Définition du flagrant délit.

« Le délit qui se commet actuellement, ou qui vient de se commettre, est un *flagrant délit.* — Sont aussi réputés flagrant délit, le cas où le prévenu est trouvé saisi d'effets, armes, instruments ou papiers faisant présumer qu'il est auteur ou complice, pourvu que ce soit dans un temps voisin du délit. » (Cod. Inst. crim. a. 45).

Un autre cas assimilé au flagrant délit est celui où, s'agissant d'un crime ou délit, même non flagrant, commis dans l'intérieur d'une maison, le chef de la maison requiert l'officier de police de le constater (Cod. Inst. crim. a. 46).

Procédure.

Le Code d'instruction criminelle règle de la manière suivante la marche à suivre dans le cas de flagrant délit.

Transport sur les lieux.

« Dans tous les cas de flagrant délit, lorsque le fait est de nature à entraîner une peine afflictive ou infamante, le procureur de la République se transporte sur le lieu, sans aucun retard, pour y dresser les procès-verbaux nécessaires à l'effet de constater le corps du délit, son état, l'état des lieux, et pour recevoir les déclarations des personnes qui auraient été présentes ou qui auraient des renseignements à donner. » (Cod. Inst. crim. a. 32).

« Le procureur de la République donne avis de son transport au juge d'instruction sans être toutefois tenu de l'attendre pour procéder. » *(Idem).*

Information.

« Le procureur de la République peut aussi appeler à son procès-verbal, les parents, voisins ou domestiques, présumés en état de donner des éclaircissements sur le fait ; il reçoit leurs déclarations qu'ils signeront ; les déclarations reçues en conséquence du présent article et de l'article précédent sont signées par les parties, ou, en cas de refus, il en est fait mention. » (Cod. inst. crim. a. 33).

« Il peut défendre que qui que ce soit sorte de la maison, ou s'éloigne du lieu jusqu'à la clôture de son procès-verbal.

« Tout contrevenant à cette défense, s'il peut être saisi, est déposé dans la maison d'arrêt : la peine encourue pour la contravention est prononcée par le juge d'instruction, sur les conclusions du procureur de la République, après que le contrevenant a été cité et entendu, ou par défaut s'il ne comparaît pas, sans autre formalité ni délai, sans opposition, ni appel. La peine ne peut excéder dix jours d'emprisonnement et cent francs d'amende. » (Cod. *idem*, a. 34).

Saisies d'armes, instruments, pièces à conviction.

« Le procureur de la République se saisit des armes et de tout ce qui paraît avoir servi ou avoir été destiné à commettre le crime ou le délit, ainsi que de tout ce qui paraît en avoir été le produit, enfin de tout ce qui peut servir à la manifestation de la vérité ; il doit interpeller le prévenu de s'expliquer sur les choses saisies qui lui seront représentées ; dresser du tout un procès-verbal, qui sera signé par le prévenu, ou mention sera faite de son refus. » (Cod. *Idem*, a. 35).

Perquisition. — Visite domiciliaire. Saisie des papiers.

« Si la nature du crime ou du délit est telle que la preuve puisse vraisemblablement être acquise par les papiers ou autres pièces et effets en la possession du prévenu, le procureur de la République se transporte de suite dans le domicile du prévenu, pour y faire perquisition des objets qu'il jugera utiles à la manifestation de la vérité. » (Cod. *Idem*, a. 36).

« S'il existe dans le domicile du prévenu des papiers ou effets qui puissent servir à conviction ou à décharge, le procureur de la République en dresse procès-verbal et se saisit desdits effets ou papiers. » (Cod. *Idem*, a. 37).

Pièces de conviction. — Clôture. — Cachets.

« Les objets saisis seront clos et cachetés, si faire se peut ; ou s'ils ne sont pas susceptibles de recevoir des caractères d'écriture, ils sont mis dans un vase ou dans un sac sur lequel le procureur de la République attache une bande de papier scellée de son sceau.» (Cod. *Idem*, a. 38).

Présence du prévenu aux opérations.

« Les opérations prescrites par les articles précédents doivent être faites en présence du prévenu, s'il a été arrêté, et s'il ne veut ou ne peut y assister, en présence du fondé de pouvoir qu'il peut nommer. Les objets lui sont présentés à l'effet de les reconnaître et de les parapher, s'il y a lieu, et, au cas de refus, il en est fait mention au procès-verbal. » (Cod. *Idem*, a. 39).

Arrestation du prévenu.

« Le procureur de la République, dans le cas de flagrant délit, et lorsque le fait est de nature à entraîner peine afflictive ou infamante, fait saisir les prévenus présents contre lesquels il existe des indices graves.

« Si le prévenu n'est pas présent, le procureur de la République rend une ordonnance à l'effet de le faire comparaître ; cette ordonnance s'appelle *mandat d'amener*.

« La dénonciation seule ne constitue pas une présomption suffisante pour décerner cette ordonnance contre un individu ayant domicile. » (Cod. *Idem*, a. 40).

Interrogatoire du prévenu.

« Le procureur de la République doit interroger sur-le-champ le prévenu amené devant lui. » (Cod. *Idem*, a. 40, § 4).

Experts.

« Le procureur de la République se fait accompagner, au besoin, d'une ou deux personnes présumées par leur art ou profession, capables d'apprécier la nature et les circonstances du crime ou délit. » (Cod. *Idem*, art. 43).

Médecins, officiers de santé. — Mort violente.

« S'il s'agit d'une mort violente ou d'une mort dont la cause soit inconnue ou suspecte, le procureur de la République se fait assister d'un ou de deux officiers de santé qui feront leur rapport sur les causes de la mort et sur l'état du cadavre.

« Les personnes appelées, dans le cas du présent article et de l'article précédent, doivent prêter devant le procureur de la République, le serment de faire leur rapport et de donner leur avis en leur honneur et conscience. » (Cod. *Idem;* a. 44.)

II. — Officiers de police auxiliaires du procureur de la République.

Quels officiers de police sont auxiliaires du Parquet. — Leur compétence.

Les juges de paix, les officiers de gendarmerie, reçoivent les *dénonciations* des crimes ou délits commis dans les lieux où ils exercent leurs fonctions habituelles (Cod. Inst. crim. a. 48).

Dans le cas de *flagrant délit*, ou dans le cas de réquisition de la part d'un chef de maison, ils dressent les procès-verbaux, reçoivent les déclarations des témoins, font les visites et les autres actes qui sont, auxdits cas, de la compétence des procureurs de la République, le tout dans les formes et suivant les règles établies au chapitre précédent (Idem, a. 49).

Les maires, adjoints de maire, et les commissaires de police, reçoivent également les dénonciations et font les actes énoncés en l'article précédent, en se conformant aux mêmes règles (Idem, a. 50).

Concurrence qui peut exister entre eux.

Dans les cas de concurrence entre les procureurs de la République et les officiers de police énoncés aux articles précédents, le procureur doit faire les actes attribués à la police judiciaire : s'il a été prévenu, il pourra continuer la procédure, et autoriser l'officier qui l'a commencée à la suivre (Cod. Inst. crim. a. 51).

Le procureur de la République exerçant son ministère dans les cas des articles 32 et 46, peut s'il le juge utile et nécessaire, charger un officier de police auxiliaire de partie des actes de sa compétence. (Idem, a. 52).

Envoi des dénonciations et procès-verbaux.

Les officiers de police auxiliaires sont tenus d'envoyer, sans délai, les dénonciations, procès-verbaux et autres actes faits par eux dans les cas de leur compétence, au procureur de la République, qui doit examiner sans retard les procédures, et les transmettre avec les réquisitions qu'il juge convenables, au juge d'instruction (Cod. Inst. crim. a. 53).

Enfin dans les cas de dénonciation de crimes ou délits autres que ceux qu'ils sont directement chargés de constater, les officiers de police judiciaire transmettent aussi sans délai au procureur de la République les dénonciations qui leur ont été faites, et le procureur de la République les remettra au juge d'Instruction, avec son réquisitoire (Cod. Inst. crim. a. 54).

On trouvera du reste, dans l'*Introduction du Formulaire,* tous les détails nécessaires à l'accomplissement des opérations et des actes qui incombent aux officiers de police auxiliaires des parquets.

Mise en arrestation des inculpés en flagrants délits correctionnels.

On a vu que le code (a. 106) n'autorise l'arrestation d'un prévenu surpris en flagrant délit, qu'autant que le fait entraine une peine afflictive ou infamante.

La loi du 20 mai 1863 a étendu cette autorisation au flagrant délit pour les faits punis de peines correctionnelles.

Aux termes de cette loi : Tout inculpé arrêté en état de flagrant délit pour un fait puni de peines correctionnelles est immédiatament conduit devant le procureur de la République qui l'interroge et, s'il y a lieu, le traduit sur-le-champ à l'audience du tribunal. — Dans ce cas, le procureur peut mettre l'inculpé sous mandat de dépôt (Loi, a. 1er).

« S'il n'y a point d'audience, le procureur de la République est tenu de faire citer l'inculpé pour l'audience du lendemain (a. 2).

« Les témoins peuvent être verbalement requis par tout officier de police judiciaire ou agents de la force publique. Ils sont tenus de comparaître sous les peines portées par l'article 157 du code d'instruction criminelle (L. a. 3). »

III. — *Juge d'Instruction.*

Le juge d'instruction est, de tous les officiers de police judiciaire, celui qui a les pouvoirs les plus étendus. C'est à lui qu'il appartient de constater les faits, d'en réunir les preuves et d'atteindre les auteurs des crimes ou délits.

Les divers officiers de police judiciaire dont nous venons d'énumérer les devoirs n'ont reçu de la loi que des attributions, pour ainsi dire accidentelles, afin de procéder à une information première en raison de l'urgence et de la gravité des circonstances.

Mais lorsque le juge d'instruction survient, il peut soit procéder seul à l'information, soit la continuer ou même la refaire, si elle a été commencée en son absence.

C'est ce qui résulte des dispositions contenues dans les chapitres VI et VII du Livre 1er du code d'instruction criminelle, que nous allons analyser.

Institution du juge d'instruction.

Dans chaque tribunal d'arrondissement, il y a un juge d'instruction nommé pour trois ans, par décret du chef du pouvoir exécutif (C. I. crim. a. 55, § 1er).

Il peut, toutefois, être établi plusieurs juges d'instruction dans les arrondissements où les besoins du service l'exigent (Idem, a. 55. § 2).

Les juges d'instruction sont pris parmi les juges titulaires, et même parmi les juges suppléants (C. I. crim. a. 56).

Dans les villes où il n'y a qu'un juge d'instruction, s'il est absent, malade ou autrement empêché, le tribunal désigne l'un des juges pour le remplacer (Idem a. 58).

Procédure.

Dans les *cas de flagrant délit*, le juge d'instruction peut directement et par lui-même faire tous les actes attribués au procureur de la République par les articles 32 et suivants du code d'instructlon criminelle (voir ci-dessus) (C. I. C. a. 59).

Lorsque le flagrant délit a déjà été constaté et que les pièces et les actes lui ont été transmis, le juge d'instruction peut refaire les actes ou ceux de ces actes qui ne lui paraissent pas complets (C. I. crim. a. 60).

En outre, si le juge d'instruction se rend sur les lieux du crime on délit, les autres officiers de police judiciaire doivent cesser d'agir et s'en référer à lui, même lorsque les opérations auraient été commencées par le procureur de la République qui, dans ce cas, se borne à requérir l'information.

Hors les cas de flagrant délit, le juge d'instruction ne fait aucun acte d'instruction, sans avoir donné communication de la procédure au procureur de la République.

Toutefois, il peut, s'il y a lieu, délivrer le mandat d'amener et même le mandat de dépôt, sans attendre les conclusions du chef du parquet. (C. I. crim. a. 61).

Le juge d'instruction reçoit directement les plaintes des parties lésées, (C. I. crim. a. 63), ainsi que celles qui auraient été adressées au procureur de la République ou aux officiers auxiliaires de police (C. I. crim. a. 64).

Il fait citer devant lui les personnes qui sont désignées comme ayant connaissance soit du crime ou du délit, soit de ses circonstances (C. I. crim. a. 71 à 80).

Le juge d'instruction reçoit alors non plus de simples déclarations, mais des témoignages assermentés.

Les articles 83 et 84 autorisent le juge d'instruction, lorsqu'il y a lieu d'entendre des témoins qui ne peuvent se transporter et qui résident dans un autre arrondissement et même dans un autre canton, à *déléguer* soit le juge d'instruction de l'arrondissement, soit le juge de paix du canton pour recevoir leurs dépositions. Ces sortes de délégation sont appelées *commissions rogatoires.*

Le juge d'instruction recueille les preuves par écrit et réunit les pièces à conviction. Dans ce but, il peut d'office se transporter au domicile du prévenu, et même dans des maisons tierses, pour y faire la perquisition des papiers, effets et généralement de tous les objets utiles à la manifestation de la vérité (C. I. crim. a. 87-88).

Mandats que peut décerner le juge d'instruction.

On donne le nom de *mandats* aux actes par lesquels un magistrat compétent ordonne, soit la comparution, soit l'arrestation d'un individu contre lequel s'élèvent des présomptions de crime ou de délit.

Il y a quatre sortes de mandats : le mandat de comparution, le mandat d'amener, le mandat de dépôt et le mandat d'arrêt.

Les mandats sont notifiés par un huissier, ou par un agent de la force publique, lequel en doit faire l'exhibition au prévenu, et lui en délivrer copie. —(C. I. crim. a. 97),

En outre, les mandats sont èxécutoires dans toute l'étendue du territoire.

C'est au juge d'instruction que le Code a principalement donné le droit de décerner des mandats.

Le *mandat de comparution* n'est autre qu'une citation à comparaitre devant le juge pour subir un interrogatoire. L'huissier ou l'agent de la force publique qui est chargé de le notifier n'a le droit d'exercer aucune contrainte.

Le juge d'instruction peut, en matière criminelle ou correctionnelle ne décerner que le mandat de comparution, sauf à le convertir après l'interrogatoire en tel autre mandat qu'il appartiendra (C. I. crim. a. 91).

Si l'inculpé fait défaut, le juge peut décerner contre lui un *mandat d'amener* (Id. a. 91).

Le mandat d'amener est l'ordre donné par le magistrat à un huissier ou à un agent de la force publique, d'obliger l'individu qui en est l'objet à se présenter sur le champ pour être interrogé sur les faits dont il est inculpé.

Le juge d'instruction peut aussi délivrer des mandats d'amener contre les témoins qui refusent de comparaitre sur la citation qui leur a été donnée (C. I. crim. a. 92).

Le prévenu qui refuserait d'obéir au mandat d'amener, ou qui après avoir déclaré qu'il est prêt à obéir, tenterait de s'évader, devra être contraint.

Le porteur du mandat d'amener, devrait employer au besoin, la force publique du lieu le plus voisin; elle est tenue de marcher, sur la réquisition contenue dans le mandat d'amener (Cod. Inst. crim. a. 99).

Néanmoins, lorsqu'après plus de deux jours depuis la date du mandat d'amener, le prévenu a été trouvé hors de l'arrondissement de l'officier qui a délivré le mandat, et à une distance de plus de cinq myriamètres du domicile de cet officier, ce prévenu peut n'être pas contraint de se rendre au mandat; mais alors le procureur de la République de l'arrondissement où il a été trouvé et devant lequel il doit être conduit, décerne un mandat de dépôt en vertu duquel il est retenu dans la maison d'arrêt.

Le mandat d'amener doit être pleinement exécuté, si le prévenu a été trouvé muni d'effets, de papiers ou d'instruments qui font présumer qu'il est auteur ou complice du délit pour raison duquel il est recherché, quels que soient le délai et la distance dans lesquels il aura été trouvé (C. I. crim. a. 100).

On a vu précédemment que dans les cas de flagrant délit le procureur de la République et ses auxiliaires ont le droit de délivrer le mandat d'amener contre un prévenu absent (C. I. crim. a. 40).

Le *mandat de dépôt* est décerné après l'interrogatoire subi en exécution de l'un des mandats qui précèdent, selon que le juge d'instruction perçoit des indices de culpabilité. Par ce mandat, le juge d'instruction enjoint à un huissier ou à un agent de la force publique de déposer l'individu qu'il désigne dans la maison d'arrêt et de le remettre au gardien de cette maison (C. I. crim. a. 94-97-107-108 et 111).

Le *mandat d'arrêt* est l'ordre donné de mettre un inculpé en état d'arrestation, ce mandat n'est décerné par les juges d'instruction qu'après entente avec le procureur de la République (C. I. crim. a. 94).

Il doit contenir l'énonciation du fait pour lequel il est décerné et la citation de la loi qui déclare que ce fait est un crime ou un délit (Id. a. 96).

L'officier chargé de l'exécution d'un mandat de dépôt ou d'arrêt se fait accompagner d'une force suffisante pour que le prévenu ne puisse se soustraire à la loi. Cette force est prise dans le lieu le plus à portée de celui où le mandat d'arrêt ou de dépôt doit s'exécuter; et elle est tenue de marcher, sur la réquisition directement faite au commandant et contenue dans le mandat (C. I. crim. a. 108).

Si le prévenu ne peut être saisi, le mandat d'arrêt doit être notifié à sa dernière habitation, et il est dressé procès-verbal de perquisition. — Ce procès-verbal est dressé en présence des deux plus proches voisins du prévenu que le porteur du mandat d'arrêt pourra trouver; ils le signeront, ou s'ils ne savent ou ne veulent pas signer, il en est fait mention, ainsi que de l'interpellation qui en aura été faite.

Le porteur du mandat d'arrêt fait ensuite viser son procès-verbal par le juge de paix ou son suppléant, ou, à son défaut, par le maire, l'adjoint ou le commissaire de police du lieu, et lui en laisse copie. — Le mandat d'arrêt et le procès-verbal sont ensuite remis au greffe du tribunal (C. Idem, a. 109).

Le prévenu saisi en vertu d'un mandat d'arrêt ou de dépôt est conduit sans délai dans la maison d'arrêt indiquée par le mandat (C. Idem, a. 110).

L'officier chargé de l'exécution du mandat d'arrêt ou de dépôt, remet le prévenu au gardien de la maison d'arrêt qui lui en donne décharge (Idem a. 111).

De la liberté provisoire.

En toute matière, le juge d'instruction peut, sur la demande de l'inculpé et sur les conclusions du procureur de la République, ordonner que l'inculpé soit mis provisoirement en liberté, à charge, par celui-ci, de prendre l'engagement de se représenter à tous les actes de la procédure et pour l'exécution du jugement aussitôt qu'il en est requis. (C. I. crim. a. 113, § 1er).

Lorsqu'il s'agit d'un délit entraînant une peine dont le maximum est inférieur à deux ans, la mise en liberté provisoire est de droit cinq jours après l'interrogatoire, pourvu que le prévenu ait un domicile et ne soit pas en état de récidive légale (Idem, a. 113, § § 2 et 3).

Lorsqu'il s'agit de tout autre délit ou crime, la liberté provisoire peut être accordée, si le juge d'instruction le juge à propos, *avec ou sans caution,* c'est-à-dire avec ou sans le dépôt d'une somme d'argent destinée à garantir la représentation de l'inculpé, avant et après le jugement, et le payement des frais. (Idem, a. 114 et 120).

L'inculpé renvoyé devant la Cour d'assises ne peut jamais obtenir sa mise en liberté provisoire (Idem. a. 126).

Des ordonnances du juge d'instruction.

Lorsque la procédure est terminée, le juge d'instruction communique le dossier de l'affaire au procureur de la République qui, dans les trois jours doit faire un réquisitoire tendant à ce que l'inculpé soit mis en liberté ou renvoyé devant un tribunal.

Le juge d'instruction rend alors une *ordonnance* soit de *non lieu,* soit de *renvoi;* de *non lieu,* si le magistrat estime que les charges ne sont pas suffisantes et qu'il n'y a pas lieu d'aller plus loin; de *renvoi* si le juge est d'avis de déférer l'inculpé soit au tribunal de simple police, en cas de simple contravention de police, soit au tribunal correctionnel, en cas de délit, soit enfin à la chambre des mises en accusation, en cas de crime (C. I. crim. a. 127 à 136).

De la compétence et des attributions *des maires, des adjoints et des commissaires de police, pour la recherche des contraventions.*

« Les commissaires de police, et, dans les communes où il n'y « en a point, les maires, au défaut de ceux-ci, les adjoints de maire, « recherchent les contraventions de police, même celles qui sont « sous la surveillance spéciale des gardes forestiers et champêtres, « à l'égard desquels ils ont concurrence et même prévention.

« Ils reçoivent les rapports, dénonciations et plaintes qui sont relatifs aux contraventions de police.

« Ils consignent, dans les procès-verbaux qu'ils rédigent à cet « effet, la nature et les circonstances des contraventions, le temps « et le lieu où elles ont été commises, les preuves ou indices à la « charge de ceux qui en sont présumés coupables. (Cod. Inst. crim. « a. 11).

Attributions dans les communes divisées en plusieurs arrondissements.

« Dans les communes divisées en plusieurs arrondissements, les « commissaires de police exercent ces fonctions dans toute l'éten- « due de la commune où ils sont établis, sans pouvoir alléguer que « les contraventions ont été commises hors de l'arrondissement par- « ticulier auquel ils sont préposés.

« Ces arrondissements ne limitent ni ne circonscrivent leurs pou- « voirs respectifs, [mais indiquent seulement les termes dans les- « quels chacun d'eux est plus spécialement astreint à un exercice « constant et régulier de ses fonctions » (C. Idem a. 12).

Suppléance en cas d'empêchement.

« Lorsque l'un des commissaires de police d'une même commu- « ne se trouvera légitimement empêché, celui de l'arrondissement « voisin est tenu de le suppléer, sans qu'il puisse retarder le service « pour lequel il sera requis, sous prétexte qu'il n'est pas le plus « voisin du commissaire empêché, ou que l'empêchement n'est pas « légitime ou n'est pas prouvé » (C. Idem, a. 13).

Suppléance dans les communes où il n'y a qu'un commissaire de police.

» Dans les communes où il n'y a qu'un commissaire de police, « s'il se trouve légitimement empêché, le maire, ou, au défaut de « celui-ci, l'adjoint de maire, le remplacera, tant que durera l'em- « pêchement » (C. Idem, a. 14).

Dépôt par les maires et adjoints des procès-verbaux.

« Les maires ou adjoints de maire remettront à l'officier par qui « sera rempli le ministère public près le tribunal de police, toutes « les pièces et renseignements, dans les trois jours au plus tard, « y compris celui où ils auront reconnu le fait sur lequel ils ont « procédé.

Nous ajouterons que si les termes des articles 11 et 14 du Code d'instruction criminelle semblent indiquer que les maires et leurs adjoints ne peuvent exercer les attributions, dont il s'agit dans ces articles, qu'à défaut des commissaires de police, la cour de cassation a reconnu que le droit de ces fonctionnaires n'exclut pas celui des maires. (C. c., 6 septembre et 15 décembre 1838.)

Des officiers de gendarmerie en matière de contraventions de police.

Les officiers de gendarmerie ne peuvent recevoir les plaintes ou les dénonciations des contraventions de police; ils doivent renvoyer les plaignants ou les dénonciateurs par devant le commissaire de police, le maire ou l'adjoint du maire, qui sont les officiers de police chargés de recevoir les plaintes et les dénonciations de cette espèce. (D. du 1er mars 1854, art. 242.)

V. — Droits et attributions des gardes champêtres et forestiers.

Les gardes champêtres et les gardes forestiers sont officiers de police judiciaire, mais ils ne sont point *auxiliaires* des parquets.

Compétence.

Les gardes champêtres et les gardes forestiers, considérés comme officiers de police judiciaire, sont chargés de rechercher, chacun dans le territoire pour lequel ils auront été assermentés, les délits et les contraventions de police qui auront porté atteinte aux propriétés rurales et forestières. (Code inst. cr. art. 16.)

Procédure pour la constatation des délits et contraventions.

Ils dresseront des procès-verbaux à l'effet de constater la nature, les circonstances, le temps, le lieu des délits et des contraventions, ainsi que les preuves et les indices qu'ils auront pu en recueillir.— Ils suivront les choses enlevées dans les lieux où elles auront été transportées, et les mettront en séquestre : ils ne pourront néanmoins s'introduire dans les maisons, ateliers, bâtiments, cours adjacentes et enclos, si ce n'est en présence soit du juge de paix, soit de son suppléant, soit du commissaire de police, soit du maire du lieu, soit de son adjoint; et le procès-verbal qui devra en être dressé sera signé par celui en présence duquel il aura été fait. — Ils arrêteront et conduiront devant le juge de paix ou devant le maire tout individu qu'ils auront surpris en flagrant délit ou qui sera dénoncé par la clameur publique, lorsque ce délit emportera la peine d'emprisonnement ou une peine plus grave. (Code inst. crim. art. 16.)

Droit de réclamer main-forte.

Ils se feront donner, pour cet effet, main-forte par le maire ou par l'adjoint du maire du lieu, qui ne pourra s'y refuser. (Code *Id.*, art. 16.)

Remise des procès-verbaux

Les gardes forestiers de l'administration, des communes et des établissements publics, remettent leurs procès-verbaux dans le délai de trois jours au conservateur, inspecteur ou sous-inspecteur forestier qui fait citer les prévenus ou les personnes civilement responsables devant le tribunal correctionnel. (Code inst. crim. a. 18).

Les procès-verbaux des gardes champêtres des communes, et ceux des gardes champêtres et forestiers des particuliers, sont, lorsqu'il s'agit de simples contraventions remis par eux, dans le délai fixé par l'article 15, au commissaire de police de la commune chef-lieu de la justice de paix, ou au maire dans les communes où il n'y a point de commissaire de police; et lorsqu'il s'agit d'un délit de nature à mériter une peine correctionnelle, la remise est faite au procureur de la République. (Code *Id.* art. 19).

Si le procès-verbal a pour objet une contravention de police, il est procédé par le commissaire de police de la commune chef-lieu de la justice de paix, par le maire, ou, à son défaut, par l'adjoint du maire, dans les communes où il n'y a point de commissaire de police. (Code *Id.* art. 21.)

Les gardes champêtres ont, en outre, qualité pour constater les délits et infractions aux lois et règlements sur : 1e les affiches peintes (D. du 25 août 1852, art. 5); — 2e la police de la chasse (L. du 3 mai 1844, art. 22); — 3e la police des chemins de fer (L. du 15 juillet 1845, art. 23); — 4e les lignes télégraphiques (D. du 27 décembre 1851, art. 10); — 5e la police de la pêche (L. du 15 avril 1829, art. 36); — 6e la police de la grande voirie (D. du 16 décembre 1811, art. 112); — 7o la police du roulage (L. dn 30 mai 1851, art. 15); — 8e sur l'ivresse (L. du 23 janvier 1873, art. 23); — 9e sur les timbres-quittances (L. du 13 août 1874, art. 13); — 10e les fraudes en matière de tabac et de cartes à jouer (L. du 28 avril 1816, art. 169

et 223), de poudres à feu (L. du 25 juin 1841) ; — 11e la fabrication du sel (Ord. du 19 mars 1817, art. 7); — 12e la circulation des boissons. (L. du 21 juin 1873, art. 2.)

On se reportera, d'ailleurs, à l'article 102 de la loi municipale (pages 62, ainsi qu'aux pages 76 et 77) pour ce qui concerne l'institution et la nomination des gardes champêtres.

Des gardes particuliers.

On sait que tout particulier a le droit d'avoir pour ses propriétés un garde champêtre. Les articles 16 et suivants du code d'instruction criminelle s'appliquent à cet agent. L'article 16 notamment, qui déclare les gardes champêtres officiers de police judiciaire, ne fait aucune distinction entre les gardes des communes, et ceux des établissements particuliers ou des particuliers. (C. c. 9 mars 1838; 2 juillet 1846.)

Les gardes champêtres des particuliers doivent être agréés par le sous-préfet ou par le préfet dans l'arrondissement chef-lieu. (Loi 28 pluviôse an VIII, art. 9.) Ils ne peuvent entrer en fonctions qu'après avoir prêté serment devant le juge de paix du canton.

Ils ont, sur la partie de territoire pour laquelle ils ont été assermentés, les mêmes attributions et les mêmes devoirs que les gardes champêtres communaux.

Leurs procès-verbaux doivent, toutefois, être rédigés sur timbre, et le coût de l'enregistrement doit être payé comptant.

Autres agents chargés de la recherche de délits spéciaux.

Des lois spéciales ont attribués à divers agents administratifs le pouvoir de rechercher et de constater certaines classes de délits et de contraventions.

Ces agents sont :

Les *vérificateurs des poids et mesures*, pour les infractions aux lois et règlements sur l'application du système métrique (L. 4 juillet 1837 et Ord. 27 avril 1839, art. 34; et les contravention, à la police du roulage (L. 30 mai 1851, art. 15);

Les *inspecteurs divisionnaires* du travail des enfants et des filles mineures, pour les contraventions à la loi du 19 mai 1874 ;

Les *sous-officiers de gendarmerie* et les *gendarmes*, pour la recherche des délits de toute nature et les contraventions de police (D. 1er mars 1854, art. 488); — les délits et contraventions de douanes; — les délits de chasse; — les contraventions de grande voirie; — les infractions à la police du roulage, et à la poste.

Dans l'administration des *contributions indirectes :* les contrôleurs, les receveurs, les commis à cheval et à pied, les préposés aux déclarations et aux recettes, les employés de l'octroi, ceux des bureaux de garantie, et les employés à la perception des droits de navigation. — Ils recherchent et constatent les contraventions aux lois sur les boissons; sur les tabacs; les poudres, les cartes à jouer, la garantie des matières d'or et d'argent; les sucres; les droits de navigation; la police du roulage, les droits de roulage, les droits à percevoir sur les voitures.

Dans l'administration des *douanes :* les préposés des douanes; ils constatent les infractions aux lois sur les douanes, sur les sels, sur les poudres et salpêtres ; sur le colportage des tabacs et des cartes à jouer; sur le transport des lettres; les délits et contraventions sur la pêche maritime et sur la police du roulage.

Dans l'administration des *postes :* les directeurs, receveurs, contrôleurs et inspecteurs, pour la recherche des contraventions relatives au transport des lettres.

Dans l'administration de l'*enregistrement :* les receveurs, pour la constatation des infractions commises par les notaires et autres officiers publics, dans leurs actes et répertoires.

Dans l'administration des *eaux et forêts :* les conservateurs, les inspecteurs, sous-inspecteurs et gardes généraux des forêts, les arpenteurs, les gardes-ventes, les gardes-pêche, pour la constatation des délits forestiers et de pêche fluviale.

Dans l'administration des *ponts et chaussées :* les ingénieurs, les conducteurs, les piqueurs et les cantonniers; les gardes d'écluse et de halage; les gardes des chaussées et des digues, pour les contraventions de grande voirie, sur les routes, chemins de fer et rivières navigables, et les délits de pêche.

Les ingénieurs, les conducteurs des mines et des gardes-mines ont des attributions analogues, indépendamment de la surveillance des réglements concernant les mines.

Les *agents-voyers* pour les infractions commises sur les chemins vicinaux (L. 21 mai 1836, art. 36); — les *officiers de ports* de commerce (D. 15 juillet 1854, art. 12, 21).

Il faut ajouter à ces agents : les commissaires de surveillance administrative institués près des chemins de fer et placés sous les ordres des ingénieurs du contrôle. On trouvera leurs attributions au chapitre de la *Législation des chemins de fer.*

Action disciplinaire du procureur général sur la police judiciaire.

On a vu qu'aux termes de l'article 45 du décret du 20 avril 1810, le procureur général a la surveillance de tous les officiers de police judiciaire du ressort, le code d'instruction criminelle confirme ce pouvoir et ajoute : « Tous les officiers de police qui, d'après l'article 9 du même code sont, à raison de fonctions, même administratives, appelés par la loi à faire quelques actes de la police judiciaire, sont, sous ce rapport seulement, soumis également à la surveillance du procureur général (Code inst. crim. art. 57, 279.)

En cas de négligence des officiers de police judiciaire et des juges d'instruction, le procureur général leur donne un avertissement qui est consigné sur un registre tenu à cet effet. (Code inst. crim. art. 280.) En cas de récidive, le procureur les dénonce à la Cour, et sur l'autorisation de cette dernière, il les fait citer à la chambre du conseil. — La Cour leur enjoint d'être plus exacts à l'avenir, et les condamne aux frais tant de la citation que de l'expédition et de la signification de l'arrêt (Code inst. crim. art. 281).

Il y a récidive, lorsque le fonctionnaire a été repris, pour quelque affaire que ce soit, avant l'expiration d'une année, à compter du jour de l'avertissement consigné sur le registre (Code inst. crim. art. 282).

C'est, enfin, au procureur général qu'il appartient d'exercer les poursuites contre les fonctionnaires ayant commis des crimes et délits soit dans l'exercice ou hors de leurs fonctions (Code inst. cr. art. 479, 483 et 484.)

Moyens d'information. Procès-verbaux. Constatations. — Instruction dans les cas ordinaires ou dans les cas de crimes ou délits flagrants.

Avant de terminer ce qui est relatif à la police judiciaire, nous ferons remarquer que les questions qui sont en tête de ce paragraphe et qui figurent dans le programme trouvent leurs solutions dans les diverses dispositions du code d'instruction criminelle précédemment analysées. Il suffirait donc, au besoin, de s'y reporter; nous ajouterons, toutefois, quelques définitions et observations pour faciliter l'étude.

Le mot *information* s'entend, en général, de l'instruction qui a lieu pour la constatation d'un crime ou d'un délit et la recherche du coupable.

On l'applique, cependant d'une manière plus spéciale, dans le cours d'une instruction, à l'*audition des témoins* que l'on appelle *enquête* ou civil, et *information* au criminel. Dans ce cas l'information est destinée à vérifier ou à prouver par des témoignages, des circonstances morales, à découvrir l'auteur d'un délit. La preuve du corps du délit, peut s'acquérir par une information.

Mais nous pensons que le mot information du programme doit être pris dans son sens le plus général et qu'il faut le considérer comme synonyme d'*instruction*.

L'*instruction judiciaire* comprend, en effet, tous les actes qui doivent mettre en lumière le crime ou le délit, et la culpabilité de son auteur. Ces actes, qui sont les moyens de l'instruction sont indiqués dans les paragraphes relatifs :

1° à la procédure que doivent suivre en cas de flagrant délit, les procureurs de la République et les officiers de police judiciaire auxiliaires des parquets; 2° à celle qui dans tous les cas est prescrite aux juges d'instruction.

Ces moyens d'instruction peuvent d'ailleurs, se résumer ainsi : transport et visite des lieux; constatation et description du corps du délit, information, audition des témoins; saisie des armes et autres pièces de conviction; arrestation des prévenus; visites domiciliaires; interrogatoire, mandats, constatations médicales, expertises, délégations et commissions rogatoires.

Tous ces actes donnent lieu à la rédaction de *procès-verbaux* dont le but et la nature sont précisés par le code d'instruction criminelle pour chacun des officiers de police judiciaire.

Toutefois la loi n'a tracé aucune forme particulière pour cette rédaction, il existe seulement des usages que l'on doit suivre et que nous allons résumer.

Tout procès-verbal doit énoncer d'abord la date à laquelle il a été rédigé, en ces termes :

« L'an mil huit cent le (*date du mois*) à *heures*
« *du* ;

Puis l'officier de police indique ses nom, prénoms et sa qualité :

« Nous, Charles Auguste, commissaire de police à , officier
« de police judiciaire, auxiliaire de M. le Procureur de la Républi-
« que. »

S'il s'agit de la réception d'une plainte ou d'une dénonciation, ce préambule est conçu de la manière suivante :

« Devant nous, Charles Auguste, etc. s'est présenté le sieur
« (nom, prénoms, profession, domicile), lequel nous a fait la dénon-
« ciation qui suit :

Vient ensuite le corps du procès-verbal. En matière de crimes et délits, il faut énoncer :

1er Les nom, prénoms, âge, lieu de naissance, profession, domicile ou résidence momentanée de la victime, du plaignant ou déclarant, de l'inculpé et des personnes civilement responsables;

2e Le narré des faits, le lieu, le jour et l'heure où ils se sont passés ; s'il s'agit d'un crime ou d'un délit grave, indication que le procureur de la République en a été immédiatement prévenu, conformément aux dispositions de l'article 32 du Code d'instruction criminelle ;

3e Le compte-rendu de toutes les perquisitions, constatations ou expertises auxquelles ces mêmes faits peuvent avoir donné lieu ; mention du serment prêté par les gens de l'art, s'il y a lieu de les consulter (C. d'inst. crim., a. 43 et 44; C. Nap., a. 81 et 82) ; et dans les cas prévus par la loi, l'avis donné au juge de paix (C. proc., a. 911);

4e La description de l'état des lieux, des traces d'escalade ; d'effraction ou d'usage de fausses clefs, de l'état du cadavre ou du blessé, de ses vêtements, le détail des pièces de conviction saisies ; leur mise sous scellé et leur envoi au greffe (C. d'inst. crim. a. 36, 37, 38 et 39);

5e Les arrestations faites, celles à opérer encore ; les mesures prises à cet effet ;

6e Les dépositions des témoins et l'interrogatoire des inculpés. (C. d'inst. crim., a. 35 et 40).

Après chaque déclaration, déposition, interrogatoire, le procès-verbal doit se terminer par une mention qu'il en a été donné lecture au déclarant (plaignant, dénonciateur, témoin ou prévenu), afin qu'il sache bien comment a été rendu ce qu'il a dit, et porter la signature des personnes.

La formule employée est la suivante :

« Lecture faite au comparant de sa déclaration, il a dit y per-
« sister, et a signé avec noms (ou n'a pu signer, ne le sachant.) »

Les procès-verbaux et interrogatoires doivent aussi être signés de l'officier de police rédacteur et des assistants, à chaque feuillet, dans les cas de flagrant délit (Code inst. crim., a. 42); les dénonciations et les plaintes doivent l'être de la même manière. (Id., a. 31 et 65).

La signature du rédacteur doit, d'ailleurs, toujours être inscrite à la fin du procès-verbal, car sans elle l'acte n'a aucune existence légale. Le cachet de l'officier de police doit, en outre, être apposé auprès de sa signature. (Circ. min., 15 mars 1836).

On trouvera du reste dans le *Formulaire* des indications complètes et variées pour chaque nature d'affaires.

En matière de contraventions, les officiers de police judiciaire se bornent à des constatations de fait dont les articles 11 et 16 du code d'instruction criminelle fournissent les indications.

Toutefois, les procès-verbaux, en cette matière sont soumis à certaines formalités de droit, comme l'*affirmation* et l'*enregistrement*.

L'*affirmation* est la déclaration faite avec serment par le rédacteur du procès-verbal que les énonciations qui y sont contenues sont conformes à la vérité.

Sont soumis à l'affirmation : les procès-verbaux des gardes champêtres, ceux des gardes forestiers, des agents assermentés des chemins de fer, des vérificateurs des poids et mesures.

Les procès-verbaux des commissaires de police, des maires, des adjoints et des gendarmes sont exempts de l'affirmation.

Sont soumis à la formalité *de l'enregistrement* et enregistrés en débet : 1e les actes et procès-verbaux des juges de paix pour faits de police: 2e ceux des commissaires de police; 3e ceux des gardes établis par l'autorité publique pour délits ruraux et forestiers; 4e ceux de la gendarmerie.

Sont, au contraire, exempts de la formalité de l'enregistrement, les *affirmations* des procès-verbaux des employés, gardes et agents salariés par l'Etat faits dans l'exercice de leurs fonctions. (L. du 22 frimaire an VII, a. 170).

Attributions et devoirs des Commissaires de police.

Ce titre forme comme le précédent, une question du programme.

Il est évident que sa solution se trouve dans les différents paragraphes de la section intitulée : *Police judiciaire*.

Au reste, on trouvera dans le chapitre qui sert d'introduction au *Formulaire*, les détails les plus complets sur les attributions dont il s'agit.

Notions générales sur l'organisation et la composition des juridictions pénales.

On entend par *juridictions pénales* les tribunaux qui rendent la justice criminelle et sont chargés d'appliquer les peines édictées par la loi contre les crimes, les délits et les contraventions.

On a vu (p. 78) que ces tribunaux sont : Les tribunaux de simple police ; — Les tribunaux correctionnels ; — Les cours d'appel (chambres correctionnelles) ; — et les cours d'assises.

Tribunaux de simple police.

Les tribunaux de simple police se composent : du juge de paix du canton, d'un officier du ministère public et d'un greffier.

Des huissiers sont attachés à ces tribunaux pour le service des audiences, mais ils ne font pas partie du tribunal.

Juge de paix. Greffier.

Dans les communes où il n'y a qu'un juge de paix, il connait seul des affaires attribuées à son tribunal ; les greffiers et les huissiers de la justice de paix font le service pour les affaires de police. (C. inst. crim., a. 141).

Dans les communes divisées en deux justices de paix ou plus, le service au tribunal de police est fait successivement par chaque juge de paix, en commençant par le plus ancien : il y a dans ce cas un greffier particulier pour le tribunal de police. (*Id.*, a. 142).

Il peut aussi, dans le cas de l'article précédent, y avoir deux sections pour la police : chaque section est tenue par un juge de paix ; et le greffier a un commis assermenté pour le suppléer. (*Id.*, art. 143).

Officier du ministère public.

Les fonctions du ministère public, devant les tribunaux de simple police sont remplies par le commissaire du lieu où siège le tribunal.

S'il y a plusieurs commissaires de police au lieu où siège le tribunal, le procureur général près la Cour d'appel nomme celui ou ceux d'entre eux qui doivent faire le service.

En cas d'empêchement du commissaire de police du chef-lieu, ou s'il n'en existe point, les fonctions du ministère public sont remplies, soit par un commissaire résidant ailleurs qu'au chef-lieu, soit par un suppléant du juge de paix, soit par le maire ou l'adjoint du chef-lieu, soit par un des maires ou adjoints, d'une autre commune du canton, lequel est désigné, à cet effet, par le procureur général pour une année entière, et est, en cas d'empêchement, remplacé par le maire, par l'adjoint ou par un conseiller municicipal du chef-lieu de canton. (C. inst. crim., a. 144).

Compétence des tribunaux de police.

La connaissance des contraventions de police est attribuée exclusivement au juge de paix du canton dans l'étendue duquel elles ont été commises. (C. inst. crim., a. 138).

Sont considérés comme contraventions de police simple, les faits qui, d'après les dispositions du IVe livre du Code pénal, peuvent donner lieu, soit à 15 francs d'amende ou au-dessous, qu'il y ait ou non confiscation des choses saisies, et qu'elle qu'en soit la valeur. (*Id.* a. 137).

Les tribunaux de police connaissent de trois classes de contraventions, savoir : 1° les contraventions prévues par des lois et règlements anciens, maintenus par l'article 484 du Code pénal et n'édictant que des peines rentrant ou devant rentrer dans les limites de la compétence des tribunaux de police ; 2° les contraventions prévues et punies par le livre IV du Code pénal ; 3° les contraventions aux règlements de police administrative ou de police municipale légalement faits et publiés.

Devoirs du ministère public avant l'audience.

Avant de déférer au tribunal les procès-verbaux qui lui ont été adressés, l'officier du ministère public doit examiner s'ils sont réguliers, si le fait constaté rentre dans la compétence du tribunal, si les formalités d'affirmation et d'enregistrement ont été remplies.

Puis il prépare les dossiers de chaque affaire, renfermant à cet effet dans une chemise en fort papier, le procès-verbal et les pièces à l'appui.

Il inscrit ensuite sur un registre spécial l'analyse des procès-verbaux et rapports qui doivent être portés à l'audience.

Il dresse, enfin, le *rôle* de l'audience, c'est-à-dire la liste des affaires à juger, et le communique au juge de paix avant la séance.

C'est au ministère public qu'il appartient aussi de faire des *citations* ou *avertissements* aux inculpés et aux témoins, d'après les termes des articles 145 et 147 du code d'instruction criminelle.

Local et jour des audiences.

Les audiences de simple police se tiennent au chef-lieu de canton à la Mairie ou dans un local fourni et meublé par la commune.

Les audiences ont lieu d'ordinaire les jours ouvrables et autant que possible les jours de marché.

Publicité et instruction des audiences.

L'instruction de chaque affaire doit être publique à peine de nullité (Cod. Inst. crim. a. 153).

Elle se fait dans l'ordre suivant :

Les procès-verbaux, s'il y en a, sont lus par le greffier;

La partie civile prend ses conclusions ;

La personne citée (le prévenu) présente sa défense et fait entendre ses témoins, si elle en a amené ou fait citer ;

Le ministère public résume l'affaire et donne ses conclusions :

Le prévenu peut proposer ses observations. (C. inst. crim. art. 153).

Jugement.

Les tribunaux de police doivent prononcer leurs jugements dans l'audience où l'instruction a été terminée, et, au plus tard, dans l'audience suivante. (C. inst. crim. a. 153).

Si le fait ne présente ni délit, ni contravention de police, le tribunal annule la citation et tout ce qui a suivi, et statue par le même jugement sur les demandes en dommages-intérêts. (*Id.* a. 159).

Si le fait est un délit emportant une peine correctionnelle ou plus grave, le tribunal renvoie les parties devant le procureur de la République.

Si le prévenu est convaincu de contravention de police, le tribunal prononce la peine, et statue par le même jugement sur les demandes en restitution et en dommages-intérêts. (*Id.* a. 161).

Exécution des jugements.

Le ministère public est chargé de poursuivre l'exécution des jugements. Il veille notamment à ce que la signification de ces jugements soit faite pour arriver au recouvrement des amendes. Il délivre, en outre, les avertissements et réquisitions nécessaires pour l'exécution des jugements portant emprisonnement, et de ceux qui ordonnent la démolition de travaux ou de constructions.

Appel des jugements.

Les jugements rendus en matière de police peuvent être attaqués par la voie de l'appel, lorsqu'ils prononcent un emprisonnement, ou lorsque les amendes, restitutions et autres réparations civiles excèdent la somme de 5 francs, outre les dépens. (C. inst. crim., a. 172).

Recours en grâce.

Le ministère public ne peut interjeter appel des jugements, mais il peut ainsi que les parties, se pourvoir en cassation contre les jugements rendus en dernier ressort par le tribunal de police, ou contre les jugements rendus par le tribunal correctionnel, sur l'appel des jugements de police. (C. inst. crim., a. 177).

Tribunaux de police correctionnelle.

Composition. Compétence.

Les tribunaux de première instance en matière civile connaissent, en outre, sous le titre de *tribunaux correctionnels*, de tous les délits dont la peine excède cinq jours d'emprisonnement et quinze francs d'amende (C. I. crim., a. 179).

Ces tribunaux peuvent prononcer au nombre de trois juges (Id., a. 180), c'est-à-dire un président et deux juges, près desquels siège, comme ministère public, le procureur de la République ou l'un de ses substituts.

La compétence des tribunaux correctionnels comprend, en premier lieu, tous les faits qualifiés délits et prévus par le code pénal.

Elle s'étend, en outre, à un grand nombre d'infractions qui, pour la plupart, se rapportent aux lois de police et aux lois fiscales, tels sont :

les délits forestiers poursuivis à la requête de l'administration forestière (Cod. for. a. 171. C. I. crim. 179);

les délits ruraux passibles d'une amende indéterminée (L. 28 sept., 6 oct. 1791);

les délits de pêche fluviale (L. 15 avril 1829);

les délits de chasse (L. 3 Mai 1844);

les délits relatifs aux élections (L. 2 février 1852);

les délits relatifs aux attroupements (Le 7 juin 1848);

A la fabrication, vente et détention des poudres et salpêtres, des armes de guerre (L. 13 pluviôse an V et L. 24 mai 1834);

A la police de la médecine et de la chirurgie (L. 19 Ventôse an XI);

A la police de la pharmacie (L. 21 germinal an XI);

A la vente des substances vénéneuses (L. 19 Juillet 1845);

A la police des bourses de commerce (L. 28 Ventôse an IX);

A la police des chemins de fer (L. 15 Juillet 1845 et ord. 15 nov. 1846);

Au travail des enfants dans les manufactures (L. 19 Mai 1874);

Aux logements insalubres (L. 13 Avril 1850);

Aux fraudes et tromperies dans la vente des denrées et marchandises (L. 27 Mars 1851);

A la police des mines et carrières (L. 21 avril 1810 et D. 22 mars 1813);

Aux délits commis par la voie de la presse (L. 19 Juillet 1881);

Enfin à tous les délits et contraventions en matière de douanes, de contributions indirectes, octrois et garantie des matières d'or et d'argent.

Citation.

Le tribunal correctionnel est saisi des affaires, soit par le renvoi que lui fait le juge d'instruction ou la chambre d'accusation, soit par la citation donnée directement au prévenu, soit enfiin par le procureur de la République (C. I. crim. a. 182).

La citation doit être faite soit à la requête du ministère public, soit à celle des parties lésées.

La notification en est faite par huissiers.

Toutefois, la citation à la requête du ministère public, peut être notifiée par la gendarmerie.

Le prévenu doit comparaître en personne, assisté ou non d'un avocat. S'il ne comparaît pas, il est jugé par *défaut* (C. I. crim., a. 186). Il peut alors dans un certain délai, faire *opposition* et soumettre de nouveau son procès au tribunal (Idem, a. 187, 188).

Instruction à l'audience.

L'instruction à l'audience doit être publique à peine de nullité (Idem, a. 190).

Le procureur de la République, la partie civile ou son défenseur, exposent l'affaire; les procès-verbaux ou rapports, s'il en a été dressé, sont lus par le greffier; les témoins pour et contre sont entendus, s'il y a lieu; les pièces pouvant servir à conviction ou à décharge sont représentées aux témoins et aux parties; le prévenu est interrogé; le prévenu et les personnes civilement responsables proposent leurs défenses; le procureur de la République résume l'affaire et donne ses conclusions; le prévenu et les personnes civilement responsables du délit peuvent répliquer (Idem, a. 190).

Jugement.

Le jugement est prononcé de suite, ou au plus tard, à l'audience qui suit celle où l'instruction a été terminée (Idem-Idem).

Si le fait n'est réputé ni délit, ni contravention de police, le tribunal acquitte le prévenu.

Si le fait n'est qu'une contravention de police, s'il n'y a pas eu demande de renvoi, le tribunal applique la peine.

Si le fait est de nature à entraîner une peine afflictive ou infamante, le tribunal peut décerner de suite le mandat de dépôt ou d'arrêt, et renvoyer le prévenu devant le juge d'instruction compétent (C. I. crim. a. 191-192-193).

Le jugement est exécuté à la requête du procureur de la République et de la partie civile. Néanmoins les poursuites pour le recouvrement des amendes et confiscations sont faites au nom du procureur de la République par les percepteurs des contributions directes (C. I. crim. a. 197).

Appel. Cours d'appel. Arrêt.

Les jugements rendus en matière correctionnelle peuvent être attaqués par la voie de l'appel.

Les appels sont jugés par une des chambres de la Cour, dans le ressort de laquelle se trouve le tribunal (C. I. crim., a. 199-201).

Le procureur général près la cour d'appel, d'accord avec le président de la chambre, fixe le jour où l'affaire doit venir.

L'appel doit être jugé à l'audience, dans le mois, sur le rapport d'un conseiller.

La partie civile et le procureur général sont entendus dans la forme et dans l'ordre prescrits pour les tribunaux correctionnels (voir ci-dessus, a. 190). Enfin, la cour rend un arrêt qui *confirme* ou *infirme* la décision des premiers juges.

La partie civile et le ministère public peuvent encore se pourvoir en cassation contre l'arrêt (C. I. crim., a. 216).

Des cours d'assises

Nous compléterons ici ce que nous avons dit, p. 80, de l'organisation et de la composition des Cours d'assises, en faisant connaître leur compétence et la procédure suivie devant ces tribunaux.

Les cours d'assises sont chargées de juger les accusés traduits devant leur juridiction par la chambre des mises en accusation de la cour d'appel.

Elles sont composées de deux éléments : les membres de la Cour qui statuent sur l'application de la peine; et le *jury* qui décide de la culpabilité de l'accusé.

Composition de la Cour.

On a vu que, dans les départements où siège la Cour d'appel, les assises sont tenues par trois conseillers appartenant à cette cour dont un président ; dans les autres départements, par un conseiller à la cour, délégué pour présider, et par deux juges pris généralement parmi les présidents ou juges du tribunal de la ville où siègent les assises.

Le siège du ministère public est occupé par le procureur général près la cour ou par un des membres de son parquet, ou l'un des membres du parquet de 1re instance du lieu où sont tenues les assises.

Jury. Liste annuelle.

Le *jury* se compose de douze citoyens portés sur une liste spéciale dont la formation est prescrite par la loi du 21 Novembre 1872.

Deux sortes de commissions concourrent à la composition de cette liste : des commissions cantonales et des commissions d'arrondissement.

Les commissions cantonales formées, dans chaque canton, du juge de paix, président, de ses suppléants et des maires de toutes les communes du canton, dressent des listes préparatoires sur lesquelles sont portés les habitants qui paraissent le plus aptes à remplir les fonctions de jurés.

Ces commissions se réunissent dans la première quinzaine d'août (L. a. 8, 9 et 10).

Les commissions d'arrondissement, composées, dans chacun des arrondissements, du président du tribunal civil, des juges de paix et des conseillers généraux de l'arrondissement, se réunissent, en septembre, au chef-lieu judiciaire, pour dresser la liste annuelle, à l'aide des listes préparatoires établies par les commissions cantonales (L. a. 11 et 13).

La commission de l'arrondissement où se tiennent les assises, dresse en outre une liste spéciale des *jurés suppléants* pris parmi les jurés de la ville, où se tiennent les assises. Ces jurés, en cas de besoin, peuvent être appelés à siéger aux assises.

Ces listes sont transmises avant le premier décembre au greffe de la cour ou du tribunal chargé de la tenue des assises.

Le premier président de la cour ou le président du tribunal chef-lieu d'assises dresse, dans la première quinzaine de décembre, la liste annuelle du département, par ordre alphabétique, conformément aux listes d'arrondissement. Il dresse également la liste spéciale des jurés suppléants (L. a. 16).

Conditions à remplir pour être jurés. Incapacité. Incompatibilités. Exclusions.

L'article 1er de la loi du 21 novembre 1872 porte : Nul ne peut remplir les fonctions de juré, à peine de nullité des déclarations de culpabilité auxquelles il aurait concouru, s'il n'est âgé de trente ans accomplis, s'il ne jouit des droits politiques, civils et de famille, ou s'il est dans un des cas d'incapacité ou d'incompatibilité établis par la loi. »

La loi énumère ensuite les causes d'incapacité assez nombreuses et résultant de condamnations judiciaires (a. 2).

Les incompatibilités permanentes comprennent les fonctions publiques, telles sont : celles de préfet, sous-préfet, secrétaire général de préfecture, conseiller de préfecture et les membres des cours et tribunaux, les juges de paix, les commissaires de police, les instituteurs primaires communaux, etc. (a. 3).

La loi exclut des fonctions de juré « les domestiques et serviteurs à gages, et ceux qui ne savent pas lire et écrire en français (a. 4).

Enfin, l'article de la loi dispense des fonctions de juré : « Les septuagénaires et ceux qui ont besoin pour vivre de leur travail manuel et journalier.

Liste de session.

Dix jours au moins avant l'ouverture des assises, le premier président de la Cour d'appel ou le président du tribunal chef-lieu d'assises, tire au sort, en audience publique, sur la liste annuelle, les noms des *trente-six* jurés qui doivent former la liste de la session. Il tire en outre quatre jurés suppléants sur la liste spéciale (L. a. 18).

Les quarante noms ainsi obtenus sont transmis au préfet du département chargé de faire aux citoyens désignés les notifications nécessaires. (C. I. crim. a. 388, 389).

Si, au jour indiqué pour le jugement, le nombre des jurés est réduit à moins de 30 par suite d'absences ou pour tout autre cause, ce nombre est complété par les jurés suppléants; et en cas d'insuffisance, par des jurés tirés au sort en audience publique, parmi les jurés inscrits sur la liste spéciale; subsidiairement parmi les jurés de la ville inscrits sur la liste annuelle (L. a. 19).

Formation du jury de jugement. Chef du jury.

Vient ensuite la formation du jury de jugement qui doit statuer sur chaque accusation. Le nombre de douze jurés est nécessaire pour former ce jury (C. I. crim. a. 394). Le tirage des douze noms a lieu soit devant le président seul, soit devant la cour d'assises entière. Les récusations se font soit par le ministère public, soit par l'accusé, à mesure que chaque nom est extrait de l'urne.

Le tableau du jury de jugement se compose des douze premiers noms sortis de l'urne et acceptés sans récusation.

Le président ou *chef du jury* est celui des douze jurés désignés le premier par le sort ou par ses collègues.

DES MISES EN ACCUSATION.

On a vu que lorsque le juge d'instruction se trouve en présence d'un fait qualifié crime, il rend une ordonnance de renvoi devant la chambre des mises en accusation de la cour d'appel.

Le dossier de l'affaire doit être transmis par le procureur de la République au procureur général qui est tenu de mettre l'affaire en état dans les cinq jours et de faire son rapport dans les cinq jours suivants (C. I. crim. a. 217).

A la demande du procureur général, la chambre des mises en accusation est convoquée par son président, et si la cour trouve des charges suffisantes pour motiver la mise en accusation, elle ordonne le renvoi du prévenu aux assises (C. I. crim. a. 218-231).

Le prévenu devient alors *accusé*, la cour décerne contre lui une ordonnance *de prise de corps*, et ordre est donné de le conduire à la maison de justice (Idem a. 232-233).

Acte d'accusation.

C'est alors que le procureur général rédige l'acte d'accusation pour exposer: 1° la nature du délit qui forme la base de l'accusation; 2° le fait et toutes les circonstances qui peuvent aggraver ou diminuer la peine. Le prévenu doit y être dénommé et clairement désigné (C. I. crim. a. 241).

L'acte d'accusation se termine par le résumé suivant: « En conséquence, N... est accusé d'avoir commis tel meurtre, tel vol ou tel autre crime, avec telle ou telle circonstance (Idem).

Avis du renvoi à la cour d'assises est donné par le procureur général, tant au maire du lieu du domicile de l'accusé, s'il est connu, qu'à celui du lieu où le délit a été commis (Idem a. 245).

Débats devant la cour d'assises.

L'accusé comparaît devant la cour, libre, c'est-à-dire sans chaines ni aux pieds ni aux mains, et seulement accompagné des gardes pour l'empêcher de s'évader (C. I. crim. a. 310).

Le président s'assure de l'identité de l'accusé, puis il fait prêter aux jurés le serment prescrit par l'article 312.

Le greffier donne ensuite à haute voix lecture de *l'arrêt de renvoi* devant la cour d'assises et de *l'acte d'accusation* (Cod. Inst. crim. a. 313).

Il est procédé à l'audition des témoins produits soit à la requête du ministère public, soit à celle de la partie civile ou à celle de l'accusé et dont la liste est lue par le greffier ; l'audition commence par les témoins à charge, auxquels succèdent les témoins à décharge (C. I. crim. a. 315 et suiv.-321).

A la suite des dépositions des témoins, la partie civile et le procureur général sont entendus et développent les moyens qui appuient l'accusation.

L'accusé et son conseil peuvent leur répondre. La réplique est permise à la partie civile et au procureur général, mais l'accusé ou son conseil ont toujours la parole les derniers.

Le président déclare ensuite les débats terminés (C. Idem. art. 335).

Verdict du jury.

Puis, il résume l'affaire et lit aux jurés les questions résultant de l'acte d'accusation et des débats et auxquelles ils sont tenus de répondre (a. 336 et 341).

Le jury se rend ensuite dans la *chambre de ses délibérations* (a. 342). Les jurés ne peuvent en sortir qu'après avoir formé leur déclaration (a. 343). Ils rentrent alors dans l'auditoire, et sur l'invitation du président, le chef du jury se lève, et, la main sur son cœur, il dit : « *Sur mon honneur et ma conscience, devant Dieu et devant les hommes, la déclaration du jury est : Oui, l'accusé..... Non, l'accusé.....* (art. 348).

L'accusé est alors ramené dans la salle d'audience et le greffier lui lit le verdict (a. 357).

Si le verdict est négatif, le président prononce *l'acquittement* de l'accusé et ordonne sa mise en liberté (a. 358).

Si le verdict est affirmatif, le procureur général requiert de la cour l'application de la loi (a. 362) et après délibération le président prononce *l'arrêt* de condamnation (a. 369).

Après avoir prononcé l'arrêt, le président avertit le condamné qu'il a la faculté de se pourvoir en cassation (a. 371); et il ordonne aux gendarmes de le reconduire en prison.

Exécution des arrêts.

Les arrêts ne peuvent être exécutés que lorsqu'ils sont irrévocables. Ainsi, aux termes de l'article 375, la condamnation n'est exécutoire qu'après l'expiration du délai fixé par l'article 373, s'il n'y a pas de pourvoi, et s'il y a pourvoi, dans les 24 heures de l'arrêt du rejet (a. 375).

La condamnation est exécutée par les ordres du procureur général, qui a le droit de requérir directement l'assistance de la force publique (a. 376).

Contumaces.

Lorsque l'accusé a pris la fuite avant ou après l'instruction de son affaire, l'arrêt de renvoi et l'acte d'accusation sont signifiés à son domicile. Dix jours après cette notification, le président des assises rend une ordonnance, affichée à la mairie de son domicile, enjoignant à l'accusé de se présenter dans un délai de dix jours; s'il n'obéit pas à cette injonction, il est en état de *contumace*.

Son procès est alors jugé par la cour d'assises, seule, sans jurés et sans défenseur et la condamnation est prononcée.

Si le contumax est repris ou se présente avant la prescription de la peine, c'est-à-dire avant vingt ans, à partir de la prononciation de l'arrêt, il comparaît devant la cour d'assises, qui le juge comme elle l'aurait fait la première fois, s'il avait été présent.

Juridictions spéciales.

Aux juridictions qui précèdent, il faut encore ajouter : les juridictions militaires et les juridictions maritimes.

Ces juridictions sont organisées et réglementées : 1° pour l'armée de terre, par le *code de justice militaire* du 9 Juin 1857, modifié par les décrets des 16 mai 1872, 18 mai et 18 novembre 1875 ; 2° pour l'armée de mer, par le *code de justice maritime* du 4 Juin 1858, modifié par les décrets du 21 Juin 1858, du 23 février 1867 et du 29 Janvier 1882.

Les juridictions militaires, c'est-à-dire les divers tribunaux chargés de rendre la justice dans l'armée de terre sont :

1° Les *conseils de guerre*, qui jugent les accusés pour les crimes, les délits et contraventions qu'ils ont pu commettre;

2° Les *conseils de revision*, qui ont pour mission de maintenir ou d'annuler les jugements des conseils de guerre;

3° Les *prévôtés*, qui ne sont organisées qu'en temps de guerre sur un territoire étranger, et sont appelées à juger les individus à la suite des armées.

Il y a un conseil de guerre permanent au chef-lieu de chacune des régions de corps d'armée. Ce conseil de guerre est composé d'un colonel ou lieutenant-colonel, président et de six juges : un chef de bataillon ou d'escadron; deux capitaines; un lieutenant, un sous-lieutenant, un sous-officier (Cod. just. mil. a. 1 à 3).

Il y a près de chaque conseil de guerre un commissaire du gouvernement, un rapporteur et un greffier. Les commissaires du gouvernement sont chargés des fonctions du ministère public; les rapporteurs, de l'instruction, et les greffiers font les écritures (Idem a. 4 et 5).

Au reste, la composition des conseils de guerre varie suivant le grade de l'accusé.

Le code de justice militaire, a. 83 à 98, établit une *police judiciaire* qui a la même mission, dans l'armée, que la police judiciaire ordinaire dans l'ordre civil : elle recherche les crimes ou délits et en rassemble les preuves.

Les officiers ou fonctionnaires qui sont chargés de l'exercer sont énumérés aux articles 84 et 85 du code militaire. Ce sont : les adjudants de place ; — les officiers, sous-officiers et commandants de brigade de gendarmerie ; — les chefs de postes; — les gardes de l'artillerie et du génie; — enfin, les rapporteurs près des conseils de guerre, en cas de flagrant délit.

L'article 85, ajoute : « Les commandants et majors de place, les chefs de corps, de dépôt et de détachement, les chefs de service d'artillerie et du génie, les membres du corps de l'intendance militaire, peuvent faire personnellement ou requérir les officiers de police judiciaire, chacun en ce qui le concerne, de faire tous les actes nécessaires à l'effet de constater les crimes et les délits.

En cas de flagrant délit, les officiers de la police judiciaire ordinaire ont, de même que les officiers de police judiciaire militaire, le droit de saisir les militaires ou les individus justiciables des tribunaux militaires, inculpés d'un crime ou d'un délit. Ces individus sont conduits devant l'autorité militaire (Cod. mil. a. 87).

Lorsque l'autorité militaire est appelée, hors le cas de flagrant délit, à constater dans un établissement civil, un crime ou un délit de la compétence des tribunaux militaires, ou à y faire arrêter ses justiciables, elle adresse à l'autorité civile ou judiciaire compétente ses réquisitions pour obtenir l'entrée de l'établissement, ou pour assurer l'arrestation du coupable (Cod. idem, a. 89).

D'ailleurs, les officiers de police judiciaire militaire ne peuvent s'introduire dans une maison particulière, si ce n'est avec l'assistance, soit du juge de paix, soit du maire ou d'un adjoint, soit du commissaire de police (Cod. just. mil. a. 91).

Nous ferons remarquer, en outre, que la juridiction des conseils de guerre ne s'étend pas aux infractions commises par des militaires aux lois sur la chasse, la pêche, les douanes, les contributions indirectes, les octrois, les forêts et la grande voirie (Cod. mil. a. 273).

Les *juridictions maritimes* comprennent : à terre, des conseils de guerre et des conseils de revision permanents; des tribunaux maritimes et des tribunaux de revision permanents;

A bord, des conseils de guerre et des conseils de revision.

Au chef-lieu de chaque arrondissement maritime, il y a deux conseils de guerre permanents.

Sont justiciables de ces conseils, les individus appartenant à l'armée de mer en vertu, soit de la loi sur l'inscription maritime ou de celle du recrutement, soit d'un brevet, d'une commission ou d'un engagement.

Les recours contre les décisions de ces conseils sont portés devant les conseils de revision.

Il y a, en outre, des tribunaux maritimes permanents et des tribunaux de revision dans les arrondissements maritimes, ainsi que des tribunaux maritimes dans les sous-arrondissements et dans les établissements de la marine hors des ports.

Les tribunaux maritimes connaissent des crimes et délits commis dans l'intérieur des ports, arsenaux, et établissements de la marine, par tous les individus, même non marins ni militaires, lorsque les faits sont de nature à compromettre soit la police ou la sûreté de ces établissements, soit le service maritime.

Les tribunaux de revision sont chargés de juger les recours contre les décisions des tribunaux maritimes.

Des *conseils de justice* sont formés à bord pour juger les délits de leur compétence commis par les individus portés au rôle de l'équipage d'un bâtiment de l'Etat.

CHAPITRE III

NOTIONS DE DROIT PÉNAL

Sommaire du n° 3 du programme.

1re Partie. — Du délit en général. — Définition et distinction des crimes, délits et contraventions. — Tentatives et commencement d'exécution. — Des peines en matière criminelle et correctionnelle et de leurs effets. — Notions sur la culpabilité et la non-culpabilité. — Eléments constitutifs du délit. — Circonstances aggravantes, excuses, circonstances atténuantes. — Complicité. — Connexité.— Auteurs, coauteurs, complices.

Division générale du Code pénal.

Le code pénal se divise en quatre livres, précédés d'un chapitre intitulé : *Dispositions préliminaires.* Il renferme 484 articles numérotés en une seule série du premier au dernier.

Les *dispositions préliminaires* comprennent cinq articles relatifs à la définition des infractions (a. 1er), à la tentative des crimes et délits (a. 2 et 3, à l'application de la loi pénale (a. 4), enfin aux exceptions prévues pour les délits militaires (a. 5).

Le livre Ier intitulé : Des peines en matière criminelle et correctionnelle et de leurs effets, renferme quatre chapitres et s'étend de l'article 6 à l'article 58.

Le livre II est intitulé: Des personnes punissables, excusables ou responsables, pour crimes ou pour délits; il comprend les articles 59 à 74.

Le livre III intitulé: Des crimes, des délits et de leur punition, est divisé en deux titres: le premier est relatif aux crimes et délits contre la chose publique, il s'étend de l'article 75 à 294 ; le second concerne les crimes et délits contre les particuliers et va de l'article 295 à l'article 463.

Le livre IV est intitulé : Contraventions de police et peines: il est divisé en deux chapitres, dont le premier est relatif aux peines de police et le second énumère trois classes de contraventions et les peines applicables à chacune d'elles. Il s'étend de l'article 464 à l'article 483.

Le code pénal se termine par une *disposition générale*, en un seul article, 484, qui autorise les tribunaux à appliquer les lois anciennes non directement abrogées, dans les cas non prévus par le Code.

SECTION I.

Du délit en général. Définition et distinction des crimes, délits et contraventions.

Le mot *délit*, dans l'acception la plus générale, signifie infraction à la loi et s'applique surtout aux manquements qui sont atteints par la loi pénale. Le code du 3 brumaire an IV définissait le délit de la manière suivante : « Faire ce que défendent, ne pas faire ce qu'ordonnent les lois qui ont pour objet le maintien de l'ordre social et de la tranquillité publique est un *délit.* »

L'article 1er du Code pénal divise ainsi qu'il suit les infractions : L'infraction que les lois punissent des peines de police est une *contravention.*

« L'infraction que les lois punissent de peines correctionnelles est un *délit.*

« L'infraction que les lois punissent d'une peine afflictive ou infamante est un *crime.* »

Le caractère de chacune des infractions punies par le Code se définit donc non par la nature du fait ou la gravité de l'acte, mais par la gravité de la peine, sans s'occuper de la moralité du fait.

Ainsi, le Code appelle crime l'infraction que les lois punissent d'une peine afflictive ou infamante. D'après l'exposé des motifs du Code pénal, le mot crime désigne les attentats contre la société qui doivent occuper les cours criminelles.

Le délit est l'infraction que les lois punissent d'une peine correctionnelle, c'est-à-dire des infractions moins graves que les crimes et du ressort de la police correctionnelle.

La contravention est l'infraction que les lois punissent d'une peine de simple police.

Il faut remarquer, d'ailleurs, que la division qui précède correspond aux trois ordres de tribunaux établis par la loi pour la répression des faits illicites. Aux tribunaux de simple police appartient le jugement des contraventions, aux tribunaux correctionnels celui des délits, enfin aux cours d'assises le jugement des crimes.

Toutefois, si les définitions du code sont vraies en ce qui concerne la différence existant entre les crimes et les délits, il y a des cas où elles cessent de l'être pour le délit et la contravention ; en effet, il existe des infractions prévues par des lois spéciales, notamment en matière fiscale, forestière ou de chasse qui ne sont que des contraventions. On leur donne quelquefois le nom de *contraventions correctionnelles.*

Il existe encore une autre différence entre le délit et la contravention; c'est que pour l'existence du délit, il faut une intention coupable de la part de son auteur, tandis que la contravention est punissable dès que le fait physique, matériel est constaté, bien qu'il ait été exécuté de bonne foi et sans intention incriminelle.

Des tentatives de crimes et de délits.

« Toute tentative de crime qui a été manisfestée par un commen-
« cement d'exécution, si elle n'a été suspendue ou n'a manqué son
« effet que par des circonstances indépendantes de la volonté de son
« son auteur, est considérée comme le crime même » (Code pénal a. 2).

D'après cet article du code, il n'y a tentative de crime punissable, que si le crime a reçu un commencement d'exécution et que si ce commencement d'exécution n'a été suspendu, ou n'a manqué son effet que par des circonstances indépendantes de la volonté de son auteur.

Mais le code n'a pas indiqué en quoi consiste le commencement d'exécution; car les éléments qui peuvent le constituer changent pour ainsi dire avec chaque espèce.

Ainsi, par exemple, l'escalade et l'effraction, qui doivent être considérées comme étant le commencement d'exécution d'un vol qualifié, lorsqu'il résulte de l'information qu'elles ont été exécutées dans le dessein de voler, n'ont plus ce caractère s'il est établi qu'elles n'ont pas été accomplies dans ce but.

Le code n'a pas indiqué non plus à quels signes on peut reconnaître qu'une tentative a été suspendue ou n'a manqué son effet que par des circonstances fortuites ou indépendantes de la volonté de son auteur. Voici d'après les jurisconsultes des exemples qui précisent la différence des deux cas.

« Une femme a résolu d'empoisonner son mari; elle prend des informations sur les substances qui sont de nature à donner une mort certaine et immédiate; elle se rend chez un pharmacien et en obtient une substance vénéneuse. Rentrée chez elle, elle répand le poison sur les mets destinés au repas de son époux et elle sort de la maison. Cependant le pharmacien qui a vendu le poison a conçu des craintes; il a suivi la femme; il la voit rentrer daus la maison; il l'en voit sortir quelques instants après, il connaît l'inimitié qui existe entre elle et son mari; enfin, poussé par l'idée qu'un crime va être commis, il se rend auprès de ce dernier, lui fait part de ses craintes, la vérité est découverte, le crime n'est pas consommé; mais c'est par une circonstance indépendante de la volonté de l'auteur que la tentative a été suspendue. C'est la première espèce de tentative admise par le Code pénal. »

Quant à la tentative qui a manqué son effet, prenons le même exemple :

« La femme, persévérant dans ses projets homicides, et pour mieux assurer leur succès, présente elle-même les mets empoisonnés à son mari, mais soit qu'il n'en prenne qu'une partie, soit par toute autre circonstance accidentelle, le poison ne produit pas son effet, une indisposition en est cependant la suite immédiate; un homme de l'art est appelé, il neutralise les premiers effets de la substance vénéneuse le mari est sauvé, la tentative a manqué son effet, par des circonstances indépendantes de la volonté de l'auteur.

« *Les tentatives de délits* ne sont considérées comme délits que « dans les cas déterminés par une disposition spéciale de la loi. (Cod. pénal, a. 3) ».

Les délits correctionnels dont la tentative est punissable sont ceux prévus par les articles 179, 241, 245 388, 400, 401, 405, 414, 415 du Code pénal, savoir :

La tentative de corruption des fonctionnaires publics (a. 179).

La tentative d'évasion de détenus (a. 241, 245);

La tentative d'altération de liquides ou de marchandises par les voituriers, bateliers, etc., auxqnels ils étaient confiés (a. 387).

La tentative de vol, dans les champs, des récoltes ou autres productions utiles de la terre (a. 388, § 3).

La tentative d'extorsion à l'aide de la menace écrite ou verbale, soit de fonds ou valeurs, soit de la signature ou remise d'écrit, etc. (a. 400, § 2);

Les tentatives de vols simples, larcins et filouteries (a. 401) ;

Les tentatives d'escroquerie (a. 405);

Les tentatives de coalition (a. 414, 415, loi 25 mai 1864).

La loi pénale n'a pas d'effet rétroactif.

L'article 4 du code pénal porte, en effet :

« Nulle contravention, nul délit, nul crime, ne peuvent être punis « de peines qui n'étaient pas prononcées par la loi avant qu'ils fussent commis. »

Ce principe dérive des articles 1 et 2 du code civil, d'après lesquels la loi n'est obligatoire que du jour où sa promulgation est réputée connue.

Il en résulte d'ailleurs : 1° qu'aucun fait, quelque répréhensible qu'il soit, ne peut être qualifié crime, délit ou contravention s'il n'est pas expressément prévu par une loi en vigueur au moment où il a été commis ;

2° qu'aucune condamnation ne peut être prononcée, aucune peine infligée si elle ne s'appuie sur un texte précis de la loi.

Des crimes, délits, et contraventions commis par les militaires.

Les dispositions du Code pénal ne s'appliquent pas aux contraventions, délits et crimes militaires (a. 5). On a vu, en effet, au chapitre précédent que le Code de justice militaire est exclusivement applicable aux infractions de cette nature.

Des peines en matière criminelle et correctionnelle et de leurs effets.

Les peines en matière criminelle sont ou afflictives et infamantes, ou seulement infamantes (Cod. pénal, a. 6).

Les peines afflictives et infamantes sont :

1er La mort;

2° Les travaux forcés à perpétuité;

3° La déportation;

4° Les travaux forcés à temps;

5° La détention;

6° La réclusion (Cod. pénal, a. 7).

Les peines infamantes sont:

1° Le bannissement;

2° La dégradation civique (C. pén., a. 8).

Les peines en matière correctionnelle sont :

1° L'emprisonnement à temps dans un lieu de correction;

2° L'interdiction à temps de certains droits civiques, civils ou de famille:

3° L'amende (C. pén., a. 9).

Des peines en matière criminelle.
Peine de mort.

Tout condamné à mort a la tête tranchée (C. p. a. 12).

Le coupable condamné à mort pour parricide est conduit sur le lieu de l'exécution, en chemise, nu-pieds, et la tête couverte d'un voile noir. — Il est exposé sur l'échafaud pendant qu'un huissier fait au peuple lecture de l'arrêt de condamnation, et il est immédiatement exécuté à mort (C. p., a. 13).

Les corps des suppliciés sont délivrés à leurs familles, si elles les réclament, à la charge par elles de les faire inhumer sans aucun appareil (C. p. a. 14).

Aucune condamnation ne peut être exécutée les jours de fêtes nationales ou religieuses, ni les dimanches (C. p. a. 13).

L'exécution doit se faire sur l'une des places publiques du lieu qui est indiqué par l'arrêt de condamnation (C. p., a. 26).

Si une femme condamnée à mort se déclare et s'il est vérifié qu'elle est enceinte, elle ne subit la peine qu'après sa délivrance (C. p., a. 27).

Travaux forcés à perpétuité et à temps.

La peine des travaux forcés, depuis la loi du 30 Mai 1854, qui a modifié les articles 15 et 16 du Code pénal, est subie dans des établissements créés par le gouvernement sur le territoire d'une ou de plusieurs possessions françaises autres que l'Algérie (L. a. 1er).

Aujourd'hui les condamnés sont envoyés à la Nouvelle-Calédonie.

Les condamnés sont employés aux travaux les plus pénibles de la colonisation et à tous autres travaux d'utilité publique (Loi, a. 2).

Ils peuvent être enchaînés deux à deux ou assujettis à traîner le boulet à titre de punition disciplinaire ou par mesure de sûreté (a. 3).

Les femmes condamnées aux travaux forcés peuvent être conduites dans un des établissements créés aux colonies; elles sont séparées des hommes et employées à des travaux en rapport avec leur âge et leur sexe (a. 4).

Les individus âgés de soixante ans accomplis ne peuvent être condamnés aux travaux forcés et doivent l'être seulement à la réclusion; mais, si la condamnation a été prononcée avant les soixanteans, l'arrivée de cet âge ne change pas le mode d'exécution de la peine (a. 5).

La condamnation aux travaux forcés à perpétuité entraîne l'incapacité de disposer ou de recevoir à titre gratuit.

La condamnation aux travaux forcés à temps entraîne la dégradation civique, l'interdiction légale et l'interdiction de séjour (C. p. 28, 29).

Déportation.

La peine de la déportation consiste à être transporté et à demeurer à perpétuité dans un lieu déterminé par la loi, hors du territoire continental. Si le déporté rentre en France, il est, sur la seule preuve de son identité, condamné aux travaux forcés à perpétuité. Le déporté qui n'est pas rentré sur le territoire, mais qui a été saisi dans les pays occupés par les armées françaises est conduit dans le lieu de sa déportation (C. p. a. 17).

La déportation se divise en *déportation simple* et *déportation dans une enceinte fortifiée.*

Une loi du 8 Juin 1859 a réglé les dispositions applicables à la déportation.

Une autre loi du 23 Mars 1872 a désigné, comme lieux de déportation simple, l'île des Pins et, en cas d'insuffisance, l'île Maré dans la Nouvelle-Calédonie.

La presqu'île Ducos, dans la Nouvelle-Calédonie, a été désignée comme lieu de déportation dans une enceinte fortifiée. (Loi a. 2 et 3).

Les condamnés à la déportation simple jouissent d'une liberté qui n'a pour limite que les précautions indispensables pour empêcher les évasions et assurer la sécurité et le bon ordre.

Les condamnés à la déportation dans une enceinte fortifiée jouissent de toute la liberté compatible avec la nécessité d'assurer la garde de leur personne et le maintien de l'ordre.

Ils sont soumis à un régime de police et de surveillance déterminé par un règlement d'administration publique, qui fixe les conditions sous lesquelles les déportés sont autorisés à circuler dans toute la presqu'île, à s'y occuper de travaux de culture ou d'industrie, et à y former des établissements provisoires par groupe ou par famille.

Détention.

Les condamnés à la détention sont renfermés dans l'une des forteresses situées sur le territoire continental, déterminées par une ordonnance rendue dans la forme des règlements d'administration publique.

Les condamnés communiquent avec les personnes placées dans l'intérieur du lieu de la détention ou avec celles du dehors, conformément aux règlements de police établis par le décret du 25 Mai 1872 (C. p. a. 20).

La condamnation à la détention entraîne la dégradation civique, l'interdiction légale et l'interdiction de séjour (C. p., a. (28, 29 et 46). (V. Peines accessoires, ci-après).

Réclusion.

Tout individu de l'un ou l'autre sexe, condamné à la peine de la réclusion, est renfermé dans une maison de force, et employé à des travaux dont le produit peut être en partie appliqué à son profit, ainsi qu'il est réglé par le gouvernement (C. p. a. 21).

La peine de la réclusion est subie dans les prisons appelées *maisons centrales* qui sont au nombre de 23.

Les principales sont placées à Beaulieu (Calvados), à Clairvaux (Aube), Clermont (Oise), Fontevrault (Maine-et-Loire), Gaillon (Eure), Loos (Nord), Melun (Seine-et-Marne), Poissy (Seine-et-Oise).

Seize maisons centrales sont réservées aux hommes et 7 aux femmes.

Bannissement.

Le condamné au bannissement est transporté par ordre du gouvernement, hors du territoire (C. p. a. 32).

Si le banni rentre en France avant l'expiration de la peine, il est, sur la seule preuve de son idendité, condamné à la détention. (C. p. 33).

La condamnation au bannissement entraîne la dégradation civique (C. p. a. 28).

Les arrêts portant la peine du bannissement sont imprimés par extrait et affichés (C. p. a. 36).

Dégradation civique.

La dégradation civique consiste :

1e Dans la destitution et l'exclusion des condamnés de toutes fonctions, emplois ou offices publics ;

2e Dans la privation du droit de vote, d'élection, d'éligibilité, et en général de tous les droits civiques et politiques, et du droit de porter aucune décoration;

3e Dans l'incapacité d'être juré expert, d'être employé comme témoin dans des actes, et de déposer en justice autrement que pour y donner de simples renseignements ;

4e Dans l'incapacité de faire partie d'aucun conseil de famille, et d'être tuteur, curateur, subrogé-tuteur, ou conseil judiciaire, si ce n'est de ses propres enfants, et sur l'avis conforme de la famille ;

5e Dans la privation du droit de port d'armes, du droit de faire partie de la garde nationale, de servir dans les armées françaises, de tenir école, ou d'enseigner et d'être employé dans aucun établissement d'instruction, à titre de professeur, maître ou surveillant (C. p. a. 34).

Peines en matière correctionnelle.

Emprisonnement.

Les condamnés à la peine d'emprisonnement sont enfermés dans une maison de correction.

Ils sont employés à l'un des travaux établis dans cette maison, à leur choix (C. p. a. 40).

En général, les condamnations à moins d'un an d'emprisonnement doivent être subies dans les lieux mêmes où elles ont été rendues, celles à plus d'un an sont subies dans les maisons centrales.

Une loi du 5 juin 1875 a établi un régime d'emprisonnement individuel pour les condamnés à l'emprisonnement qui subissent leur peine dans les prisons départementales.

Les produits du travail de chaque détenu pour délit correctionnel sont appliqués, partie aux dépenses communes de la prison, partie à lui procurer quelques adoucissements, s'il les mérite, partie, enfin, à former pour lui, au moment de sa sortie, un fond de réserve (C. p. a. 41).

Interdiction des droits civiques, civils et de famille.

Les tribunaux correctionnels peuvent, dans certains cas, interdire, en tout ou en partie, l'exercice des droits civiques, civils et de famille suivants :

1e De vote et d'élection;

2e D'éligibilité;

3e D'être appelé ou nommé aux fonctions de juré ou autres fonctions publiques, ou aux emplois de l'administration, ou d'exercer ces fonctions ou emplois;

4e Du port d'armes;

5e De vote et de suffrage dans les délibérations de famille;

6e D'être tuteur, curateur, si ce n'est de ses enfants et sur l'avis seulement de la famille;

7e D'être expert ou employé comme témoin dans les actes;

8e De témoignage en justice, autrement que pour y faire de simples déclarations (C. p. a. 42).

Ces interdictions ne sont prononcées que dans les cas où une disposition particulière de la loi l'autorise (C. p. a. 43).

Amende.

L'amende est une véritable peine, elle consiste dans le paiement d'une somme pécuniaire.

Le Code en déterminant dans certains cas le minimum et le maximum; tantôt il se borne à fixer le minimum en faisant dépendre le maximum de la somme du dommage.

Peines communes aux matières criminelles et correctionnelles.

Ce sont: la relégation, l'interdiction de séjour, l'amende, la confiscation, les frais, les dommages-intérêts.

Ces peines sont aussi appelées *accessoires* des peines principales; elles sont forcément, ou peuvent être, au gré des juges, la conséquence de ces dernières.

La *relégation* est une peine qui a été établie par la loi du 27 Mai 1885, contre les récidivistes.

Elle consiste dans l'internement perpétuel des condamnés sur le territoire de colonies ou de possessions françaises. (L. a. 1er).

La relégation n'est prononcée que par les cours et tribunaux ordinaires comme conséquence des condamnations encourues devant eux, à l'exclusion de toutes juridictions spéciales et exceptionnelles (L. a. 2).

Les condamnations qui entraînent la relégation pour les récidivistes sont énumérées dans l'article 4 de la loi du 27 Mai 1885.

Interdiction de séjour.

La peine de la surveillance de la haute police portée dans les articles

11 et 44 du Code pénal a été supprimée par la loi du 27 Mai 1885, sur les *récidivistes* et la *relégation*.

La surveillance légale est remplacée par la défense faite au condamné de paraître dans les lieux dont l'interdiction lui est signifiée par le gouvernement avant sa libération (L. a. 19 § 2).

Toutes les autres obligations et formalités imposées par l'article 44 du Code pénal sont supprimées, sans qu'il soit toutefois dérogé aux dispositions de l'article 635 (1) du code d'instruction criminelle.

Restent, en conséquence, applicables, pour cette interdiction, les dispositions antérieures qui réglaient l'application sur la durée, ainsi que la remise ou la suppression de la surveillance de la haute police et les peines encourues par les contrevenants conformément à l'article 45 du code pénal (L. a. 19 § § 3 et 4).

L'exécution des dispositions qui précèdent appartient à l'administration (ministère de l'intérieur) qui en a réglé les détails par diverses instructions, notamment par la circulaire du 1er Juillet 1885.

L'interdiction de séjour consiste dans la défense faite au condamné libéré de résider, pour un temps déterminé, dans certaines grandes villes, et dans les localités voisines de celle où il a commis son crime.

Si le libéré enfreint cette défense, il encourt les peines édictées par l'article 45 du code pénal.

Amende. — Frais. — Dommages-Intérêts. — Confiscation.

Nous avons vu que l'amende est une peine en matière correctionnelle, d'autres fois l'amende n'est considérée que comme une réparation du préjudice causé à l'Etat, par exemple, en matière de douanes et de contributions indirectes.

La condamnation *aux frais* est une peine pécuniaire accessoire à toutes les condamnations. Les poursuites, en effet, entraînent des dépenses de diverses natures, notamment pour la translation des prévenus, le transport des procédures et pièces à conviction, les honoraires et vacations des médecins et des experts, les indemnités aux témoins, etc. Ces dépenses sont avancées par l'Etat qui, en cas

---

(1) Art. 635. C. I. crim. — « Les arrêts et jugements en matière criminelle se prescrivent par vingt années révolues à compter de leur date.

« Néanmoins le condamné ne peut résider dans le département où demeure, soit celui sur lequel ou contre la propriété duquel le crime a été commis, soit ses héritiers directs. »

de condamnation, a recours contre le condamné pour les faire rembourser.

Les *dommages-intérêts* sont encore une peine pécuniaire, accessoire aux condamnations criminelles ou correctionnelles. Toutefois, l'adjudication des dommages-intérêts est purement facultative, il faut que la partie justifie d'un préjudice résultant directement du délit.

L'exécution des condamnations à l'amende, aux dommages-intérêts et aux frais peut être poursuivie par la voie de la *contrainte par corps* (C. p. a. 52).

L'exercice de la contrainte par corps est réglé par la loi du 22 juillet 1867, modifiée par celle du 19 décembre 1871.

La *confiscation spéciale* est encore une peine accessoire en matière criminelle et correctionnelle; elle peut atteindre soit le corps de délit quand la propriété en appartient au condamné, soit les choses produites par le délit, soit celles qui ont servi ou ont été destinées à le commettre, quelqu'en soit le propriétaire (C. p. a. 11).

La confiscation n'est jamais prononcée sans qu'un texte formel l'autorise.

Affichage des arrêts et jugements.

Tous les arrêts portant la peine de mort, des travaux forcés à perpétuité et à temps, la déportation, la détention, la réclusion, la dégradation civique et le bannissement sont imprimés et affichés: 1e dans la ville centrale du département où l'arrêt a été rendu; 2e dans la commune où le délit a été commis; 3e dans celle où se fera l'exécution; 4e dans celle du domicile du condamné (Code pénal, a. 36).

En matière correctionnelle, les magistrats peuvent ordonner l'impression et l'affichage de tous leurs jugements, non seulement dans les cas où la loi l'indique, mais même dans tous ceux où ils estiment cette mesure bonne pour la réparation.

Notions sur la culpabilité et la non-culpabilité.

Dans le langage ordinaire le mot *culpabilité* s'applique au caractère d'une action coupable; dans le langage pénal, il se dit de l'état de celui qui est coupable ou réputé coupable d'un crime ou d'un délit.

Mais pour constituer la culpabilité à ce second point de vue, il faut l'accomplissement d'un fait physique présentant les caractères d'un crime ou d'un délit, il faut de plus une intention criminelle dans l'exécution de l'acte.

En d'autres termes, la culpabilité criminelle n'existe que par la réunion du fait matériel et du fait intentionnel.

Le fait matériel, c'est l'acte prévu et puni par la loi avec ses éléments et les circonstances qui le constituent.

Le fait intentionnel, c'est la volonté de commettre cet acte.

L'acte commis doit être prévu par la loi, car il est de principe de droit que tout ce qui n'est pas défendu par la loi ne peut être empêché et que nul ne peut être puni qu'en vertu d'une loi établie et promulguée antérieurement au délit. Aussi le code pénal a inscrit, ainsi que nous l'avons vu précédemment, dans son article 4 que « nulle contravention, nul délit, nul crime ne peuvent être punis de peines qui n'étaient pas prononcées par la loi avant qu'ils fussent commis. »

La volonté de commettre l'acte doit, avons-nous dit, se joindre au fait matériel, et cette volonté d'intention doit venir d'une personne responsable de ses actes, car ainsi que nous le verrons ci-après, l'article 64 du code pénal déclare qu'il n'y a ni crime, ni délit, lorsque le prévenu était en état de démence au temps de l'action, ou lorsqu'il a été contraint par une force à laquelle il n'a pu résister.

Dans ces conditions, malgré les apparences extérieures, le fait n'existe ni comme crime, ni comme délit, il n'y a pas de délinquant, et, comme le dit le code, il n'y a pas de personne *punissable*.

Eléments du délit. Circonstances aggravantes. Excuses. Circonstances atténuantes.

Le mot *délit* est pris ici dans son sens général et doit s'entendre de tout fait (crime ou délit proprement dit) atteint par la loi pénale.

Ainsi qu'on vient de le voir, tout crime ou délit se compose d'un fait matériel ou physique dont les éléments constitutifs résultent des termes des codes qui le prévoient et le punissent.

Ainsi d'après l'article 297 du code pénal l'assassinat est un meurtre, c'est-à-dire un homicide volontaire, mais pour que cet homicide constitue un assassinat, il faut un autre élément, celui de la *préméditation* ou du *guet-apens*.

Le délit d'*escroquerie* prévu par l'article 405 du code pénal se constitue par le concours de trois faits distincts : 1° l'emploi de moyens frauduleux indiqués par le code, à savoir : soit l'usage de faux noms ou de fausses qualités; soit les manœuvres frauduleuses déterminées par l'article 405; 2° la remise des titres ou valeurs obtenus à l'aide de ces moyens; 3° le détournement ou la dissipation de ces valeurs.

Ce sont ces circonstances constitutives qui forment un des éléments nécessaires du fait incriminé, et sans lesquelles ce fait échapperait à toute répression.

A côté de ces circonstances, il peut s'en joindre d'autres qui modifient la criminalité de l'acte, ce sont les *circonstances aggravantes*, les *circonstances atténuantes* et *les excuses*.

Les circonstances aggravantes sont celles qui, sans être nécessaires pour la criminalité du fait qu'elles accompagnent, deviennent par leur concomitance une cause d'aggravation du fait délictueux.

Ces circonstances motivent des aggravations dans la pénalité, et quelquefois changent le caractère même du fait incriminé.

Ainsi l'outrage envers un magistrat dans ses fonctions entraîne l'emprisonnement d'un mois à deux ans, la peine est de deux à cinq ans, si l'outrage a lieu à l'audience d'un tribunal ou d'une cour.

L'escroquerie, l'abus de blanc-seing, qui ne sont que des délits deviennent des crimes, s'il y a eu fabrication d'écrit, si le blanc-seing n'avait pas été confié.

Le vol que l'article 379 du code pénal définit : « la soustraction frauduleuse d'une chose appartenant à autrui, constitue un délit lorsque la soustraction frauduleuse n'est accompagnée d'aucune autre circonstance; il devient *vol qualifié* lorsqu'il est accompagné de certaines circonstances qui en font un crime. Telles sont les circonstances de nuit, d'escalade, d'effraction, l'usage d'armes ou de fausses clefs, etc.

Les excuses et *les circonstances atténuantes* sont prévues par les articles 64 et 65 du code pénal, savoir : « Art. 64. Il n'y a ni crime ni délit, lorsque le prévenu était en état de démence au temps de l'action, ou lorsqu'il a été contraint par une force à laquelle il n'a pu résister. »

« Art. 65. Nul crime ou délit ne peut être excusé, ni la peine mitigée, que dans les cas et dans les circonstances où la loi déclare le fait excusable, ou permet de lui appliquer une peine moins rigoureuse. »

De là deux sortes d'excuses : les excuses *péremptoires* qui excluent toute criminalité et s'appellent *faits justificatifs*, et les *excuses atténuantes* qui n'ont pour conséquence que de modifier la pénalité.

Les excuses péremptoires sont, aux termes de l'article 64 du code pénal, l'*état de démence* du prévenu au temps de l'action, ou lorsqu'il a été *contraint par une force* à laquelle il n'a pu résister et qu'on appelle *force majeure*.

A la différence de l'article 64, l'article 65 établit que les crimes et délits peuvent être *excusés*, mais sans que le fait incriminé puisse *être justifié* ou disparaître.

Les excuses atténuantes, sont de deux sortes : les *excuses proprement dites*, déterminées et qualifiées par la loi, et les *circonstances atténuantes*, générales et indéterminées, abandonnées par la loi aux lumières des juges.

Les excuses proprement dites sont précisées dans un certain nombre d'articles du code pénal.

Les circonstances atténuantes résultent de l'application de l'article 463 du même code.

Auteurs, coauteurs, complices.

Pour apprécier les différents degrés de culpabilité, on distingue les auteurs d'une infraction (crime ou délit) en *auteurs principaux* et auteurs *secondaires*. Les auteurs principaux sont ceux qui ont pris part à l'exécution du crime ou du délit.

Les auteurs secondaires sont ceux qui, avant ou après le fait criminel, y ont participé en travaillant à le faire commettre ou en donnant des secours au coupable.

Il n'y a qu'un auteur principal, lorsque l'auteur de la résolution criminelle l'exécute lui-même, sans assistance immédiate, ou la fait exécuter par autrui, en s'abstenant de toute exécution personnelle.

Les *coauteurs* sont ceux qui participent conjointement à l'exécution, qui font ensemble l'action criminelle concertée entre eux.

Les *complices* sont ceux qui ne participent pas immédiatement à l'action criminelle elle-même, qui l'ont seulement provoquée ou qui ne donnent qu'une assistance secondaire.

Le code pénal, art. 59, porte que « les complices d'un crime ou d'un délit sont punis de la même peine que les auteurs mêmes de ce crime ou de ce délit, sauf les cas où la loi en aurait disposé autrement. »

En outre, le code pénal admet trois genres de complicité : 1° la complicité par aide et assistance (a. 60); 2e la complicité par recel des malfaiteurs (a. 61); 3e la complicité par recel des objets (a. 62).

La complicité par aide et assistance peut avoir lieu par *provocation* à l'aide de dons, promesses, menaces, abus d'autorité ou de pouvoir, machinations ou artifices coupables (c. p. a. 60); 2e par fourniture d'armes, instruments ou tout autre moyen ayant servi à l'action (idem § 2); 3e par l'assistance donnée avec connaissance, en préparant ou facilitant l'action (Idem § 3).

La complicité par recel des malfaiteurs a lieu de la part de ceux qui, connaissant la conduite des malfaiteurs exerçant des brigandages ou des violences contre la sûreté de l'Etat, la paix publique, les personnes ou les propriétés, leur fournissent habituellement logement, lieu de retraite ou de réunion (c. p. a. 61).

Sont complices par recel d'objets, ceux qui ont recelé, en tout ou en partie, des choses enlevées, détournées ou obtenues à l'aide d'un crime ou d'un délit (c. p. a. 62).

Connexité.

La *connexité* est le lien qui existe entre deux délits distincts.

« Les délits sont connexes, d'après l'article 227 du code d'instruction criminelle, soit lorsqu'ils ont été commis en même temps par plusieurs personnes réunies, soit lorsqu'ils ont été commis par différentes personnes, même en différents temps et en divers lieux, mais par suite d'un concert formé à l'avance entre elles, soit lorsque les coupables ont commis les uns pour se procurer les moyens de commettre les autres, pour en faciliter, pour en consommer l'exécution, ou pour en assurer l'impunité. »

Toutes les infractions punissables comportent l'application des règles de la connexité. L'expression *délits* dont se sert l'article 227 qui précède doit s'entendre dans le sens le plus général; elle s'applique aux crimes, comme au délits correctionnels et aux simples contraventions.

La connexité peut, en outre, exister entre crimes différents, entre un crime et un délit, entre délits divers, entre un délit et une contravention, entre contraventions différentes.

Sommaire : 2e partie.

Des faux commis dans les passeports, feuilles de route et certificats. De la corruption des fonctionnaires publics. Des abus d'autorité contre les particuliers. Rébellion. Outrages et violences contre les dépositaires de l'autorité et de la force publique. Dégradation des monuments. Vagabondage et Mendicité. Délits commis par voie d'écrits, images et gravures. Des associations et réunions illicites, Meurtre, menaces, blessures et coups volontaires ou involontaires. Attentats aux mœurs. Arrestations illégales. Faux témoignages. Calomnies. Injures. Vols. Escroquerie. Abus de confiance. Infractions commises par les expéditeurs et par les voyageurs. Destructions, Dégradations, Dommages. Peines de police.

Des faux commis dans les passeports, feuilles de route et certificats.

I. *Passeports. Permis de chasse*

Les faux commis dans les passeports sont prévus et punis par les articles 153 à 155 du Code pénal.

L'article 153 punit : 1° celui qui a *fabriqué* un faux passeport ou un faux permis de chasse;

2° Celui qui a *falsifié* un passeport ou un permis de chasse originairement véritable;

3° Enfin, celui *qui a fait usage* d'un passeport ou d'un permis de chasse *fabriqué ou falsifié*.

L'article 154 atteint : 1° Quiconque *a pris* dans un passeport ou dans un permis de chasse, un *nom supposé* ou a *concouru comme témoin* à faire délivrer le passeport sous le nom supposé;

2° Tout individu qui *fait usage* d'un passeport ou d'un permis de chasse délivré sous un *autre nom que le sien*;

3° Les logeurs et aubergistes qui, *sciemment* ont inscrit sur leurs registres, sous *des noms faux ou supposés*, les personnes logées chez eux, — ou qui, de *connivence avec elles*, *ont omis* de les inscrire.

L'article 155 punit les officiers publics qui ont délivré ou fait délivrer un passe-port à une personne qu'ils ne connaissaient pas personnellement, sans avoir fait attester ses noms et qualités par deux citoyens à eux connus.

Il y a aggravation de peine si l'officier public, *instruit de la supposition* du nom, a néanmoins délivré ou fait délivrer le passeport sous le nom supposé.

Feuilles de route.

Les faux dans les feuilles de route sont prévus par les articles 156 à 158 du code pénal.

L'article 156 punit : 1° Quiconque a *fabriqué* une fausse feuille de route; 2° a *falsifié* une feuille de route originairement véritable; 3° ou a fait *usage* d'une feuille de route fabriquée ou falsifiée.

La peine varie suivant que la fausse feuille de route n'a eu pour objet que de tromper la surveillance de l'autorité publique; ou si le trésor public a payé au porteur de la fausse feuille des frais de route qui ne lui étaient pas dus ou qui excédaient ceux auxquels il pouvait avoir droit, le tout néanmoins au-dessous de cent francs; ou enfin si les sommes indûment perçues par le porteur de la feuille s'élèvent a cent francs et au delà.

L'article 157 atteint toute personne qui s'est fait délivrer par l'officier public une feuille de route sous un nom supposé ou qui a fait usage d'une feuille de route délivrée sous un autre nom que le sien.

L'article 158 est applicable à l'officier public qui était instruit de la supposition de nom lorsqu'il a délivré la feuille de route.

III. *Certificats de maladies, d'infirmités, de bonne conduite ou d'indigence.*

Les faux dans les certificats sont prévus par les articles 159 à 162 du code pénal.

L'article 159 punit : toute personne qui, pour se rédimer elle-même ou affranchir une autre d'un service public quelconque a *fabriqué sous le nom d'un médecin, chirurgien ou autre officier de santé, un certificat de maladie ou d'infirmité.*

L'article 160 atteint : Tout médecin, chirurgien ou autre officier de santé qui, pour favoriser quelqu'un, *a certifié faussement des maladies ou infirmités propres à dispenser d'un service public.*

Il y a aggravation de peine s'il y a été mû par *dons ou promesses.*

L'article 161 punit : Quiconque a fabriqué, sous le nom d'un fonctionnaire ou officier public, un *certificat de bonne conduite, indigence* ou *autres circonstances* propres à appeler la bienveillance du Gouvernement ou des particuliers sur la personne y désignée, et à lui procurer places, crédit ou secours.

L'article 162 s'applique aux faux certificats de toute autre nature, et d'où il pourrait résulter, soit lésion envers des tiers, soit préjudice envers le trésor.

De la corruption des fonctionnaires.

La *corruption* est, en général, le crime du fonctionnaire qui trafique de son autorité pour faire ou pour ne pas faire un acte de ses fonctions.

Ce crime diffère de la *concussion* en ce que le prévenu de concussion a reçu ce qui n'était pas dû comme une chose à laquelle la loi où les règlements lui donnaient droit, tandis que le prévenu de corruption n'a reçu qu'à titre de dons ou présents ce qu'on était libre de lui donner ou de ne pas lui donner.

Ce titre comprend les articles 177 à 183 du code pénal.

L'article 177 punit : 1e Tout fonctionnaire public de l'ordre administratif ou judiciaire, tout agent ou préposé d'une administration publique, qui a agréé des offres ou promesses, ou reçu des dons ou présents, pour faire un acte de sa fonction ou de son emploi, même juste, mais non sujet à salaire.

2o Tout fonctionnaire, agent ou préposé de la qualité ci-dessus exprimée, qui, par offres ou promesses agréées, dons ou présents reçus, s'est abstenu de faire un acte qui entrait dans l'ordre de ses devoirs.

3o Tout arbitre ou expert nommé soit par le tribunal, soit par les parties, qui a agréé des offres ou promesses, ou reçu des dons ou présents, pour rendre une décision ou donner une opinion favorable à l'une des parties.

L'article 179 atteint quiconque a contraint ou tenté de contraindre par voies de fait ou menaces, corrompu ou tenté de corrompre par promesses, offres, dons ou présents, l'une des personnes de la qualité exprimée en l'article 177, pour obtenir soit une opinion favorable, soit des procès-verbaux, états, certificats ou estimations contraires à la vérité, soit des places, emplois, adjudications, entreprises ou autres bénéfices quelconques, soit tout autre acte du ministère du fonctionnaire, agent ou préposé, soit enfin l'abstention d'un acte qui rentrait dans l'exercice de ses devoirs.

Toutefois il y a atténuation dans la peine si les tentatives de contrainte ou corruption n'ont eu aucun effet.

Il n'est jamais fait au corrupteur restitution des choses par lui livrées, ni de leur valeur; elles sont confisquées au profit des hospices des lieux où la corruption a été commise (c. p. a. 180).

Il y a *forfaiture* de la part de tout juge ou administrateur qui s'est décidé par faveur pour une partie ou par inimitié contre elle (C. p. a. 183).

Des abus d'autorité.

Les abus d'autorité comprennent deux classes de délits : 1e les abus d'autorité contre les particuliers, savoir : la violation de domicile, les dénis de justice, les violences exercées sans motifs légitimes, et la violation du secret des lettres;

2e les abus d'autorité contre la chose publique, renfermant la réquisition et l'emploi illégal de la force publique.

1re classe : Des abus d'autorité contre les particuliers.

Il y a *violation de domicile* lorsqu'un fonctionnaire de l'ordre administratif ou judiciaire, un officier de justice, de police, un commandant ou agent de la force publique, agissant en cette qualité, s'est introduit dans le domicile d'un citoyen contre le gré de celui-ci, hors les cas prévus par la loi, et sans les formalités qu'elle a prescrites (c. p. a. 184).

Il y a aussi violation de domicile lorsqu'un individu s'est introduit à l'aide de menaces ou de violences dans le domicile d'un citoyen (C. idem-idem).

Le *déni de justice* est le fait de tout juge ou tribunal, tout administrateur ou autorité administrative, qui, sous quelque prétexte que ce soit, même du silence ou de l'obscurité de la loi, a dénié de rendre la justice qu'il doit aux parties, après en avoir été requis, et qui a persévéré dans son déni, après avertissement ou injonction de ses supérieurs (c. p. a. 185).

L'article 186 du code pénal interdit à tout fonctionnaire ou officier public, administrateur, agent ou préposé du gouvernement ou de la police, exécuteur des mandats de justice ou jugements, commandant en chef ou en sous-ordre de la force publique, d'*employer ou de faire employer sans motif légitime, des violences envers les personnes*, dans l'exercice ou à l'occasion de l'exercice de ses fonctions.

La *violation du secret des lettres* consiste dans toute suppression, toute ouverture de lettres confiées à la poste, commise ou facilitée par un fonctionnaire ou agent du gouvernement ou de l'administration des postes (c. p. a. 187).

2e classe : Des abus d'autorité contre la chose publique.

Cette 2e classe comprend les articles 188 à 191 du code pénal.

L'article 188 punit tout fonctionnaire public, agent ou préposé du gouvernement de quelque état et grade qu'il soit, qui a *requis ou ordonné*, *fait requérir ou ordonner l'action ou l'emploi de la force publique* contre l'exécution d'une loi ou contre la perception d'une contribution légale, ou contre l'exécution soit d'une ordonnance ou mandat de justice, soit de tout autre ordre émané de l'autorité légitime.

Il y a aggravation de peines si la réquisition ou l'ordre a été suivi de leur effet.

Toutefois, les peines cessent d'être applicables aux fonctionnaires ou préposés qui auraient agi par ordre de leurs supérieurs si l'ordre a été donné par ceux-ci pour des objets de leur ressort, et sur lesquels il leur était dû obéissance hiérarchique; dans ce cas, les peines ne doivent être appliquées qu'aux supérieurs qui les premiers ont donné cet ordre (c. p. a. 190).

Résistance, désobéissance et autres manquements envers l'autorité publique.

Sous ce titre général le code pénal renferme deux paragraphes : l'un intitulé : *Rébellion;* l'autre : *Outrages et violences envers les dépositaires de l'autorité et de la force publique.*

Rébellion.

Le paragraphe de la *Rébellion* comprend les articles 209 à 221.

L'article 209 qualifie *rébellion*: « Toute attaque, toute résistance avec violence et voies de fait envers les officiers ministériels, les gardes champêtres ou forestiers, la force publique, les préposés à la perception des taxes et des contributions, les porteurs de contraintes, les préposés des douanes, les séquestres, les officiers ou agents de la police administrative ou judiciaire, agissant pour l'exécution des lois, des ordres ou ordonnances de l'autorité publique, des mandats de justice ou jugement. »

Il ne faut pas, toutefois, confondre la rébellion qui est dirigée contre des actes isolés des agents de la force publique, qui ne constitue qu'une agression ou une résistance locale et instantanée, et la *sédition* qui constitue un crime d'une nature spéciale.

La rébellion est un crime ou un délit suivant les circonstances dans lesquelles elle se produit.

Il y a crime: 1° si elle a été commise par plus de vingt personnes armées ou même sans port d'armes (c. p. a. 210);

2e Si elle a été commise par une réunion armée de trois personnes ou plus, jusqu'à vingt inclusivement (a. 211);

Il y a délit : 1e lorsque la rébellion est commise par une ou deux personnes, sans port d'armes;

2e lorsqu'elle a été commise par plus de deux personnes non armées, jusqu'à vingt inclusivement (c. p. a. 211, 212).

Toute réunion d'individus pour un crime ou un délit est réputée réunion armée lorsque *plus de deux personnes portent des armes ostensibles* (c. p. a. 214).

Les personnes, faisant partie d'une rébellion avec bande ou attroupement, échappent à toute pénalité si elles se retirent au premier avertissement de l'autorité, ou même si, n'ayant pas obéi aux sommations, elles se laissent arrêter hors du lieu de la rébellion, sans résistance et sans armes (c. p. a. 213).

L'article 219 assimile aux réunions de rebelles, celles qui sont formées avec ou sans armes, et accompagnées de violences ou de menaces contre l'autorité administrative, les officiers et les agents de police, ou contre la force publique, — 1e Par les ouvriers ou journaliers dans les ateliers publics ou manufactures; — 2e Par les individus admis dans les hospices ; — 3e Par les prisonniers prévenus, accusés ou condamnés.

II. — Outrages et violences envers les dépositaires de l'autorité et de la force publique.

Ce titre peut se diviser en deux paragraphes : les *outrages* que comprennent les articles 222 à 227, et les *violences*, les articles 228 à 233 du Code pénal.

§ 1er. — *Outrages.*

L'article 222 punit le fait d'avoir adressé à un ou plusieurs *magistrats de l'ordre administratif ou judiciaire* (1) ou à un ou plusieurs jurés, dans l'exercice de leurs fonctions, ou à l'occasion de cet exercice, quelque outrage par paroles, par écrit ou dessin non rendus publics, tendant, dans ces divers cas, à inculper leur honneur ou leur délicatesse.

Il y a aggravation de peines si l'outrage par paroles a eu lieu à l'audience d'une Cour ou d'un tribunal.

L'article 223 prévoit l'outrage fait par gestes ou menaces à un magistrat ou à un juré dans l'exercice ou à l'occasion de l'exercice

(1) On doit comprendre sous le titre de magistrats tous les fonctionnaires qui exercent, soit dans l'ordre administratif, soit dans l'ordre judiciaire, une portion de l'autorité avec droit de commandement, tels sont les juges, les préfets, les maires, les commissaires de police, etc.

de ses fonctions, et le même outrage fait à l'audience d'une Cour ou d'un tribunal.

L'article 224 punit l'outrage fait par paroles, gestes ou menaces à *tout officier ministériel ou agent dépositaire de la force publique*, et à tout citoyen chargé d'un ministère de service public, dans l'exercice de ses fonctions ou à l'occasion de l'exercice de ses fonctions.

L'article 225 prévoit le cas d'un outrage dirigé contre un commandant de la force publique.

L'offenseur peut être, outre la peine prononcée, condamné à faire réparation, soit à la première audience, soit par écrit. (art. 226).

§ 2. *Violences.*

L'article 228 punit tout individu qui, même sans armes et sans qu'il en soit résulté de blessures, a frappé un magistrat dans l'exercice de ses fonctions, ou à l'occasion de cet exercice, ou commis toute autre violence ou voie de fait envers lui dans les mêmes circonstances, et aussi si la voie de fait a eu lieu à l'audience d'une cour ou d'un tribunal.

Le coupable peut être condamné à s'éloigner, pendant cinq à dix ans du lieu où siège le magistrat, et d'un rayon de deux myriamètres (a. 229).

L'article 230 atteint les violences ou voies de fait de l'espèce exprimée dirigées *contre un officier ministeriel, un agent de la force publique*, ou un citoyen chargé d'un ministère de service public, si elles ont eu lieu pendant qu'ils exerçaient leur ministère ou à cette occasion.

Si les violences ont été faites avec préméditation ou de guet-apens, ou ont causé l'effusion du sang, des blessures ou maladies, le fait devient un crime (a. 231-232-233).

Dégradations des monuments.

La dégradation des monuments comprend la destruction, l'abattage, et le fait d'avoir mutilé ou dégradé des monuments, statues et autres objets destinés à l'utilité ou à la décoration publique, et élevés par l'autorité publique ou avec son autorisation (Cod. pén. a. 257).

Vagabondage.

Aux termes de l'article 269 du code pénal le vagabondage est un délit.

Les vagabonds ou gens sans aveu sont ceux qui n'ont ni domicile certain ni moyens de subsistance, et qui n'exercent habituellement ni métiers ni profession (C. p. a. 270).

La loi du 27 Mai 1885, sur les récidivistes, porte dans son art. 4 §4, que l'on doit aussi considérer comme gens sans aveu, devant être punis des peines édictées contre le vagabondage, tous individus qui, soit qu'ils aient ou non un domicile certain, ne tirent habituellement leur subsistance que du fait de pratiquer ou faciliter sur la voie publique l'exercice des jeux illicites, ou la prostitution d'autrui sur la voie publique.

Les individus déclarés vagabonds par jugement, s'ils sont étrangers, peuvent être conduits, par les ordres du gouvernement, hors du territoire (c. p. a. 272).

Les vagabonds en France peuvent, après un jugement même passé en force de chose jugée, être réclamés par délibération du conseil municipal de la commune où ils sont nés, ou cautionnés par un citoyen solvable. — Si le gouvernement accueille la réclamation ou agrée la caution, les individus ainsi réclamés ou cautionnés sont par ses ordres, renvoyés ou conduits dans la commune qui les a réclamés ou dans celle qui leur a été assignée pour résidence, sur la demande de la caution (c. p. a. 273).

Mendicité.

L'article 274 du Code pénal punit toute personne qui est trouvée mendiant dans un lieu pour lequel il existe un établissement public organisé afin d'obvier à la mendicité. A l'expiration de la peine, le condamné doit être conduit au dépôt de mendicité.

L'article 275 atteint, dans les lieux où il n'existe point de tels établissements, les mendiants d'habitude valides et ceux qui ont été arrêtés hors du canton de leur résidence.

Le code prévoit ensuite, la mendicité exercée avec des circonstances aggravantes, ainsi l'art. 276 punit tous mendiants, même invalides, qui ont usé de menaces, ou sont entrés, sans permission du propriétaire ou des personnes de sa maison, soit dans une habitation, soit dans un enclos en dépendant; — Ou qui ont feint des plaies ou infirmités; — Ou qui mendient en réunion, à moins que ce ne soient le mari et la femme, le père ou la mère et leurs jeunes enfants, l'aveugle et son conducteur.

Sous le titre : *Dispositions communes aux vagabonds et aux mendiants*, le code pénal prévoit les circonstances suivantes : 1er mendicité ou vagabondage avec travestissements, port d'armes ou de limes, crochets ou autres instruments propres, soit à commettre des vols, ou d'autres délits, soit à procurer les moyens de pénétrer dans les maisons (a. 297);

2e mendiants ou vagabonds trouvés porteurs d'un ou de plusieurs effets d'une valeur supérieure à cent francs, et qui ne justifient pas d'où ils proviennent (a. 278).

Délits commis par la voie d'écrits, images ou gravures distribués sans noms d'auteur, imprimeur ou graveur.

Ce titre du code pénal, comprenant les articles 283 à 289, a été modifié par la loi du 29 juillet 1881 dont nous reproduisons les principales dispositions.

Nom et domicile de l'imprimeur. Dépôt.

L'imprimerie et la librairie ont été déclarées libres (L. a. 1er).

Tout imprimé rendu public, à l'exception des ouvrages dits de ville ou bilboquets, doit porter l'indication du nom et du domicile de l'imprimeur (L. a. 2).

« Au moment de la publication de tout imprimé, il doit en être fait par l'imprimeur un dépôt de deux exemplaires, destinés aux collections nationales.

« Ce dépôt est fait au ministère de l'intérieur pour Paris ; à la préfecture, pour les chefs-lieux de département ; à la sous-préfecture, pour les chefs-lieux d'arrondissement ; et, pour les autres villes, à la mairie.

« L'acte de dépôt doit mentionner le titre de l'imprimé et le chiffre du tirage.

« Sont exceptés de cette disposition les bulletins de vote, les circulaires commerciales ou industrielles et les ouvrages dits de ville ou bilboquets (L. a. 3).

« Les dispositions qui précèdent sont applicables à tous les genres d'imprimés ou de reproduction destinés à être publiés.

« Toutefois, le dépôt prescrit par l'article précédent est de trois exemples pour les estampes, la musique et en général les reproductions autres que les imprimés (L. a. 4).

De l'affichage, du colportage et de la vente sur la voie publique.

§ 1er — *De l'affichage.*

Dans chaque commune, le maire désigne par arrêté, les lieux exclusivement destinés à recevoir les affiches des lois et autres actes de l'autorité publique. — « Il est interdit d'y placarder des affiches particulières.

« Les affiches émanées des actes de l'autorité seront seules imprimées sur papier blanc (L. a. 15).

Les professions de foi, circulaires et affiches électorales peuvent être placardées, à l'exception des emplacements réservés par l'article précédent, sur tous les édifices publics autres que les édifices consacrés aux cultes et particulièrement aux abords des salles de scrutin (L. a. 16).

L'article 17 de la loi punit ceux qui ont enlevé, déchiré, recouvert ou altéré par un procédé quelconque, de manière à les travestir ou à les rendre illisibles, des affiches apposées par ordre de l'administration dans les emplacements à ce réservés.

Il y a aggravation de peine, si le fait a été commis par un fonctionnaire ou un agent de l'autorité publique.

Affiches électorales.

Le même article atteint ceux qui ont enlevé, déchiré, recouvert ou altéré par un procédé quelconque, de manière à les travestir ou à les rendre illisibles, des affiches électorales émanant de simples particuliers, apposées ailleurs que sur les propriétés de ceux qui auront commis cette lacération ou altération.

§ 2. — *Du colportage et de la vente sur la voie publique.*

Quiconque veut exercer la profession de *colporteur* ou de *distributeur sur la voie publique* ou en tout autre lieu public ou privé, de livres, écrits, brochures, journaux, dessins, gravures, lithographies et photographies, est tenu d'en faire la déclaration à la préfecture du département où il a son domicile.

Toutefois, en ce qui concerne les journaux et autres feuilles périodiques, la déclaration peut être faite, soit à la mairie de la commune dans laquelle doit se faire la distribution, soit à la sous-préfecture. Dans ce dernier cas, la déclaration produit son effet pour toutes les communes de l'arrondissement. (L. a. 18).

La déclaration doit contenir les nom, prénoms, profession, domicile, âge et lieu de naissance du déclarant. Il est délivré immédiatement et sans frais au déclarant un récépissé de sa déclaration (L. a. 19).

La distribution et le colportage accidentels ne sont assujettis à aucune déclaration (L. a. 20).

L'article 21 prononce des pénalités contre l'exercice de la profession de colporteur ou de distributeur sans déclaration préalable, la fausseté de la déclaration, le défaut de présentation à toute réquisition du récépissé.

Les colporteurs et distributeurs peuvent d'ailleurs, être poursuivis conformément au droit commun, s'ils ont sciemment colporté ou distribué des livres, écrits, brochures, journaux, dessins, gravures, lithographies et photographies, présentant un caractère délictueux sans préjudice des cas prévus à l'art. 42.

Provocations aux crimes et délits.

L'article 23 de la loi punit comme complices d'une action qualifiée crime ou délit ceux qui, soit par des discours, cris ou menaces proférés dans des lieux ou réunions publics, soit par des écrits, des imprimés vendus ou distribués, mis en vente ou exposés dans des lieux ou réunions publics, soit par des placards ou affiches exposés aux regards du public, ont directement provoqué l'auteur ou les auteurs à commettre la dite action, si la provocation a été suivie d'effet.

Cette disposition est également applicable lorsque la provocation n'a été suivie que d'une tentative de crime prévue par l'art. 2 du Code pénal.

L'article 24 atteint : 1° ceux qui, par les moyens énoncés en l'article précédent, ont directement provoqué à commettre les crimes de meurtre, de pillage et d'incendie, ou l'un des crimes contre la sûreté de l'Etat prévus par les art. 75 et suivants jusques et y compris l'art. 101 du Code pénal;

2° Tous cris ou chants séditieux proférés dans les lieux ou réunions publics.

L'article 25 est applicable à toute provocation par l'un des moyens énoncés en l'art. 23, adressée à des militaires des armées de terre ou de mer, dans le but de les détourner de leurs devoirs militaires et de l'obéissance qu'ils doivent à leurs chefs dans tout ce qu'ils leur commandent pour l'exécution des lois et règlements militaires.

Offense au Président de la République. — Fausses nouvelles.

L'*offense au président de la République* par l'un des moyens énoncés dans l'art 23 et dans l'art. 28 est punie par l'article 26 de la loi.

L'article 27 prévoit la publication ou reproduction de *nouvelles fausses*, de pièces fabriquées, falsifiées ou mensongèrement attribuées à des tiers.

Outrages aux bonnes mœurs.

L'*outrage aux mœurs* commis par l'un des moyens énoncés en l'art. 23, est puni par l'article 28, qui atteint aussi la mise en vente, la distribution ou l'exposition de dessins, gravures, peintures, emblêmes, ou images obscènes, et prononce la saisie des exemplaires de ces dessins, gravures, peintures, emblémes ou images obscènes exposés au regard du public, par mise en vente, colportage ou distribution.

Une loi du 2 août 1882 réprime le délit d'*outrage aux bonnes mœurs*, par la vente, l'offre, l'exposition, l'affichage ou la distribution gratuite sur la voie publique ou dans les lieux publics, d'écrits, d'imprimés autres que le livre, d'affiches, dessins, gravures, peintures, emblêmes ou images obscènes.

Des associations ou réunions illicites.

Les dispositions du Code pénal relatives à ces associations sont renfermées dans les articles 291 à 294.

Aux termes de l'article 291 : « Nulle *association de plus de vingt personnes*, dont le but est de se réunir tous les jours ou à certains jours marqués pour s'occuper d'objets religieux, littéraires, politiques ou autres, ne pourra se former qu'avec l'agrément du gouvernement, et sous les conditions qu'il plait à l'autorité publique d'imposer à à la société. Dans le nombre de personnes indiqué par le présent article, ne sont pas comprises celles domiciliées dans la maison où l'association se réunit. »

L'article 293 prévoit le cas de *provocation à des crimes ou à des délits*, par discours, exhortations, invocations ou prières, en quelque langue que ce soit, ou par lecture, affiche, publication ou distribution d'écrits quelconques, dans ces assemblées.

Enfin, l'article 294 prononce des peines contre tout individu qui, sans la permission de l'autorité municipale, a *accordé ou consenti l'usage de sa maison ou de son appartement* en tout ou en partie, pour la réunion des membres d'une association même autorisée, ou pour l'exercice d'un culte.

La loi du 10 avril 1834, article 3, considère comme complices du délit, ceux qui ont *prêté* ou *loué* sciemment leur maison ou appartement pour une ou plusieurs réunions d'une association non autorisée.

Les dispositions de l'article 291 ont été rendues applicables aux associations de plus de vingt personnes, alors même que ces associations seraient partagées en sections d'un nombre moindre et qu'elles ne se réuniraient pas tous les jours ou à des jours marqués (L. 10 avril 1834, art. 1er).

L'autorisation donnée par le gouvernement est d'ailleurs toujours révocable.

Nous ajouterons que les articles 291, 292, 293 et 294 du code pénal et la loi du 10 avril 1834 ne sont pas applicables aux associations connues sous le nom de *syndicats professionnels* (L. 21 mars 1884, art. 1er).

Nous rappellerons en outre : 1° que les *sociétés secrètes* sont interdites par un décret du 28 juillet 1848; 2° qu'une loi du 14 mars 1872 a interdit, en ces termes, toute *association internationale* qui, sous quelque dénomination que ce soit, et notamment sous celle d'*Association Internationale des travailleurs*, a pour but de provoquer à la suspension du travail, à l'abolition du droit de propriété, de la famille, de la patrie, de la religion ou du libre exercice des cultes, constitue par le seul fait de son existence et de ses ramifications sur le territoire français un attentat contre la paix publique (Loi art. 1er).

Il faut remarquer que toutes les dispositions qui précèdent ne s'appliquent pas aux *réunions publiques* qui sont réglementées par la loi du 30 juin 1881 que l'on trouvera au *Dictionnaire général de police.*

Crimes et délits contre les personnes.

Le chapitre 1er du livre III du Code pénal intitulé : *crimes et délits contre les personnes* est divisé en sept sections.

La première section renferme : 1° les dispositions applicables aux meurtres et autres crimes capitaux : assassinat, parricide, infanticide, empoisonnement (art. 295 à 304); — 2° les menaces et attentats contre les personnes (a. 305 à 308).

La deuxième section comprend : les blessures et coups volontaires non qualifiés meurtres et autres crimes ou délits non volontaires (a. 309 à 318).

La troisième section : les homicides, blessures et coups involontaires ; les crimes et délits excusables et les cas où ils ne peuvent être excusés; enfin, les homicides, blessures et coups qui ne sont ni crimes ni délits (a. 319 à 329).

La quatrième section; les attentats aux mœurs, savoir: l'outrage public à la pudeur, l'attentat à la pudeur, le viol, l'excitation à la débauche, l'adultère, la bigamie (a. 330 à 340).

La cinquième section: les arrestations illégales et les séquestrations de personnes (a. 341 à 344).

La sixième section: les crimes et délits contre l'enfant: l'abandon, l'exposition (article 345 à 353); l'enlèvement de mineurs (article 354 à 357) ; les infractions aux lois sur les inhumations (art. 358 à 360).

La septième section: le faux témoignage (art. 361 à 366); les calomnies, injures et révélations de secrets (art. 367 à 378).

C'est dans ce chapitre du code pénal que se trouvent les dispositions relatives à la partie du programme qui va du *meurtre* aux *injures*, que nous allons passer en revue.

HOMICIDE.

Meurtre. — Assassinat. — Parricide

L'homicide, dans son acception la plus étendue, comprend l'acte quelconque par lequel on cause la mort d'un homme ou plus généralement l'acte par lequel on ôte la vie à un être humain, quelque soit le sexe de la victime, quels que soient son âge, sa religion, sa nationalité.

L'homicide, d'après le Code pénal, comprend divers moyens de causer la mort, ce sont : *le meurtre, l'assassinat, le parricide, l'infanticide et l'empoisonnement.*

Le *meurtre* est l'homicide commis volontairement (a. 295).

L'*assassinat* est le meurtre commis avec préméditation ou guet-apens (a. 296).

La *préméditation* consiste dans le dessein formé avant l'action, d'attenter à la personne d'un individu déterminé, ou même de celui qui sera trouvé ou rencontré, quand même ce dessein serait dépendant de quelque circontance ou de quelque condition (art. 297).

Le *guet-apens* consiste à attendre plus ou moins de temps, dans un ou divers lieux, un individu, soit pour lui donner la mort, soit pour excercer sur lui des actes de violence (art. 298).

Le *parricide* est le meurtre des pères ou mères légitimes, naturels ou adoptifs, ou de tout autre ascendant légitime (art. 299).

L'*infanticide* est le meurtre d'un enfant nouveau-né (art. 300).

L'*empoisonnement* se dit de tout attentat à la vie d'une personne par l'effet de substances qui peuvent donner la mort plus ou moins promptement, de quelque manière que ces substances aient été employées ou administrées et quelles qu'en aient été les suites (art. 301).

Sont punis comme coupables d'assassinat tous malfaiteurs, quelle que soit leur dénomination qui, pour l'exécution de leurs crimes, *emploient des tortures* ou *commettent des actes de barbarie* (art. 303).

Menaces.

Les *menaces* consistent à inspirer à autrui la crainte d'un danger quelconque, soit pour lui-même, soit pour les siens.

Le code pénal prévoit divers genres de menaces : elles peuvent être *écrites* ou *verbales*, avec ou sans condition.

L'article 305 punit : Quiconque a menacé, *par écrit anonyme ou signé*, d'assassinat, d'empoisonnement ou de tout autre attentat contre les personnes, qui serait punissable de la peine de mort, des travaux forcés à perpétuité ou de la déportation.

La peine varie suivant que la menace a été faite : 1° avec ordre de déposer une somme d'argent dans un lieu indiqué ou de remplir toute autre condition; 2° sans être accompagnée d'aucun ordre ou condition (a. 305-306).

L'article 307 prévoit les menaces *verbales* faites *avec ordre ou sous condition*.

Les menaces verbales sans ordre, ni condition ne tombent pas sous le coup de la loi.

L'article 308 punit quiconque a *menacé verbalement* ou *par écrit* de voie de fait ou violences non prévues par l'article 305, si la *menace a été faite avec ou sous condition*.

Blessures et coups volontaires non qualifiés meurtres, et autres crimes et Délits volontaires.

Cette section du code pénal renferme sous les articles 309 à 318, non seulement les *blessures* et *coups volontaires*, mais d'autres crimes et délits volontaires parmi lesquels figure *l'avortement*.

I.— *Blessures, coups et violences volontaires.*

L'article 309 punit tout individu qui, volontairement, a fait *des blessures* ou *porté des coups* ou commis *toute autre violence* ou *voie de fait*, s'il est résulté de ces sortes de violences *une maladie ou une incapacité de travail personnel pendant plus de vingt jours*.

Les articles suivants (310 à 312) graduent les peines suivant les circonstances de préméditation ou les conséquences de l'acte commis.

Ainsi il y a crime : 1° si les blessures, coups ou violences ayant été commis avec *préméditation* ou *guet-apens*, ont occasionné *la mort*; 2° si les *blessures* et *violences* ont été commises sans *préméditation* mais ont *occasionné la mort;* 3° si celle-ci ayant été commises avec *préméditation* ou *guet-apens*, ont été suivies de mutilation, amputation ou privation de l'usage d'un membre, de cécité, de la perte d'un œil ou d'autres *infirmités permanentes;* 4° si elles ont été commises sans préméditation et qu'il en soit résulté comme ci-dessus une *infirmité permanente;* 5° si les violences ayant été commises avec *préméditation* ou *guet-apens*, il s'en est suivi une incapacité de travail de plus de vingt jours; 6° enfin, si les blessures ou violences ont été commises contre les père ou mère légitimes, naturels ou adoptifs, ou autres ascendants légitimes.

Il y a seulement *délit* : 1° si les blessures ou violences, ayant été faites *sans préméditation*, ont occasionné une incapacité de travail ou une maladie de plus de vingt jours; 2° si elles ont occasionné une maladie ou une incapacité de travail de moins de vingt jours, même s'il y a eu préméditation.

II.—*Avortement.*

L'avortement est le crime commis en procurant l'accouchement d'une femme avant terme, par l'emploi d'aliments, breuvages, médicaments, violences, ou par tout autre moyen, soit que la femme y ait consenti ou non (c. p. a. 317).

Le code punit: 1° la femme qui s'est procuré l'avortement à elle-même, ou qui a consenti à faire usage des moyens à elle indiqués ou administrés à cet effet, si l'avortement s'en est suivi.

2° Les médecins, chirurgiens et autres officiers de santé, ainsi que les pharmaciens qui ont indiqué ou administré ces moyens, dans le cas où l'avortement a eu lieu.

Le même article prononce des peines contre celui qui a occasionné à autrui *une maladie ou incapacité de travail personnel* en lui *administrant volontairement*, de quelque manière que ce soit, des substances qui, sans être de nature à donner la mort, sont nuisibles à la santé.

Il y a aggravation de peines: 1e si la maladie ou incapacité de travail personnel a duré *plus de vingt jours* : 2e si le coupable a commis, soit le délit, soit le crime spécifié envers un de ses ascendants.

III. —*Fabrication, débit et port d'armes prohibées.*

La même section du code pénal renferme dans son article 314 des dispositions qui punissaient la *fabrication*, le *débit* et *le port d'armes prohibées* par la loi ou par des réglements d'administration publique.

Ces armes sont: les poignards, les couteaux en forme de poignard, les baïonnettes, les pistolets de poche, les fusils et pistolets à vent, les stylets et tromblons, les cannes à épée et autres armes offensives cachées ou secrètes (Déclaration 23 mars 1728. Déc. 23 décembre 1805).

Mais la loi du 14 août 1885 sur la *fabrication et le commerce des armes* a rendu libre la fabrication et le commerce de toutes les armes autres que les armes de guerre; il n'y a donc plus d'interdiction que pour le *port* des armes prohibées désignées ci-dessus.

HOMICIDE, BLESSURES ET COUPS INVOLONTAIRES.

En dehors de l'*homicide volontaire* dont nous avons vu les caractères, il existe deux autres cas, *l'homicide accidentel* et *l'homicide involontaire.*

L'homicide accidentel est celui qui n'est accompagné d'aucune faute ni imprudence de la part d'un tiers, il ne constitue pas un délit.

L'*homicide involontaire* n'est punissable que s'il a été commis par maladresse, imprudence, inattention, négligence ou inobservation des règlements (a. 319).

La même distinction s'applique aux *blessures et coups involontaires* que l'article 320 punit dans le cas où ils ont été commis *par défaut d'adresse ou de précaution.*

Il existe des circonstances où l'homicide, les blessures et les coups ne constituent ni crime ni délits, tels sont: 1° ceux qui ont été ordonnés par la loi et commandés par l'autorité légitime (a. 327); — 2° ou qui ont été commis par suite de la *nécessité actuelle de légitime défense* de soi-même ou d'autrui (a. 328).

Les cas de nécessité actuelle de légitime défense sont : 1e si l'homicide a été commis, si les blessures ont été faites, ou si les coups ont été portés en repoussant pendant la nuit l'escalade ou l'effraction des clôtures, murs ou entrée d'une maison ou d'un appartement habité ou de leurs dépendances;

2e si le fait a eu lieu en se défendant contre les auteurs de vols ou de pillages exécutés avec violence (a. 329).

Attentats aux mœurs.

Sous ce titre, le code pénal comprend six faits différents, savoir:

1e L'outrage public à la pudeur (a. 330);
2e L'attentat à la pudeur (a. 331);
3e Le viol (a. 332-333);
4e L'excitation habituelle à la débauche (a. 334-335);
5e L'adultère (a. 336 à 339);
6e La bigamie (a. 340).

I.— *Outrage public à la pudeur.*

L'outrage public à la pudeur consiste dans tous gestes ou actions contraires à la décence, de nature à blesser la pudeur de ceux qui en sont témoins. Tels sont les actes obscènes exercés publiquement sur autrui, les attouchements commis sur des hommes ou des femmes, sur un chemin public, et l'absence ou la licence de vêtements sur certaines parties du corps de l'homme ou de la femme.

Le délit d'outrage à la pudeur existe même dans le cas où les actes qui le constituent, se passant dans l'intérieur d'une maison ou d'un appartement, ont pu être vus par des individus se trouvant sur la voie publique.

Il ne faut pas confondre l'*outrage public à la pudeur* avec l'*attentat à la pudeur*, ni avec l'*outrage aux bonnes mœurs*.

II.— *Attentat à la pudeur.*

L'attentat à la pudeur consiste dans un acte contraire aux bonnes mœurs, exercé directement sur une personne avec l'intention d'offenser sa pudeur.

Le code divise les attentats à la pudeur en deux classes : les attentats sans violence, et les atttentats commis avec violence.

L'article 330 punit de la réclusion tout attentat à la pudeur *con-*

sommé ou *tenté sans violence* sur la *personne d'un enfant de l'un ou de l'autre sexe, âgé de moins de treize ans.*

L'article 331 applique la même peine à l'attentat à la pudeur *commis par tout ascendant* sur la personne d'un mineur, *même âgé de plus de treize ans,* mais non *émancipé par mariage.*

L'article 332 punit l'attentat à la pudeur *consommé ou tenté avec violence* contre des individus de l'un ou de l'autre sexe, avec aggravation de peines si le crime a été commis sur un enfant au dessous de l'âge de quinze ans accomplis.

III. — *Viol.*

Le crime de viol consiste dans le fait d'abuser d'une femme sans la participation de sa volonté. Le viol n'est consommé que par le rapprochement intime de l'homme et de la femme. Si ce rapprochement n'a pas existé, les faits ne peuvent constituer qu'une *tentative* de viol ou qu'*un attentat à la pudeur.*

Les articles 332 et 333 punissent de la peine des travaux forcés: 1e le crime de viol commis sur la personne d'*un enfant au dessous de l'âge de quinze ans* accomplis; 2e le crime de viol et l'attentat à *la pudeur avec violence* commis, soit par les ascendants de la personne sur laquelle a eu lieu l'attentat;

Soit par ses instituteurs ou ses serviteurs à gages;

Soit par des fonctionnaires ou des ministres d'un culte;

Soit enfin, par un individu quelconque avec l'*aide* ou l'*assistance* dans son crime d'une ou de plusieurs personnes.

IV. — *Excitation de mineurs à la débauche.*

Le code pénal définit ce genre de délit de la manière suivante : Quiconque a attenté aux mœurs, en excitant, favorisant ou facilitant habituellement la débauche ou la corruption de la jeunesse de l'un ou de l'autre sexe au-dessous de l'âge de 21 ans. » (a. 334).

Le même article élève la peine si la prostitution ou la corruption a été excitée, favorisée ou facilitée par les pères, les mères, les tuteurs ou autres personnes chargées de la surveillance des jeunes gens.

Pour caractériser le délit, il faut établir que l'inculpé a *excité, favorisé* ou *facilité* la débauche ou la corruption de mineurs de l'un ou de l'autre sexe. D'ailleurs, la loi ne punit que l'attentat aux mœurs, et parconséquent n'incrimine que les faits matériels de proxénétisme ou de promiscuité de débauche qui ont pour résultat, non seulement d'enseigner la corruption, mais de souiller la personne elle-même par le spectacle de scènes de dépravation (Jurisprudence).

V.—*Adultère.*

L'adultère, d'après Morin, peut être défini: *violation, corporellement consommée, de la foi conjugale.*

Le code n'en a pas donné de définition légale, mais pour constituer le délit il faut trois circonstances: 1° la consommation d'un commerce charnel entre deux personnes de sexe différent; 2° l'existence d'un lien conjugal entre l'une d'elles et une tierce personne; 3° l'intention criminelle dans le fait de la personne mariée.

Il faut de plus, pour l'adultère du mari, que la concubine soit entretenue par lui au domicile conjugal (a. 336-339).

Le mari reste le maître d'arrêter l'effet de la condamnation prononcée contre sa femme, en consentant à la reprendre (art. 337).

VI. — *Bigamie.*

C'est le crime de l'individu, homme ou femme, qui engagé dans les liens du mariage, en contracte un nouveau sachant que le premier n'est pas dissous.

L'officier public qui a prêté son ministère à ce mariage, connaissant l'existence du précédent, encourt comme l'auteur du crime, la peine des travaux forcés à temps (a. 340).

Arrestations illégales et séquestrations de personnes.

L'arrestation d'un citoyen lorsqu'elle a lieu par un simple particulier, sans aucun droit ou pouvoir est toujours *illégale.*

Ce fait est considéré par le code pénal, dans ses articles 341 à 344, tantôt comme un crime, tantôt comme un délit.

L'article 341 punit de la peine des travaux forcés à temps, 1° ceux qui, sans ordre des autorités constituées et hors les cas où la loi ordonne de saisir des prévenus, ont arrêté, détenu ou séquestré des personnes quelconques; — 2° quiconque a prêté un lieu pour exécuter la détention ou séquestration.

La peine est celle des travaux forcés à perpétuité si la détention ou séquestration a duré plus d'un mois, ou si l'arrestation a été exécutée avec un faux costume, sous un faux nom, ou sur un faux ordre de l'autorité publique, ou enfin, si l'individu arrêté, détenu ou séquestré a été menacé de mort (a. 342-344).

Si les personnes arrêtées, détenues ou séquestrées ont été soumises à des peines corporelles, les coupables encourent la peine de mort (a. 344).

Les faits énoncés en l'article 341 deviennent des délits correctionnels lorsque, avant toute poursuite, les coupables ont rendu la liberté à la personne arrêtée, séquestrée ou détenue, avant le dixième jour accompli depuis celui de l'arrestation, détention ou séquestration (a. 343).

Il faut remarquer que les agents de la force publique n'ayant pas le droit d'arrestation sont compris dans la disposition de l'article 341.

Les arrestations illégales faites par les *fonctionnaires* constituent des *attentats à la liberté individuelle*, et sont prévues par les articles 114 et suivants du code pénal.

Faux témoignage.

C'est la déposition mensongère, faite pour ou contre une partie, dans une instance devant la justice.

Pour constituer le *faux témoignage*, il faut : une déclaration en justice ayant les caractères d'un témoignage; une altération de la vérité constituant un mensonge, enfin un préjudice possible.

Le faux témoignage est considéré par le code pénal, art. 361 à 364, tantôt comme un crime, tantôt comme un délit.

C'est un crime : 1e lorsqu'il se produit en *matière criminelle*, que le coupable ait ou non reçu de l'argent ou des promesses; 2e lorsqu'il se produit en *matière correctionnelle* ou *civile*, si le coupable a reçu de l'argent ou des promesses (art. 361-364).

C'est un délit: 1e lorsqu'il se produit en matière correctionnelle; 2e en matière de police, lors même que le coupable aurait reçu de l'argent, une récompense quelconque ou des promesses (art. 362-364).

La même section du code pénal, dans les articles 365, 366 punit la *subornation de témoins* et *le faux serment en matière civile*.

La subornation de témoins est un acte de provocation par dons ou promesses à commettre un faux témoignage; elle constitue un acte de complicité; le principal auteur est le témoin, le suborneur en est le complice.

Calomnie — Injures.

Le paragraphe du code pénal qui comprend ces deux titres a été abrogé par les lois sur la presse, à l'exception de l'article 373 qui est relatif à la *dénonciation calomnieuse.*

Cet article punit de peines correctionnelles, quiconque a fait par écrit une dénonciation calomnieuse contre un ou plusieurs individus, aux officiers de justice ou de police administrative ou judiciaire.

Pour être *calomnieuse* il faut que la dénonciation réunisse deux éléments: la fausseté des faits dénoncés, la mauvaise foi du dénonciateur.

Les *injures* sont prévues aujourd'hui par les dispositions de la loi du 29 juillet 1881, au paragraphe intitulé : Délits contre les personnes.

L'article 29 de cette loi définit ainsi qu'il suit la *diffamation* et l'*injure*: « la *diffamation* s'entend de toute allégation ou imputation d'un fait qui porte atteinte à l'honneur ou à la considération de la personne ou du corps auquel le fait est imputé.

L'*injure* consiste dans « toute expression outrageante, terme de mépris ou invective, qui ne renferme l'imputation d'aucun fait. »

La loi distingue deux sortes d'injure : l'*injure publique* et l'*injure simple* ou non publique.

L'injure publique est celle qui est commise soit par des discours, cris ou menaces proférés dans des lieux ou réunions publics, soit par des écrits, des imprimés vendus ou distribués, mis en vente ou exposés dans des lieux ou réunions publics, soit par des placards ou affiches exposés aux regards du public, soit, enfin, par des dessins, gravures, peintures, emblèmes ou images (Loi, art., 23, 28 et 33).

L'injure qui ne revêt aucun de ces caractères est une injure simple.

L'injure publique est punie de peines correctionnelles dont la gravité varie suivant qu'elle a été commise: 1° envers les corps constitués, ou les fonctionnaires désignés ;

2° envers les particuliers, lorsqu'elle n'a pas été précédée de provocation (L. a. 33).

L'injure non publique n'est punie que des peines prévues par l'article 471 du code pénal (Idem).

Crimes et délits contre les propriétés

Sous ce titre, le chapitre II du livre III du code pénal renferme des dispositions contre les *vols*, l'*escroquerie* et *l'abus de confiance.*

I. — *Vols.*

Aux termes de l'article 379, quiconque a soustrait frauduleusement une chose qui ne lui appartient pas est coupable de vol.

Trois conditions sont donc nécessaires pour constituer le vol : il faut qu'il y ait eu soustraction d'une chose quelconque, que cette soustraction ait été faite avec une intention frauduleuse, enfin que la chose soustraite appartienne à autrui.

Le code distingue les vols en deux catégories : les *vols simples*, c'est-à-dire qui réunissent les seuls caractères dont il est parlé ci-dessus, et les vols entourés de certaines circonstances aggravantes, et appelés *vols qualifiés.*

Dans les vols simples sont rangés : les *larcins* et les *filouteries* qui sont des espèces de soustractions supposant plus particulièrement une exécution secrète par la ruse.

Les larcins et filouteries sont prévus par l'article 401 du code pénal.

A cet article a été ajouté par la loi du 26 juillet 1872, un 4e paragraphe contre les *filouteries* commises au préjudice des restaurateurs, aubergistes, cabaretiers, etc.

Ce paragraphe punit: quiconque, sachant qu'il est dans l'impossibilité absolue de payer, s'est fait servir des boissons ou des aliments qu'il a consommés en tout ou en partie, dans des établissements à ce destinés. »

Quant aux *vols qualifiés,* ce sont ceux qui ont été commis avec des circonstances particulières se rapportant aux moyens employés à les accomplir (escalade, effraction, fausses clefs); au lieu où ils ont été commis (maison habitée ou servant à l'habitation); au temps pendant lequel ils ont été exécutés (nuit), enfin au nombre et à la qualité des coupables (en réunion, vol domestique); etc.

Au reste nous renvoyons à l'énumération et aux explications qui se trouvent dans le *Formulaire* aux pages 594, 595 et suivantes.

II. — *Escroquerie.*

On confond souvent avec l'escroquerie, telle que la définit le Code pénal des actes d'improbité ou de friponnerie que la morale repousse, mais qui ne tombent pas directement sous l'application de la loi pénale ; ainsi, on qualifie communément d'escroquerie le fait de quitter un hôtel sans payer la dépense qu'on y a faite; d'abandonner une ville en emportant des marchandises achetées sans les payer. Ces faits, lorsqu'ils n'ont pas été accompagnés de quelqu'une des circonstances caractérisées par l'article 405, ne peuvent donner lieu qu'à une action civile.

D'après le code, se rend coupable d'*escroquerie* celui qui se fait remettre ou délivrer des fonds, des meubles, des obligations, dispositions, billets, et *s'approprie* ou *tente de s'approprier* ainsi tout ou partie de la fortune d'autrui :

1° Soit en faisant usage de *faux noms* ou de *fausses qualités;* par exemple, en prenant le nom d'une personne dont le crédit est notoire ou en prenant la qualité de mandataire, domestique, commis, etc., de cette personne.

Dans cette première espèce d'escroquerie, il ne faut que deux circonstances pour constituer le délit: la *remise de fonds* et l'*usage d'un faux nom* ou d'*une fausse qualité;*

2° Soit en employant des *manœuvres frauduleuses* pour persuader l'existence d'une fausse entreprise, d'un pouvoir ou d'un crédit imaginaire, ou pour faire naître l'espérance ou la crainte d'un succès, d'un accident ou de tout autre évènement chimérique.

Dans cette seconde espèce d'escroquerie, il faut trois circonstances pour constituer le délit : 1° la *remise des fonds,* comme dans la première; 2° l'emploi de *manœuvres frauduleuses;* 3° le dessein de persuader l'*existence d'un crédit imaginaire,* etc., ou de faire naître l'espérance d'un évènement chimérique.

Si l'une de ces trois circonstances manque, il n'y a plus de délit, quelque immorale que puisse être l'intention de son auteur.

On entend, d'ailleurs, par *manœuvres frauduleuses,* les démonstrations, les suppositions, les récits mensongers appuyés de faits matériels, avec lesquels on exploite la crédulité, on capte la confiance d'autrui.

Quant aux fausses entreprises, au crédit imaginaire, aux évènements chimériques, les exemples qui suivent feront suffisamment comprendre ce qu'on doit comprendre par ces expressions:

Un individu se présente chez un particulier comme le fondateur d'un établissement industriel avantageux; il lui en vante les bénéfices, il lui en exhibe les plans, quoique cette entreprise n'existe pas, et il se fait remettre une somme ou une obligation par son crédule auditeur, devenu son actionnaire. Voilà tout à la fois la remise des fonds, les manœuvres frauduleuses et la persuasion de l'existence d'une fausse entreprise : l'escroquerie est complète.

Celui qui, par le récit de ses prétendues relations avec l'autorité supérieure, persuade à un père de famille qu'il fera obtenir à son fils , moyennant une certaine somme, un numéro qui l'exemptera du service militaire ou un certificat constatant des infirmités supposées et de nature à l'en dispenser également.

Le filou qui, en contrefaisant un étranger, demande à échanger, à perte, de l'or pour de l'argent, et qui, en réalité, au lieu d'or ne donne que du cuivre commet l'espèce d'escroquerie connue sous le nom de *vol au charriage* ou à l'*Américaine*.

III.—*Abus de confiance.*

On appelle *abus de confiance* le fait de s'approprier frauduleusement une valeur ou un objet qui a été confié dans un but déterminé.

Sous ce titre, le code pénal prévoit trois délits différents : l'*abus des faiblesses et passions d'un mineur*, (a. 406) ; l'*abus de blanc-seing* (a. 407); — et l'*abus de* confiance proprement dit (a. 408).

I. Le premier de ces délits est commis par « Quiconque a abusé des besoins, des faiblesses ou des passions d'un mineur pour lui faire souscrire, à son préjudice, des obligations, quittances ou décharges, pour prêt d'argent ou de choses mobilières, ou d'effets de commerce, ou de tous autres effets obligatoires, sous quelque forme que cette négociation ait été faite ou déguisée (art. 406).

II. Il y a *abus de blanc-seing*, par « Quiconque abusant d'un blanc-seing qui lui a été confié a frauduleusement écrit au-dessus une obligation ou décharge, ou tout autre acte pouvant compromettre la personne ou la fortune du signataire (a. 407).

III. L'abus de confiance est ainsi caractérisé: « Quiconque a détourné ou dissipé, au préjudice des propriétaires possesseurs ou détenteurs, des effets, deniers, marchandises, billets, quittances ou tous autres écrits contenant ou opérant obligation ou décharge qui n'avaient été remis qu'à titre de louage, de dépôt, de mandat, de nantissement, de prêt à usage, ou pour un travail salarié ou non salarié, à la charge de les rendre ou représenter, ou d'en faire un usage ou un emploi déterminé (a. 408).

INFRACTIONS COMMISES PAR LES EXPÉDITEURS ET PAR LES VOYAGEURS.

Ce titre n'a aucun rapport avec le code pénal, il ne peut trouver sa place que dans la législation des chemins de fer, au chapitre suivant.

Destructions. Dégradations. Dommages.

C'est la section III qui fait partie du chapitre II du Titre II du code pénal intitulé : *Crimes et délits contre les propriétés.* Cette section qui s'étend de l'article 434 à l'article 462 peut se diviser en douze paragraphes ainsi qu'il suit:

I. —*Incendie et menaces d'incendie (art. 434 436 458)*

L'article 434 punit : 1° Quiconque a mis le feu à des édifices, navires, bateaux, magasins, chantiers, quand ils sont habités ou servent à l'habitation, et généralement aux lieux habités ou servant à l'habitation, qu'ils appartiennent ou n'appartiennent pas à l'auteur du crime;

2e Quiconque a volontairement mis le feu, soit à des voitures ou wagons contenant des personnes, soit à des voitures ou wagons ne contenant pas de personnes, mais faisant partie d'un convoi qui en contient;

3e Quiconque a volontairement mis le feu à des édifices, navires, bateaux, magasins, chantiers, lorsqu'ils ne sont ni habités ni servant à l'habitation, ou à des forêts, bois taillis ou récoltes sur pied, lorsque ces objets ne lui appartiennent pas;

4° Quiconque a volontairement mis le feu, soit à des pailles ou récoltes en tas ou en meules, soit à des bois disposés en tas ou en stères, soit à des voitures ou wagons chargés ou non chargés de marchandises, ou autres objets mobiliers et ne faisant point partie d'un convoi contenant des personnes, si ces objets ne lui appartiennent pas.

Dans tous les cas, si l'incendie a occasionné la mort d'une ou de plusieurs personnes se trouvant dans les lieux incendiés au moment où il a éclaté, le coupable encourt la peine de mort.

L'article 436 est applicable à la menace d'incendier une habitation ou toute autre propriété.

L'article 458 punit *les incendies* par imprudence savoir : l'incendie des propriétés mobilières ou immobilières d'autrui, qui a été causé par la vétusté ou le défaut soit de réparation, soit de nettoyage des fours, cheminées, forges, maisons ou usines prochaines, ou par des feux allumés dans les champs à moins de cent mètres des maisons, édifices, forêts, bruyères, bois, vergers, plantations, haies, meules, tas de grains, pailles, foins, fourrages, ou tout autre dépôt de matières combustibles, ou par des feux ou lumières portés ou laissés sans précaution suffisante, ou par des pièces d'artifice allumées ou tirées par négligence ou imprudence.

II. —*Destruction par l'explosion d'une mine (art. 435).*

L'article 435 atteint ceux qui ont détruit par l'explosion d'une mine des édifices, navires, bateaux, magasins ou chantiers.

III. — *Destruction des édifices, ponts, digues et chaussées (art. 437).*

L'article 437 punit : Quiconque a volontairement détruit ou renversé par quelque moyen que ce soit, en tout ou en partie, des édifices, des ponts, digues ou chaussées ou autres constructions qu'il savait appartenir à autrui, ou causé l'explosion d'une machine à vapeur.

S'il y a eu homicide ou blessures, le coupable est puni de mort.

IV.—*Opposition aux travaux autorisés par le gouvernement (art. 438).*

L'article 438 atteint: Quiconque, par des voies de fait, s'est opposé à la confection des travaux autorisés par le gouvernement.

V.— *Destruction de registres, titres, etc. (art. 439).*

L'article 439 s'applique à quiconque a volontairement brûlé ou détruit, d'une manière quelconque, des registres, minutes ou actes originaux de l'autorité publique, des titres, billets, lettres de change, effets de commerce ou de banque, contenant ou opérant obligation, disposition ou décharge.

VI. *Pillage et dégats de denrées ou marchandises (art. 440, 441, 442).*

Ces articles punissent: tout pillage, dégât de denrées ou marchandises, effets, propriétés mobilières, commis en réunion ou bande et à force ouverte.

Si les denrées pillées ou détruites sont des grains, grenailles ou farines, substances farineuses, pain, vin ou autre boisson, les chefs, instigateurs ou provocateurs encourent une peine plus forte.

VII.— *Détérioration des marchandises (art. 443).*

L'article 443 est applicable à quiconque à l'aide d'une liqueur corrosive ou par tout autre moyen a volontairement détérioré des marchandises, matières ou instruments quelconques servant à la la fabrication.

Il y a aggravation de peine si le délit a été commis par un ouvrier de la fabrique ou par un commis de la maison de commerce.

VIII. — *Destruction de récoltes, plants, arbres, greffes, grains ou fourrages (art. 444 à 450).*

Ces articles prévoient :

1e la dévastation des récoltes sur pied ou des plants venus naturellement ou faits de main d'homme (a. 444);

2e l'abattage d'un ou plusieurs arbres que l'on savait appartenir à autrui (a. 445);

3e le fait d'avoir mutilé, coupé ou écorcé les arbres de manière à les faire périr (a. 446);

4e la destruction d'une ou plusieurs greffes (a. 447);

5o le fait d'avoir coupé des grains ou des fourrages appartenant à autrui (a. 449);

6e le fait d'avoir coupé du grain en vert (a. 450).

IX. — *Destruction d'instruments d'agriculture (art. 451).*

L'article 451 atteint toute rupture, toute destruction d'instruments d'agriculture, de parcs de bestiaux, de cabanes de gardiens.

X. — *Destruction des animaux (art. 452 à 455).*

Ces articles punissent:

1o Quiconque a empoisonné des chevaux ou autres bêtes de voiture, de monture ou de charge, des bestiaux à cornes, des moutons, chèvres ou porcs, ou des poissons dans des étangs, viviers ou réservoirs (a. 452);

2e Ceux qui, sans nécessité, ont tué l'un des animaux mentionnés au précédent article soit que le délit ait été commis dans les bâtiments, enclos et dépendances, ou sur les terres dont le maître de l'animal tué était propriétaire, locataire, colon ou fermier soit qu'il ait été commis dans les lieux dont le coupable était propriétaire, locataire, colon ou fermier; soit enfin dans tout autre lieu (a. 453);

3e Quiconque a, sans nécessité, tué un animal domestique dans un lieu dont celui à qui cet animal appartient est propriétaire, locataire, colon ou fermier (a. 454).

XI. — *Comblement de fossés, destruction des clôtures, bornes, etc. (art. 456).*

L'artilc 456 punit: quiconque a, en tout ou en partie, comblé des fossés, détruit des clôtures, de quelques matériaux qu'elles soient faites, coupé ou arraché des haies, vives ou sèches;

2e Quiconque a déplacé ou supprimé des bornes ou pieds corniers, ou autres arbres plantés ou reconnus pour établir les limites entre différents héritages.

XII. — *Inondations des chemins ou propriétés d'autrui (art. 457).*

L'article 457 est applicable aux propriétaires ou fermiers, ou à toute personne jouissant de moulins, usines ou étangs, qui, par l'élévation du déversoir de leurs eaux au-dessus de la hauteur déterminée par l'autorité compétente, ont inondé les chemins ou les propriétés d'autrui.

Les articles 459, 460 et 461 qui terminent la section du code pénal relative aux *Destructions* ont été abrogés par la loi du 21 juillet 1881, sur la police sanitaire des animaux.

DES PEINES DE POLICE.

Les peines de police sont : L'emprisonnement. — L'amende. — Et la confiscation de certains objets saisis (c. p. a. 464).

L'emprisonnement, pour contravention de police, ne peut être moindre d'un jour, ni excéder cinq jours, selon les classes, distinctions et cas spécifiés. Les jours d'emprisonnement sont des jours complets de 24 heures. (c. p. a. 465).

Les amendes pour contravention peuvent être prononcées depuis un franc jusqu'à quinze francs inclusivement, selon les distinctions et classes spécifiées, et appliquées au profit de la commune où la contravention aura été commise (c. p. a. 466).

La contrainte par corps a lieu pour le paiement de l'amende. Néanmoins le condamné ne peut être, pour cet objet, détenu plus de quinze jours, s'il justifie de son insolvabilité (c. p. a. 467).

Les tribunaux de police peuvent aussi, dans les cas déterminés par la loi, prononcer la confiscation, soit des choses saisies en contravention, soit des choses produites par la contravention, soit des matières où des instruments qui ont servi ou étaient destinés à la commettre (c. p. a. 470).

CHAPITRE IV.

Législation des chemins de fer.

Sommaire du n° 5 du programme.

Loi du 15 juillet 1845 sur la police des chemins de fer. — Ordonnance du 15 novembre 1846, sur la police, la sûreté et l'exploitation des chemins de fer. — Organisation du contrôle de l'Etat. — Attributions des différents fonctionnaires du contrôle.

Loi des 15-21 juillet 1845

Titre Ier. — *Mesures relatives à la conservation des chemins de fer.* — Clôtures, art. 4. — Distance des constructions, art. 5. — Excavations, art. 6. — Couvertures en chaume, dépôts de matières inflammables, art. 8, 9. — Suppression de constructions, plantations, etc., indemnité, art. 10. — Contraventions de grande voirie, pénalités, art. 11.

Art. 1er — Les chemins de fer construits ou concédés par l'Etat font partie de la grande voirie.

Art. 2. — Sont applicables aux chemins de fer les lois et règlesur la grande voirie, qui ont pour objet d'assurer la conservation des fossés, talus, levées et ouvrages d'art dépendant des routes, le pacage des bestiaux et les dépôts de terre et autres objets quelconques.

Art. 3. — Sont applicables aux propriétés riveraines des chemins de fer les servitudes imposées par les lois et règlements sur la grande voirie, et qui concernent : — L'alignement ; l'écoulement des eaux ; l'occupation temporaire des terrains en cas de réparation ; la distance à observer pour les plantations et l'élagage des arbres plantés ; le mode d'exploitation des mines, minières, tourbières, carrières et sablières, dans la zone déterminée à cet effet. — Sont également applicables à la confection et à l'entretien des chemins de fer, les lois et règlements sur l'extraction des matériaux nécessaires aux travaux publics.

Art. 4. — Tout chemin de fer sera clos des deux côtés et sur toute l'étendue de la voie. — L'administration déterminera, pour chaque ligne, le mode de cette clôture, et, pour ceux des chemins qui n'y ont pas été assujettis, l'époque à laquelle elle devra être effectuée. — Partout où les chemins de fer croiseront de niveau les routes de terre, des barrières seront établies et tenues fermées, conformément aux règlements.

Art. 5. — A l'avenir, aucune construction autre qu'un mur de clôture ne pourra être établi dans une distance de deux mètres d'un chemin de fer. — Cette distance sera mesurée soit de l'arête supérieure du déblai, soit de l'arête inférieure du talus du remblai, soit du bord extérieur des fossés du chemin, et, à défaut d'une ligne tracée, à un mètre cinquante centimètres à partir des rails extérieurs de la voie de fer. — Les constructions existantes au moment de la promulgation de la présente loi, ou lors de l'établissement d'un nouveau chemin de fer, pourront être entretenues dans l'état où elles se trouveront à cet époque. — Un règlement d'administration publique déterminera les formalités à remplir par les propriéfaires pour faire constater l'état desdites constructions, et fixera le délai dans lequel ces formalités devront être remplies.

Art. — Dans les localités où le chemin de fer se trouvera en remblai de plus de trois mètres au-dessus du terrain naturel, il est interdit aux riverains de pratiquer, sans autorisation préalable, des excavations dans une zone de largeur égale à la hauteur verticale du remblai, mesurée à partir du pied du talus. — Cette autorisane pourra être accordée sans que les concessionnaires ou fermiers de l'exploitation du chemin de fer aient été entendus ou dûment appelés.

Art. 7. — Il est défendu d'établir, à une distance de moins de vingt mètres d'un chemin de fer desservi par des machines à feu, des couvertures en chaume, des meules de paille, de foin, et aucun autre dépôt de matières inflammables. — Cette prohibition ne s'étend pas aux dépôts de récoltes faits seulement pour le temps de la moisson.

Art. 8. — Dans une distance de moins de cinq mètres d'un chemin de fer, aucun dépôt de pierres ou objets non inflammables ne peut être établi sans l'autorisation préalable du préfet. — Cette autorisation sera toujours révocable. — L'autorisation n'est pas nécessaire: 1° Pour former, dans les localités où le chemin de fer est en remblai, des dépôts de matières non inflammables, dont la hauteur n'excède pas celle du remblai du chemin; — 2° Pour former des dépôts temporaires d'engrais et autres objets nécessaires à la culture des terres.

Art. 9. — Lorsque la sûreté publique, la conservation du chemin et la disposition des lieux le permettront, les distances déterminées par les articles précédents pourront être diminuées en vertu d'ordonnances royales rendues après enquêtes.

Art. 10. — Si, hors des cas d'urgence prévus par la loi des 16-24 août 1790, la sûreté publique ou la conservation du chemin de fer l'exige, l'administration pourra faire supprimer, moyennant une juste indemnité, les constructions, plantations, excavations, couvertures en chaume, amas de matériaux combustibles ou autres, existant dans les zones ci-dessus spécifiées, au moment de la promulgation de la présente loi, et, pour l'avenir, lors de l'établissement du chemin de fer. — L'indemnité sera réglée, pour la suppression des constructions, conformément aux titres IV et suivants de la loi du 3 mai 1841, et, pour tous les autres cas, conformément à la loi du 16 septembre 1807.

Art. 11. — Les contraventions aux dispositions du présent titre seront constatées, poursuivies et réprimées comme en matière de grande voirie. — Elles seront punies d'une amende de seize à trois cents francs, sans préjudice, s'il y a lieu, des peines portées au Code pénal et au titre III de la présente loi. Les contrevenants seront, en outre, condamnés à supprimer, dans le délai déterminé par l'arrêté du conseil de préfecture, les excavations, couvertures, meules ou dépôts faits contrairement aux dispositions précédentes. — A défaut, par eux, de satisfaire à cette condamnation dans le délai fixé, la suppression aura lieu d'office, et le montant de la dépense sera recouvré contre eux par voie de contrainte, comme en matière de contributions publiques.

Titre II. — *Contraventions commises par les concessionnaires ou fermiers de chemins de fer.* — Agents chargés de les constater, art. 12. — Notification des procès-verbaux et transmission au conseil de préfecture, 12. — Pénalités, art. 14. — Mesures à prendre pour faire cesser le dommage. Recouvrements des frais, art. 15.

Art. 12. — Lorsque le concessionnaire ou le fermier de l'exploitation d'un chemin de fer contreviendra aux clauses du cahier des charges, ou aux décisions rendues en exécution de ces clauses, en ce qui concerne le service de la navigation, la viabilité des routes royales, départementales et vicinales, ou le libre écoulement des eaux, procès-verbal sera dressé de la contravention, soit par les ingénieurs des ponts et chaussées ou des mines, soit par les conducteurs, gardes-mines et piqueurs dûment assermentés.

Art. 13. — Les procès-verbaux, dans les quinze jours de leur date, seront notifiés administrativement au domicile élu par le concessionnaire ou le fermier, à la diligence du préfet, et transmis dans le même délai au conseil de préfecture du lieu de la contravention.

Art. 14. — Les contraventions prévues par l'art. 12 seront punies d'une amende de trois cents francs à mille francs.

Art. 15. — L'administration pourra, d'ailleurs, prendre immédiatement toutes mesures provisoires pour faire cesser le dommage, ainsi qu'il est procédé en matière de grande voirie. — Les frais qu'entraînera l'exécution de ces mesures seront recouvrés, contre le concessionnaire ou fermier, par voie de contrainte, comme en matière de contributions publiques.

Titre III. — *Des mesures relatives à la circulation sur les chemins de fer.* — Destruction de la voie, obstacles ou entraves à la circulation des trains, pénalités, art. 16. — Mêmes faits commis en réunion, avec rébellion, art. 17. — Menaces de destruction, art. 18. — Accident ayant occasionné des blessures dûes à la maladresse, imprudence, négligence ou inobservation des règlements, art. 19. — Abandon de son poste par un mécanicien ou conducteur, art. 20. — Poursuites des contraventions aux ordonnances royales et aux arrêtés préfectoraux, art. 21. — Responsabilité des compagnies et de l'Etat. — Constatation des crimes, délits, etc., agents compétents. art. 22. — 23. — Agents des compagnies assermentés, art. 23. — Visa pour timbre et enregistrement des procès-verbaux. Affirmation, art. 24. — Attaque, résistance, voies de fait envers les agents des chemins de fer, art. 25. — Application de l'article 463 du Code pénal art 26. — Cumul des peines. Récidive, art. 27.

Art. 16. — Quiconque aura volontairement détruit ou dérangé la voie de fer, placé sur la voie un objet, faisant obstacle à la circulation, ou employé un moyen quelconque pour entraver la marche des convois ou les faire sortir des rails, sera puni de la réclusion. S'il y a eu homicide ou blessure, le coupable sera, dans le premier cas, puni de mort; et, dans le second, de la peine des travaux forcés à temps.

Art. 17. — Si le crime prévu par l'art. 16 a été commis en réunion séditieuse, avec rébellion ou pillage, il sera imputable aux chefs, auteurs, instigateurs et provocateurs de ces réunions, qui seront punis comme coupables du crime et condamnés aux mêmes peines que ceux qui l'auront personnellement commis, lors même que la réunion séditieuse n'aurait pas eu pour but direct et principal la destruction de la voie de fer. — Toutefois, dans ce dernier cas, lorsque la peine de mort sera applicable aux auteurs du crime, elle sera remplacée, à l'égard des chefs, auteurs, instigateurs et provocateurs de ces réunions, par la peine des travaux forcés à perpétuité.

Art. 18. — Quiconque aura menacé, par écrit anonyme ou signé, de commettre un des crimes prévus en l'art. 16, sera puni d'un emprisonnement de trois à cinq ans, dans le cas où la menace aurait été faite avec ordre de déposer une somme d'argent dans un lieu indiqué, ou de remplir toute autre condttion.— Si la menace n'a été accompagnée d'aucun ordre ou condition, la peine sera d'un emprisonnement de trois mois à deux ans, et d'une amende de cent à cinq cents francs. Si la menace avec ordre ou condition a été verbale, le coupable sera puni d'un emprisonnement de quinze jours à six mois, et d'une amende de vingt-cinq à trois cents francs.

Dans tous les cas, le coupable pourra être mis par le jugement sous la surveillance de la haute police, pour un temps qui ne pourra être moindre de deux ans ni excéder cinq ans.

Art. 19. — Quiconque, par maladresse, imprudence, inattention, négligence ou inobservation des lois ou règlements, aura involontairement causé sur un chemin de fer, ou dans les gares ou stations, un accident qui aura occasionné des blessures sera puni de huit jours à six mois d'emprisonnement, et d'une amende de cinquante francs à mille francs. — Si l'accident a occasionné la mort d'une ou plusieurs personnes, l'emprisonnement sera de six mois à cinq ans, et l'amende de trois cents à trois mille francs.

Art. 20. — Sera puni d'un emprisonnement de six mois à deux ans tout mécanicien ou conducteur garde-frein qui aura abandonné son poste pendant la marche du convoi.

Art. 21. — Toute contravention aux ordonnances royales portant règlement d'administration publique sur la police, la sûreté et l'exploitation des chemins de fer, et aux arrêtés pris par les préfets, sous l'approbation du ministre des travaux publics, pour l'exécution des dites ordonnances, sera punie d'une amende de seize à trois mille francs. En cas de récidive dans l'année, l'amende sera portée au double, et le tribunal pourra, selon les circonstances, prononcer, en outre, un emprisonnement de trois jours à un mois.

Art. 22. — Les concessionnaires ou fermiers d'un chemin de fer seront responsables, soit envers l'Etat, soit envers les particuliers, du dommage causé par les administrateurs, directeurs ou employés, à un titre quelconque au service de l'exploitation du chemin de fer. — L'Etat sera soumis à la même responsabilité envers les particuliers, si le chemin de fer est exploité à ses frais et pour son compte.

Art. 23 — Les crimes, délits ou contraventions, prévus dans les titres Ier et III de la présente loi, pourront être constatés par des procès-verbaux dressés concurremment par les officiers de police judiciaire, les ingénieurs des ponts et chaussées et des mines, les conducteurs, gardes-mines, agents de surveillance et gardes nommés ou agréés par l'administration et dûment assermentés. — Les procès-verbaux des délits et contraventions feront foi, jusqu'à preuve contraire. — Au moyen du serment prêté devant le tribunal de première instance de leur domicile, les agents de surveillance de l'administration et des concessionnaires ou fermiers pourront verbaliser sur toute la ligne du chemin de fer auquel ils seront attachés.

Art. 24. — Les procès-verbaux dressés en vertu de l'article précédent seront visés pour timbre et enregistrés en débet. — Ceux qui auront été dressés par des agents de surveillance et gardes assermentés devront être affirmés dans les trois jours, à peine de nullité, devant le juge de paix ou le maire, soit du lieu du délit ou de la contravention, soit de la résidence de l'agent.

Art. 25. — Toute attaque, toute résistance avec violence et voies de fait envers les agents des chemins de fer, dans l'exercice de leurs fonctions, sera puni des peines appliquées à la rébellion suivant les distinctions faites par le Code pénal.

Art. 26. — L'art. 463 du Code pénal est applicable aux condamnations qui seront prononcées en exécution de la présente loi.

Art. 27. — En cas de conviction de plusieurs crimes ou délits prévus par la présente loi ou par le Code pénal, la peine la plus forte sera seule prononcée. — Les peines encourues pour des faits postérieurs à la poursuite pourront être cumulées, sans préjudice des peines de la récidive.

Ordonnance royale portant règlement d'administration publique *sur la police, la sûreté et l'exploitation des chemins de fer* (15-21 novembre 1846).

Sommaire. — *Titre Ier. — Des stations et de la voie des chemins de fer*: Police des cours; Entretien de la voie; Passages à niveau; Eclairage des stations (a. 1er à 6).

Art. 1er — L'entrée, le stationnement et la circulation des voitures publiques ou particulières destinées, soit au transport des personnes, soit au transport des marchandises, dans les cours dépendant des stations des chemins de fer, seront réglés par des arrêtés du préfet du département. Ces arrêtés ne seront exécutoires qu'en vertu de l'approbation du ministre des travaux publics.

Section II. — De la voie.

Art. 2. — Le chemin de fer et les ouvrages qui en dépendent seront constamment entretenus en bon état. La compagnie devra faire connaître au ministre des travaux publics les mesures qu'elle aura prises pour cet entretien. Dans le cas où ces mesures seraient insuffisantes, le ministre des travaux publics, après avoir entendu la compagnie, prescrira celles qu'il jugera nécessaires.

Art. 3. — Il sera placé, partout où besoin sera, des gardiens, en nombre suffisant, pour assurer la surveillance et la manœuvre des aiguilles des croisements et changements de voie ; en cas d'insuffisance, le nombre de ces gardiens sera fixé par le ministre des travaux publics, la compagnie entendue.

Art. 4. — Partout où un chemin de fer est traversé à niveau, soit par une route à voitures, soit par un chemin destiné au passage des piétons, il sera établi des barrières. Le mode, la garde et les conditions de service des barrières seront réglés par le ministre des travaux publics, sur la proposition de la compagnie.

Art. 5. — Si l'établissement de contre-rails est jugé nécessaire dans l'intérêt de la sûreté publique, la compagnie sera tenue d'en placer sur les points qui seront désignés par le ministre des travaux publics.

Art. 6. — Aussitôt après le coucher du soleil et jusqu'après le passage du dernier train, les stations et leurs abords devront être éclairés. Il en sera de même des passages à niveau pour lesquels l'administration jugera cette mesure nécessaire.

Titre II. — Du matériel employé à l'exploitation: Autorisation des machines; Essieux; Registres du matériel; Machines locomotives; Voitures à voyageurs; Matériel roulant (a. 7 à 16).

Art. 7. — Les machines locomotives ne pourront être mises en services qn'en vertu de l'autorisation de l'administration et après avoir été soumises à toutes les épreuves prescrites par les règlements en vigueur. Lorsque, par suite de détérioration ou pour toute autre cause, l'interdiction d'une machine aura été prononcée, cette machine ne pourra être remise en service qu'en vertu d'une nouvelle autorisation.

Art. 8. — Les essieux des locomotives, des tenders et des voitures de toute espèce, entrant dans la composition des convois de voyageurs ou dans celle des trains mixtes de voyageurs et de marchandises, allant à grande vitesse, devront être en fer martelé de premier choix.

Art. 9. — Il sera tenu des états de service pour toutes les locomotives. Ces états seront inscrits sur des registres qui devront être constamment à jour, et indiquer, à l'article de chaque machine, la date de sa mise en service, le travail qu'elle a accompli, les réparations ou modifications qu'elle a reçues, et le renouvellement de ses diverses pièces. Il sera tenu, en outre, pour les essieux de locomotives, tenders et voitures de toute espèce, des registres spéciaux sur lesquels, à côté du numéro d'ordre de chaque essieu, seront inscrits sa provenance, la date de sa mise en service, l'épreuve qu'il peut avoir subie, son travail, ses accidends et ses réparations; à cet effet, le numéro d'ordre sera poinçonné sur chaque essieu. Les registres mentionnés aux deux paragraphes ci-dessus, seront représentés, à toute réquisition, aux ingénieurs, et agents chargés de la surveillance du matériel et de l'exploitation.

Art. 10. — Il est interdit de placer, dans un convoi comprenant des voitures de voyageurs, aucune locomotive, tender ou autre voiture d'une nature quelconque, montés sur des roues en fonte. Toutefois, le ministre des travaux publics pourra, par exception, autoriser l'emploi des roues en fonte, cerclées en fer, dans les trains mixtes de voyageurs et de marchandises et marchant à la vitesse d'au plus de vingt-cinq kilomètres à l'heure.

Art. 11. — Les locomotives devront être pourvues d'appareils ayant pour objet d'arrêter les fragments de coke tombant de la grille et d'empêcher la sortie des flammèches par la cheminée.

Art. 12. — Les voitures destinées au transport des voyageurs seront d'une construction solide; elles devront être commodes et pourvues de ce qui est nécessaire à la sûreté des voyageurs. Les dimensions de la place affectée à chaque voyageur devront être d'au moins quarante-cinq centimètres en largeur, soixante-cinq centimètres en profondeur et un mètre quarante-cinq centimètres en hauteur; cette disposition sera appliquée aux chemins de fer existants, dans un délai qui sera fixé pour chaque chemin par le ministre des travaux publics.

Art. 13. — Aucune voiture pour les voyageurs ne sera mise en service sans une autorisation du préfet, donnée sur le rapport d'une commission constatant que la voiture satisfait aux conditions de l'article précédent. L'autorisation de mise en service n'aura d'effet qu'après que l'estampille prescrite pour les voitures publiques par l'art. 117 de la loi du 25 mars 1817 aura été délivrée par le directeur des contributions indirectes.

Art. 14. — Toute voiture de voyageurs portera dans l'intérieur l'indication apparente du nombre de places.

Art. 15. — Les locomotives, tenders et voitures de toute espèce devront porter : 1e le nom ou les initiales du nom du chemin de fer auquel ils appartiennent ; 2e un numéro d'ordre. Les voitures des voyageurs porteront, en outre, l'estampille délivrée par l'administration des contributions indirectes. Ces diverses indications seront placées d'une manière apparente sur la caisse ou sur les côtés des châssis.

Art. 16. — Les machines locomotives, tenders et voitures de toute espèce, et tout le matériel d'exploitation, seront constamment maintenus dans un bon état d'entretien. La compagnie devra faire connaître au ministre des travaux publics les mesures adoptées par elle à cet égard, et, en cas d'insuffisance, le ministre, après avoir entendu les observations de la compagnie, prescrira les dispositions qu'il jugera nécessaires à la sûreté de la circulation.

Titre III.— De la composition des convois: Trains de voyageurs; Convois mixtes; Locomotives en double attelage; Matières explosibles; Attelage des wagons; Communications par signaux; Eclairage des trains (a. 17 à 24).

Art. 17. — Tout convoi ordinaire de voyageurs devra contenir, en nombre suffisant, des voitures de chaque classe, à moins d'une autorisation spéciale du ministre des travaux publics.

Art. 18. — Chaque train de voyageurs devra être accompagné: 1° d'un mécanicien et d'un chauffeur par machine: le chauffeur devra être capable d'arrêter la machine en cas de besoin; 2° du nombre de conducteurs gardes-freins qui sera déterminé pour chaque chemin, suivant les pentes et suivant le nombre de voitures, par le ministre des travaux publics, sur la proposition de la compagnie. Sur la dernière voiture de chaque convoi ou sur l'une des voitures placées à l'arrière, il y aura toujours un frein et un conducteur chargé de le manœuvrer. Lorsqu'il y aura plusieurs conducteurs dans un convoi, l'un d'entre eux devra toujours avoir autorité sur les autres. Un train de voyageurs ne pourra se composer de plus de vingt-quatre voitures à quatre roues. S'il entre des voitures à six roues dans la composition du convoi, le maximum du nombre des voitures sera déterminé par le ministre. Les dispositions des paragraphes précédents sont applicables aux trains mixtes de voyageurs et de marchandises marchant à la vitesse des voyageurs. Quant aux convois de marchandises qui transportent en même temps des voyageurs et des marchandises, et qui ne marchent pas à la vitesse ordinaire des vogageurs, les mesures spéciales et les conditions de sûreté auxquelles ils devront être assujettis seront déterminées par le ministre, sur la proposition de la compagnie.

Art. 19. — Les locomotives devront être en tête des trains. Il ne pourra être dérogé à cette disposition que pour les manœuvres à exécuter dans le voisinage des stations ou pour le cas de secours. Dans ces cas spéciaux, la vitesse ne devra pas dépasser vingt-cinq kilomètres par heure.

Art. 20. — Les convois de voyageurs ne devront être remorqués que par une seule locomotive, sauf les cas où l'emploi d'une machine de renfort deviendrait nécessaire, soit pour la montée d'une rampe de forte inclinaison, soit par suite d'une affluence extraordinaire de voyageurs, de l'état de l'atmosphère, d'un accident ou d'un retard exigeant l'emploi de secours, ou de tout autre cas analogue ou spécial préalablement déterminé par le ministre des travaux publics. Il est, dans tous les cas, interdit d'atteler simultanément plus de deux locomotives à un convoi de voyageurs. La machine placée en tête devra régler la marche du train. Il devra toujours y avoir en tête de chaque train, entre le tender et la première voiture de voyageurs, autant de voitures ne portant pas de voyageurs qu'il y aura de locomotives attelées. Dans tous les cas où il sera attelé plus d'une locomotive à un train, mention en sera faite sur un registre à ce destiné, avec indication du motif de la mesure, de la station où elle aura été jugée nécessaire et de l'heure à laquelle le train aura quitté cette station. Ce registre sera représenté à toute réquisition aux fonctionnaires et agents de l'administration publique chargés de la surveillance de l'exploitation.

Art. 21. — Il est défendu d'admettre, dans les convois qui portent des voyageurs, aucune matière pouvant donner lieu soit à des explosions, soit à des incendies.

Art. 22. — Les voitures entrant dans la composition des trains de voyageurs seront liées entre elles par des moyens d'attache tels que les tampons à ressort de ces voitures soient toujours en contact. Les voitures des entrepreneurs de messageries ne pourront être admises dans la composition des trains qu'avec l'autorisation du ministre des travaux publics, et que moyenant les conditions indiquées dans l'acte d'autorisation.

Art. 23. — Les conducteurs gardes-freins seront mis en communication avec le mécanicien, pour donner, en cas d'accident, le signal d'alarme, par tel moyen qui sera autorisé par le ministre des travaux publics, sur la proposition de la compagnie.

Art. 24. — Les trains devront être éclairés extérieurement pendant la nuit. En cas d'insuffisance du système d'éclairage, le ministre des travaux publics prescrira, la compagnie entendue, les dispositions qu'il jugera nécessaires. Les voitures fermées, destinées aux voyageurs, devront être éclairées intérieurement pendant la nuit et au passage des souterrains qui seront désignés par le ministre.

Titre IV.— Du départ, de la circulation et de l'arrivée des trains: Sens du mouvement; Départ, vérifications à faire; Signaux fixes; Arrêts des trains; Convois extraordinaires; Signaux; Détresse; Mécaniciens, surveillance; Bifurcation; Droit de monter sur les machines; Retards, registres (a. 25 à 43).

Art. 25. — Pour chaque chemin de fer, le ministre des travaux publics déterminera, sur la proposition de la compagnie, le sens du mouvement des trains et des machines isolées sur chaque voie, quand il y a plusieurs voies, ou les points de croisement quand il n'y en a qu'une. Il ne pourra être dérogé, sous aucun prétexte, aux dispositions qui auront été prescrites par le ministre, si ce n'est dans le cas où la voie serait interceptée; et dans ce cas, le changement devra être fait avec les précautions indiquées en l'art. 34 ci-après.

Art. 26. — Avant le départ du train, le mécanicien s'assurera si toutes les parties de la locomotive et du tender sont en bon état, si le frein de ce tender fonctionne convenablement. La même vérification sera faite par les conducteurs gardes-freins en ce qui concerne les voitures et les freins de ces voitures. Le signal du départ ne sera donné que lorsque les portières seront fermées. Le train ne devra être mis en marche qu'après le signal du départ.

Art. 27. — Aucun convoi ne pourra partir d'une station avant l'heure déterminée par le règlement de service. Aucun convoi ne pourra également partir d'une station avant qu'il se soit écoulé, depuis le départ ou le passage du convoi précédent, le laps de temps qui aura été fixé par le ministre des travaux publics, sur la proposition de la compagnie. Des signaux seront placés à l'entrée de la station pour indiquer aux mécaniciens des trains qui pourraient survenir si le délai déterminé en vertu du paragraphe précédent est éconlé. Dans l'intervalle des stations, des signaux seront établis, afin de donner le même avertissement au mécanicien sur les points où il ne peut pas voir devant lui à une distance suffisante. Dès que l'avertissement lui sera donné, le mécanicien devra ralentir la marche du train. En cas d'insuffisance des signaux établis par la compagnie, le ministre prescrira, la compagnie entendue, l'établissement de ceux qu'il jugera nécesaires.

Art. 28. — Sauf le cas de force majeure ou de réparation de la voie, les trains ne pourront s'arrêter qu'aux gares ou lieux de stationnement autorisés pour le service des voyageurs ou des marchandises. Les locomotives ou les voitures ne pourront stationner sur les voies du chemin de fer affectées à la circulation des trains.

Art. 29. — Le ministre des travaux publics déterminera, sur la proposition de la compagnie, les mesures spéciales de précaution relatives à la circulation des trains sur les plans inclinés et dans les souterrains à une ou deux voies, à raison de leur longueur et de leur tracé. Il déterminera également, sur la proposition de la compagnie, la vitesse maximum que les trains de voyageurs pourront prendre sur les diverses parties de chaque ligne et la durée du trajet.

Art. 30. — Le ministre des travaux publics prescrira, sur la proposition de la compagnie, les mesures spéciales de précaution à prendre pour l'expédition et la marche des convois extraordinaires. Dès que l'expédition d'un convoi extraordinaire aura été décidée, déclaration devra en être faite immédiatement au commissaire spécial de police, avec indication du motif de l'expédition du convoi et de l'heure de départ.

Art. 31. — Il sera placé le long du chemin, pendant le jour et pendant la nuit, soit pour l'entretien, soit pour la surveillance de la voie, des agents en nombre assez grand pour assurer la libre circulation des trains et la transmission des signaux; en cas d'insuffisance, le ministre des travaux publics en règlera le nombre, la compagnie entendue. Ces agents seront pourvus de signaux de jour et de nuit à l'aide desquels ils annonceront si la voie est libre et en bon état, si le mécanicien doit ralentir sa marche où s'il doit arrêter immédiatement le train. Ils devront, en outre, signaler de proche en proche l'arrivée des convois.

Art. 32. — Dans le cas où, soit un train, soit une machine isolée, s'arrêterait sur la voie pour cause d'accident, le signal d'arrêt indiqué en l'article précédent devra être fait à cinq cents mètres au moins à l'arrière. Les conducteurs principaux des convois et les mécaniciens conducteurs des machines isolées devront être munis d'un signal d'arrêt.

Art. 33.—Lorsque des ateliers de réparation seront établis sur une voie, des signaux devront indiquer si l'état de la voie ne permet pas le passage des trains, ou s'il suffit de ralentir la marche de la machine.

Art. 34. — Lorsque, par suite d'un accident, de réparation ou de toute autre cause, la circulation devra s'effectuer momentanément sur une voie, il devra être placé un garde auprés des aiguilles de chaque changement de voie.

Les gardes ne laisseront les trains s'engager dans la voie unique réservée à la circulation, qu'après s'être assurés qu'ils ne seront pas rencontrés par un train venant dans un sens opposé. Il sera donné connaissance au commissaire spécial de police du signal ou de l'ordre de service adopté pour assurer la circulation sur la voie unique.

Art. 35. — La compagnie sera tenue de faire connaître au ministre des travaux publics le système de signaux qu'elle a adopté ou qu'elle se propose d'adopter pour les cas prévus par le présent titre. Le ministre prescrira les modificatious qu'il jugera nécessaires.

Art. 36. — Le mécanicien devra porter constamment son attention sur l'état de la voie, arrêter ou ralentir la marche en cas d'obstacles, suivant les circonstances, et se conformer aux signaux qui lui seront transmis; il surveillera toutes les parties de la machine, la tension de la vapeur et le niveau d'eau de la chaudière. Il veillera à ce que rien n'embarrasse la manœuvre du frein du tender.

Art. 37. — A cinq cents mètres aux moins avant d'arriver au point où une ligne d'embranchement vient croiser la ligne principale, le mécanicien devra modérer la vitesse de telle manière que le train puisse être complètement arrêté avant d'atteindre ce croisement, si les circonstances l'exigent. Au point d'embranchement ci-dessus désigné, des signanx devront indiquer le sens dans lequel les aiguilles sont placées. A l'approche des stations d'arrivée, le mécanicien devra faire les dispositions convenables pour que la vitesse acquise du train soit complètement amortie avant le point où les voyageurs doivent descendre, et de telle sorte qu'il soit nécessaire de remettre la machine en action pour atteindre ce point.

Art. 38. — A l'approche des stations, des passages à niveau, des courbes, des tranchées et des souterrains, le mécanicien devra faire jouer le sifflet à vapeur, pour avertir de l'approche du train. Il se servira également du sifflet comme moyen d'avertissement toutes les fois que la voie ne lui paraîtra pas complètement libre.

Art. 39. — Aucune personne autre que le mécanicien et le chauffeur ne pourra monter sur la locomotive ou sur le tender à moins d'une permission spéciale et écrite du directeur de l'exploitation du chemin de fer. Sont exceptés de cette interdiction les ingénieurs des ponts et chaussées, les ingénieurs des mines chargés de la surveillance, et les commissaires spéciaux de police. Toutefois, ces derniers devront remettre au chef de la station ou au conducteur principal du convoi une réquisition écrite et motivée.

Art. 40. — Des machines dites de secours ou de réserve devront être entretenues constamment en feu et prêtes à partir, sur les points de chaque ligne désignés par le ministre des travaux publics, sur la proposition de la compagnie. Les règles relatives au service de ces machines seront également déterminées par le ministre, sur la proposition de la compagnie.

Art. 41, — Il y aura constamment, au lieu de dépôt des machines, un wagon chargé de tous les agrès et outils nécessaires en cas d'accident. Chaque train devra d'ailleurs être muni des outils les plus indispensables.

Art. 42. — Aux stations qui seront désignées par le ministre des travaux publics, il sera tenu des registres sur lesquels on mentionnera les retards excédant dix minutes pour les parcours dont la longueur est inférieur à cinquante kilomètres, et quinze minutes pour les parcours de cinquante kilomètres, et au delà. Ces registres indiqueront la nature et la composition des trains, le nom des locomotives qui les ont remorqués, les heures de départ et d'arrivée, la cause et la durée du retard. Ces registres seront représentés à toute réquisition aux ingénieurs, fonctionnaires et agents de l'administration publique chargés de la surveillance du matériel et de l'exploitation.

Art. 43. Des affiches placées dans les stations feront connaître au public les heures de départ des convois ordinaires de toute sorte, les stations qu'ils doivent desservir, les heures auxquelles ils doivent arriver à chacune des stations et en partir. Quinze jours, au moins, avant d'être mis à exécution, ces ordres de service seront communiqués en même temps aux commissaires royaux, au préfet du département et au ministre des travaux publics, qui pourra prescrire les modifications nécessaires pour la sûreté de la circulation ou pour les besoins du public.

Titre V. — De la perception des taxes et des frais accessoires: Homologation des tarifs; Frais accessoires, chargement, déchargement; Affichages; Délais de transport (a. 44 à 50).

Art. 44. — Aucune taxe, de quelque nature qu'elle soit, ne pourra être perçue par la compagnie qn'en vertu d'une homologation du ministre des travaux publics. Les taxes perçues actuellement sur les chemins dont les concessions sont antérieures à 1835, et qui ne sont pas encore régularisées, devront l'être avant le 1er avril 1847.

Art. 45. — Pour l'exécution du paragraphe 1er de l'article qui précède, la compagnie devra dresser un tableau des prix qu'elle a l'intention de percevoir, dans la limite du maximum autorisé par le cahier des charges, pour le transport des voyageurs, des bestiaux, marchandises et objets divers, et en transmettre en même temps des expéditions au ministre des travaux publics, aux préfets des départements traversés par le chemin de fer et aux commissaires royaux.

Art. 46. — La compagnie devra en outre, dans le plus court délai, et dans les formes énoncées en l'article précédent, soumettre ses propositions au ministre des travaux publics pour les prix de transport non déterminés par le cahier des charges, et à l'égard desqeels le ministre est appelé à statuer.

Art. 47. — Quant aux frais accessoires, tels que ceux de chargement, de déchargement et d'entrepôt dans les gares et magasins du chemin de fer, et, quant à toutes les taxes qui doivent être réglées annuellement, la compagnie devra en soumettre le règlement à l'approbation du ministre des travaux publics, dans le dixième mois de chaque année. Jusqu'à décision, les anciens tarifs continueront à être perçus.

Art. 48. — Les tableaux des taxes et des frais accessoires approuvés seront constamment affichés dans les lieux les plus apparents des gares et stations des chemins de fer.

Art. 49. — Lorsque la compagnie voudra apporter quelques changements aux prix autorisés, elle en donnera avis au ministre des travaux publics, aux préfets des départements traversés et aux commissaires royaux. Le public sera en même temps informé par des affiches des changements soumis à l'approbation du ministre. A l'expiration du mois à partir de la date de l'affiche, lesdites taxes pourront être perçues, si, dans cet intervalle, le ministre des travaux publics les a homologuées. Si des modifications à quelques-uns des prix affichés étaient prescrites par le ministre, les prix modifiés devront être affichés de nouveau et ne pourront être mis en perception qu'un mois après la date de ces affiches.

Art. 50. — La compagnie sera tenue d'effectuer avec soin, exactitude et célérité, et sans tour de faveur, les transports des marchandises, bestiaux et objets de toute nature qui lui seront confiés. Au fur et à mesure que des colis, des bestiaux ou des objets quelconques arriveront au chemin de fer, enregistrement en sera fait immédiatement, avec mention du prix total dû pour le transport. Le transport s'effectuera dans l'ordre des inscriptions, à moins de délais demandés ou consentis par l'expéditeur, et qui seront mentionnés dans l'enregistrement. Un récépissé devra être délivré à l'expéditeur s'il le demande, sans préjudice, s'il y a lieu, de la lettre de voiture. Le récépissé énoncera la nature et le poids des colis, le prix total du transport et le délai dans lequel ce transport devra être effectué. Les registres mentionnés au présent article seront représentés à toutes réquisitions des fonctionnaires et agents chargés de veiller à l'exécution du présent règlement.

Titre VI.— De la surveillance de l'exploitation : Personnel du contrôle et de surveillance; Ingénieurs, conducteurs des ponts et chaussées, des mines; Commissaires; Accidents; Règlements et ordres de services des compagnies (a. 51 à 60).

Art. 51. — La surveillance de l'exploitation des chemins de fer s'exercera concurremment : par les commissaires royaux, par les

(1) Le personnel chargé de la surveillance a été modifié : 1° par un arrêté ministérel du 20 mars 1848 qui a remplacé les commissaires royaux par des inspecteurs de l'exploitation commerciale; 2° par un arrêté du chef du pouvoir exécutif du 29 juillet 1848 et la loi du 27 février 1850, qui ont supprimé les commissaires spéciaux de police et remplacé ces fonctionnaires par des commissaires de surveillance administrative. — Des commissaires spéciaux de police ont été établis par un décret du 22 février 1855 (Voy. *ci-après, Surveillance, Commissaires spéciaux*).

ingénieurs des ponts et chaussées, les ingénieurs des mines, et par les conducteurs, les gardes-mines et autres agents sous leurs ordres, par les commissaires spéciaux de police et les agents sous leurs ordres.

Art. 52. — Les commissaires royaux seront chargés : de surveiller le mode d'application des tarifs approuvés et l'exécution des mesures prescrites pour la réception et l'enregistrement des colis, leur transport et leur remise aux destinataires ; de veiller à l'exécution des mesures approuvées ou prescrites pour que le service des transports ne soit pas interrompu aux points extrêmes de lignes en communication l'une avec l'autre ; de vérifier les conditions des traités qui seraient passés par les compagnies avec les entreprises de transport par terre ou par eau, en correspondance avec les chemins de fer, et de signaler toutes les infractions au principe de l'égalité des taxes ; de constater le mouvement de la circulation des voyageurs et des marchandises sur les chemins de fer, les dépenses d'entretien et d'exploitation, et les recettes.

Art. 53. — Pour l'exécution de l'article ci-dessus, les compagnies seront tenues de représenter à toute réquisition aux commissaires royaux leurs registres de dépenses et de recettes, et les registres mentionnés à l'art. 50 ci-dessus.

Art. 54. — A l'égard des chemins de fer pour lesquels les compagnies auraient obtenu de l'Etat soit un prêt avec intérêt privilégié, soit la garantie d'un minimum d'intérêt, on pour lesquels l'Etat devrait entrer en partage des produits nets, les commissaires royaux exerceront toutes les autres attributions qui seront déterminées par les règlements spéciaux à intervenir dans chaque cas particulier.

Art. 55. — Les ingénieurs, les conducteurs et autres agents du service des ponts et chaussées seront spécialement chargés de surveiller l'état de la voie de fer, des terrassements et des ouvrages d'art et des clôtures.

Art. 56. — Les ingénieurs des mines, les gardes-mines et autres agents du service des mines seront spécialement chargés de surveiller l'état des machines fixes et locomotives employées à la traction des convois, et en général, de tout le matériel roulant servant à l'exploitation. Ils pourront être suppléés par les ingénieurs, conducteurs et autres agents du service des ponts et chaussées, et réciproquement.

Art. 57. — Les commissaires spéciaux de police et les agents sous leurs ordres sont chargés particulièrement de surveiller la composition, le départ, l'arrivée, la marche et les stationnements des trains, l'entrée, le stationnement et la circulation des voitures dans les cours et stations, l'admission du public dans les gares et sur les quais des chemins de fer.

Art. 58. — Les compagnies sont tenues de fournir des locaux convenables pour les commisssaires spéciaux de police et les agents de surveillance.

Art. 59. — Toutes les fois qu'il arrivera un accident sur le chemin de fer, il en sera fait immédiatement déclaration à l'autorité locale et au commissaire spécial de police, à la diligence du chef du convoi. Le préfet du département, l'ingénieur des ponts et chaussées et l'ingénieur des mines chargés de la surveillance, et le commissaire royal, en seront immédiatement informés par les soins de la compagnie.

Art. 60. — Les compagnies devront soumettre à l'approbation du ministre des travaux publics leurs règlements relatifs au service et à l'exploitation des chemins de fer.

Titre VII.— Mesures concernant les voyageurs et les personnes étrangères au service du chemin de fer: Circulation, dépôts et stationnements interdits; Billets de place; Police des voitures; Fumeurs; Expédition de matières dagenreuses; Transport des chiens (a. 61 à 68).

Art. 61. — Il est défendu à toute personne étrangère au service du chemin de fer: 1° de s'introduire dans l'enceinte du chemin de fer, d'y circuler ou stationner; 2° d'y jeter ou déposer aucuns matériaux ni objets quelconques; 3° d'y introduire des chevaux, bestiaux ou animaux d'aucune espèce; 4° d'y faire circuler ou stationner aucunes voitures, wagons ou machines étrangères au service.

Art. 62. — Sont exceptés de la défense portée au premier paragraphe de l'article précédent les maires et adjoints, les commissaires de police, les officiers de gendarmerie, les gendarmes et autres agents de la force publique, les préposés aux douanes, aux contributions indirectes et aux octrois, les gardes champêtres et forestiers dans l'exercice de leurs fonctions et revêtus de leurs uniformes et de leurs insignes. — Dans tous les cas, les fonctionnaires et agents désignés au paragraphe précédent seront tenus de se conformer aux mesures spéciales de précaution qui auront été déterminées par le ministre, la compagnie entendue.

Art. 63. — Il est défendu: 1° d'entrer dans les voitures sans avoir pris un billet, et de se placer dans une voiture d'une autre classe que celle qui est indiquée par le billet; 2° d'entrer dans les voitures ou d'en sortir autrement que par la portière qui fait face au côté extérieur de la ligne du chemin de fer; 3° de passer d'une voiture dans une autre, de se pencher au dehors. Les voyageurs ne doivent sortir des voitures qu'aux stations et lorsque le train est complètement arrêté.

Il est défendu de fumer sur les locomotives ou dans les voitures et dans les gares: toutefois, à la demande de la compagnie et moyennant des mesures spéciales de précaution, des dérogations à cette disposition pourront être autorisées. Les voyageurs sont tenus d'obtempérer aux injonctions des agents de la compagnie pour l'observation des dispositions mentionnées au paragraphes ci-dessus.

(*Un décret du 11 août 1883* a ajouté à l'art. 63 § 4, la défense de se servir sans motif plausible du signal d'alarme mis à la disposition des voyageurs pour faire appel aux agents de la eompagnie.)

Art. 64. — Il est interdit d'admettre dans les voitures plus de voyageurs que ne le comporte le nombre de places indiqué conformément à l'art. 14 ci-dessus.

Art. 65. — L'entrée des voitures est interdite: 1° à toute personne en état d'ivresse; 2° à tous indivdus porteurs d'armes à feu, chargées ou de paquets qui, par leur nature, leur volume ou leur odeur, pourraient gêner ou incommoder les voyageurs. Tout individu porteur d'une arme à feu devra, avant son admission sur les quais d'embarquement, faire constater que son arme n'est point chargée.

Art. 66. — Les personnes qui voudront expédier des marchandises de la nature de celles qui sont mentionnées à l'art. 21 devront les déclarer au moment où elles les apporteront dans les stations du chemin de fer. Des mesures spéciales de précaution seront prescrites, s'il y a lieu, pour le transport desdites marchandises, la compagnie entendue.

Art. 67. — Aucun chien ne sera admis dans les voitures servant au transport des voyageurs; toutefois, la compagnie pourra placer dans des caisses de voitures spéciales les voyageurs qui ne voudraient pas se séparer de leurs chiens, pourvu que ces animaux soient muselés, en quelque saison que ce soit.

Art. 68. — Les cantonniers, gardes-barrières et autres agents du chemin de fer devront faire sortir immédiatement toute personne qui se serait introduite dans l'enceinte du chemin, ou dans quelque portion que ce soit de ses dépendances où elle n'aurait pas le droit d'entrer. En cas de résistance de la part des contrevenants, tout employé du chemin de fer pourra requérir l'assistance des agents de l'administration et de la force publique. Les chevaux ou bestiaux abandonnés qui seront trouvés dans l'enceinte du chemin de fer seront saisis et mis en fourrière.

Titre VIII. — Dispositions diverses : Objets vendus dans les gares, buffets, journaux, etc.; Agents de la compagnie, costumes; Mécaniciens, certificat de capacité; Service médical; Registres de plaintes; Affichage du règlement; Poursuites des infractions (a. 69 à 79).

Art. 69. — Dans tous les cas où, conformément aux dispositions du présent règlement, le ministre des travaux publics devra statuer sur la proposition d'une compagnie, la compagnie sera tenue de lui soumettre cette proposition dans le délai qu'il aura déterminé, faute de quoi le ministre pourra statuer directement. Si le ministre pense qu'il y a lieu de modifier la proposition de la compagnie, il devra, sauf le cas d'urgence, entendre la compagnie avant de prescrire les modifications,

Art. 70. — Aucun crieur, vendeur ou distributeur d'objets quelconques ne pourra être admis par les compagnies à excercer sa profession dans les cours ou bâtiments des stations et dans les salles d'attente destinées aux voyageurs, qu'en vertu d'une autorisation spéciale du préfet du département.

Art. 71. (1) — Lorsqu'un chemin de fer traverse plusieurs départements, les attributions conférées aux préfets par le présent règlement pourront être centralisées en tout ou en partie dans les mains de l'un des préfets des départements traversés.

Art. 72. — Les attributions données aux préfets des départements par la présente ordonnance seront, conformément à l'arrêté du 3 brumaire an IX, exercées par le préfet de police dans toute l'étendue du département de la Seine et dans les communes de Saint-Cloud, Meudon et Sèvres, département de Seine-et-Oise.

Art. 73.— Tout agent employé sur les chemins de fer sera revêtu d'un uniforme ou porteur d'un insigne distinctif; les cantonniers, gardes-barrières et surveillants pourront être armés d'un sabre.

Art. 74. — Nul ne pourra être employé en qualité de mécanicien conducteur de train, s'il ne produit des certificats de capacité délivrés dans les formes qui seront déterminées par le ministre des travaux publics.

Art. 75. — Aux stations désignées par le ministre, les compagnies entretiendront les médicaments et moyens de secours nécessaires en cas d'accident.

(1) Disposition abrogée par l'arrêté du 15 avril 1850.

Art. 76. — Il sera tenu dans chaque station un registre coté et parafé, à Paris, par le préfet de police, ailleurs, par le maire du lieu, lequel sera destiné à recevoir les réclamations des voyageurs qui auraient des plaintes à former, soit contre la compagnie, soit contre ses agents. Ce registre sera présenté à toute réquisition des voyageurs.

Art. 77. — Les registres mentionnés aux art. 9, 20 et 42 ci-dessus seront cotés et parafés par le commissaire de police.

Art. 78. — Des exemplaires du présent règlement seront constamment affichés à la diligence des compagnies, aux abords des bureaux des chemins de fer et dans les salles d'attente. Le conducteur principal d'un train en marche devra également être muni d'un exemplaire du règlement. Des extraits devront être délivrés, chacun pour ce qui le concerne, aux mécaniciens, chauffeurs, gardes-freins, antonniers, gardes-barrières et autres agents employés sur le chemin de fer. Des extraits, en ce qui concerne les règles à observer par les voyageurs pendant le trajet, devront être placés dans chaque caisse de voiture.

Art. 79. — Seront constatées, poursuivies et réprimées, conformément au titre III de la loi du 15 juillet 1845, sur la police des chemins de fer, les contraventions au présent règlement, aux décisions rendues par le ministre des travaux publics, et aux arrêtés pris, sous son approbation, par les préfets, pour l'exécution dudit règlement.

Organisation du contrôle des chemins de fer.

A. M. du 20 juillet 1886.

Art. 1er.. — La direction du contrôle de chaque réseau de chemins de fer d'intérêt général est confiée à un inspecteur général des ponts et chaussées ou des mines.

Cet inspecteur général a sous ses ordres et auprès de lui, comme chef de service :

1e Un ingénieur en chef des ponts et chaussées, chargé du contrôle des travaux neufs et d'entretien sur les lignes en exploitation du réseau et du mandatement général des dépenses du contrôle;

2e Un ingénieur en chef des ponts et chaussées et des mines, chargés du contrôle de l'exploitation technique;

3e Un ou deux inspecteurs principaux de l'exploitation commerciale, chargés du contrôle de l'exploitation commerciale.

Art. 2. — Les ingénieurs en chef des services des ports de mer sont placés directement sous les ordres de l'inspecteur général directeur pour tout ce qui touche le contrôle de l'exploitation des voies ferrées établies sur les quais, ainsi que des gares et embranchements maritimes.

Ils sont nécessairement consultés sur les tarifs commerciaux qui intéressent les transports à destination ou en provenance des ports dépendant de leur service.

Art. 3. — Les ingénieurs en chef des mines chargés d'un arrondissement du service ordinaire sont nécessairement consultés sur les tarifs qui intéressent le transport des produits miniers de leur région.

Art. 4. — Les chefs de service du contrôle traitent directement avec les chefs de service de la compagnie concessionnaire toutes les affaires qui n'exigent pas l'intervention personnelle de l'inspecteur général auprès du directeur de cette compagnie.

Le directeur du contrôle désigne l'un des ingénieurs en chef pour le remplacer, pendant ses tournées ou ses absences, soit dans la direction du service, soit au sein des commissions ou comités.

Art. 5. — Les chefs de service du contrôle ont sous leurs ordres:

Pour les travaux neufs et d'entretien, des ingénieurs ordinaires des ponts et chaussées;

Pour l'exploitation technique, des ingénieurs ordinaires des mines ou des ponts et chaussées;

Et pour les services commerciaux, des inspecteurs particuliers de l'exploitation commerciale.

Les ingénieurs ordinaires ont sous leurs ordres des commissaires de surveillance administrative, des conducteurs et employés secondaires des ponts et chaussées et des gardes-mines dont les attributions demeurent telles qu'elles ont été antérieurement fixées.

Les inspecteurs particuliers de l'exploitation commerciale ont sous leurs ordres les commissaires de surveillance administrative.

Art. 6. — Toutes les affaires qui sont examinées par le service du contrôle font l'objet d'un rapport rédigé par l'un des chefs de service et adressé, conformément aux instructions en vigueur, soit aux préfets, soit à l'inspecteur général directeur.

Les affaires renvoyées au conseil général des ponts et chaussées peuvent être rapportées et soutenues devant ce conseil par les ingénieurs chefs de service, délégués à cet effet par l'inspecteur général directeur.

Art. 7. — Il est institué, auprès du directeur du contrôle et sous sa présidence un *comité de réseau* comprenant le commissaire général du réseau, l'inspecteur des finances chargé du contrôle financier de la compagnie et les chefs de service du contrôle technique et commercial.

Un des ingénieurs ordinaires du contrôle, à la résidence de Paris, y remplit les fonctions de secrétaire avec voix consultative.

Le comité se réunit sur la convocation de son président et au moins une fois par mois.

Il délibère et donne son avis sur toutes les questions intéressant le contrôle qui lui sont soumises soit par le ministre, soit par l'inspecteur général directeur.

Il examine le projet de budget présenté chaque année par la compagnie, en exécution des décrets relatifs aux justifications financières.

Il présente, chaque année, à l'administration supérieure un rapport d'ensemble sur les résultats techniques et financiers de l'exploitation.

Art. 8. — Il est institué au ministère des travaux publics sous la présidence du ministre et la vice-présidence du directeur des chemins de fer, un *comité général du contrôle*, comprenant les directeurs du contrôle et les commissaires généraux des divers réseaux.

Un des ingénieurs en chef du contrôle y remplit les fonctions de secrétaire, avec voix consultative.

Ce comité se réunit sur la convocation du ministre.

Il donne son avis sur les questions générales, intéressant le service du contrôle, qui lui sont soumises par le ministre.

Il rédige, chaque année, un rapport d'ensemble sur les résultats techniques et financiers de l'exploitation des chemins de fer d'intérêt général.

Ce rapport, adressé par le ministre des travaux publics au président de la République, est distribué aux deux Chambres et publié par le *Journal officiel*.

Instruction annexée a l'arrêté ministériel du 20 juillet 1886. (16 mai 1887.)

Organisation du contrôle de l'exploitation des chemins de fer.

Le contrôle de l'exploitation des chemins de fer est dirigé, sous l'autorité du Ministre des travaux publics, par des inspecteurs généraux des ponts et chaussées ou des mines.

Ces inspecteurs généraux ont sous leurs ordres, comme chefs de service :

1° Pour le contrôle technique :

Un ingénieur en chef des ponts et chaussées, chargé du contrôle des travaux neufs et d'entretien sur les lignes en exploitation du réseau et du mandatement général des dépenses du contrôle;

Un ingénieur en chef des ponts et chaussées ou des mines chargé du contrôle de l'exploitation technique;

2e Pour le contrôle commercial :

Un ou deux inspecteurs principaux de l'exploitation commerciale.

Les inspecteurs généraux directeurs du contrôle ont également sous leurs ordres les ingénieurs en chef des ports de mer pour tout ce qui touche le contrôle de l'exploitation :

1° Des voies ferrées établies sur les quais;

2e Des gares et embranchements maritimes.

Les chefs de service du contrôle ont sous leurs ordres :

1e Pour les travaux neufs et d'entretien, des ingénieurs ordinaires des ponts et chaussées;

2e Pour l'exploitation technique, des ingénieurs ordinaires des ponts et chaussées ou des mines;

3e Pour le service commercial, des inspecteurs particuliers de l'exploitation commerciale.

Les ingénieurs en chef des ports de mer ont sous leurs ordres, pour toutes les parties du service technique, les ingénieurs ordinaires des ponts et chaussées chargés du service de ces ports.

Les ingénieurs ordinaires ont sous leurs ordres :

1° Pour le contrôle du réseau, des conducteurs ou autres agents des ponts et chaussées, des gardes-mines et, dans leurs arrondissements respectifs, les commissaires de surveillance administrative;

2e Pour le contrôle des voies, gares et embranchements maritimes, des conducteurs et autres agents des ponts et chaussées et des officiers de port.

Les inspecteurs particuliers ont sous leurs ordres, pour la partie commerciale, les commissaires de surveillance administrative.

Il est institué, auprès du directeur du contrôle et sous sa présidence, un *Comité de réseau*, comprenant le commissaire général du réseau, l'inspecteur des finances chargé du contrôle financier de la compagnie et les chefs de service du contrôle technique et commercial.

Un des ingénieurs ordinaires du contrôle, à la résidence de Paris, y remplit les fonctions de secrétaire, avec voix consultative. (Arrêté ministériel du 20 juillet 1886.)

Rôle et attributions de l'inspecteur général et du comité de réseau.

L'inspecteur général directeur du contrôle exerce une surveillance générale :

Sur l'entretien de la voie et des ouvrages qui en dépendent, du matériel fixe et du matériel roulant ;

Sur les projets et l'exécution des travaux de tout genre concernant les lignes en exploitation ;

Sur la composition et le mouvement des trains, le service intérieur des gares et toutes les autres parties de l'exploitation technique.

Sur l'application des tarifs, la perception des taxes et toutes les autres parties de l'exploitation commerciale ;

Sur la gestion financière des compagnies concessionnaires ou des administrations chargées de l'exploitation.

Il inspecte et centralise le travail des fonctionnaires placés sous ses ordres.

Il vérifie, sur place, le fonctionnement des chemins de fer et le service de ses propres agents ; il doit, à cet effet, consacrer à des tournées tout le temps dont il peut disposer.

Il inspecte, au moins une fois par an, les bureaux des ingénieurs en chef et ceux des inspecteurs principaux de l'exploitation commerciale.

Il réunit le comité de réseau au moins une fois par mois.

Il lui soumet :

1° L'état mensuel des accidents ;

2° Les relevés mensuels, trimestriels et annuels du trafic ;

3° Le tableau mensuel des recettes et du mouvement des voyageurs ;

4° Les documents fournis par la compagnie ou par l'administration exploitante et constatant, pour chaque exercice, les recettes et les dépenses de l'exploitation ;

5° Les rapports mensuels des ingénieurs en chef et les comptes moraux des travaux neufs,

6° Les états mensuels de plaintes ;

7° Tous les rapports, documents ou dossiers sur lesquels le comité peut être appelé à délibérer, soit par le Ministre, soit par l'inspecteur général directeur.

Les procès-verbaux des délibérations du comité de réseau sont adressés chaque mois au Ministre ; ils font connaître l'avis du comité sur toutes les questions soumises à son examen.

L'inspecteur général joint à ces procès-verbaux les relevés mensuels, trimestriels et annuels ci-dessus énumérés.

Le comité de réseau examine, en outre, le projet de budget présenté, chaque année, par la compagnie, en exécution des décrets relatifs aux justifications financières.

Enfin, il présente chaque année à l'Administration supérieure un rapport d'ensemble sur les résultats techniques et financiers de l'exploitation. (Arrêté du 20 juillet 1886.)

L'inspecteur général directeur du contrôle recueille tous les renseignements de nature à éclairer le comité de réseau et l'Administration sur la gestion financière de la compagnie ou de l'administration exploitante.

A cet effet, la compagnie doit lui communiquer, à toute époque, les registres de ses délibérations, ses livres journaux, ses écritures, sa correspondance et tous les documents qu'il juge nécessaires pour constater la situation active et passive de cette compagnie.

Il a le droit d'assister à toutes les séances de l'assemblée générale de la compagnie.

Il reçoit d'elle, pour les transmettre au Ministre avec l'avis du comité de réseau, tous les comptes et documents qu'elle est tenue de fournir aux termes des décrets en vigueur.

Quand il est appelé à formuler son avis sur une affaire quelconque relative au contrôle technique des voies de quais des ports de mer ou des gares et embranchements maritimes, il invite immédiatement à entrer en conférence avec lui l'inspecteur général de la division territoriale. Celui-ci doit de même appeler en conférence le directeur du contrôle lorsqu'une affaire dont il est saisi implique une question relative au contrôle technique ou commercial ou financier d'une compagnie concessionnaire des voies de quais d'un port de mer de sa division; le rapport commun ou les avis réunis des deux inspecteurs généraux sont joints au dossier à envoyer à l'Administration centrale (Direction des routes, de la navigation et des mines). Mais il n'y a pas lieu à faire intervenir l'inspecteur général de la division territoriale dans l'instruction des affaires qui sont exclusivement relatives au contrôle financier de la compagnie concessionnaire ou au contrôle de l'exploitation commerciale.

L'inspecteur général du contrôle siège :

1° Avec voix délibérative, au conseil général du corps auquel il appartient (décret du 21 mai 1879);

2° Avec voix consultative, pour les affaires de son service, au conseil général du corps auquel il n'appartient pas (décret du 21 mai 1879);

3° Avec voix délibérative pour les affaires de son service et avec voix consultative pour les autres affaires, au comité consultatif des chemins de fer. (Décrets des 21 mai 1879 et 24 novembre 1880.)

Il est membre de droit :

1° Du comité de l'exploitation technique des chemins de fer (arrêté ministériel du 25 janvier 1879);

2° De la commission de vérification des comptes, pour ce qui concerne les affaires de son réseau. (Arrêté ministériel du 12 juin 1879.)

Il désigne l'un des ingénieurs en chef, chefs de service, pour le remplacer pendant ses tournées ou ses absences, soit dans la direction du service, soit au sein des commissions ou comités (arrêté ministériel du 20 juillet 1886), et pour le représenter, avec voix consultative, devant les Conseils généraux des ponts et chaussées ou des mines.

Rôle et attributions de l'ingénieur en chef chargé du contrôle des travaux neufs et d'entretien et du mandatement des dépenses.

Ce chef de service est chargé, avec le concours des ingénieurs ordinaires, des conducteurs ou gardes-mines et autres agents des ponts et chaussées :

1° De surveiller les voies et leurs dépendances, le fonctionnement des signaux et autres appareils de sécurité, les travaux d'entretien, de réfection, de seconde voie et généralement les travaux de tout genre exécutés sur les lignes en exploitation conformément aux projets approuvés ;

2° D'examiner les projets présentés par les compagnies;

3° De vérifier les décomptes, notamment ceux dont le payement intéresse directement le Trésor public;

4° D'instruire les demandes de voirie, de donner son avis sur les procès-verbaux dressés pour contravention de grande voirie ou pour contravention aux règlements intéressant le service de la voie.

Il a dans ses attributions la comptabilité et le mandatement de toutes les dépenses du contrôle.

Il traite et envoie directement au préfet, avec son avis, le rapport de l'ingénieur ordinaire et les observations de la compagnie, les affaires sur lesquelles ce magistrat est appelé à statuer ou à donner son avis, aux termes de la loi du 15 juillet 1845 ou de la loi du 11 juin 1880 et des règlements en vigueur et qui sont relatives notamment :

1° Aux enquêtes pour la déclaration d'utilité publique ou pour l'expropriation des terrains;

2° A l'occupation temporaire des terrains nécessaires à l'exécution de certains travaux ou à l'extraction de matériaux;

3° Au règlement des indemnités de dommages;

4° Au bornage de la voie;

5e Aux permissions de voirie (constructions), plantations, dépôts de matériaux aux abords du chemin de fer, etc.

Il adresse également au préfet des rapports sur les procès-verbaux pour les contraventions de grande voirie qui sont de la compétence du conseil de préfecture;

Sur les pétitions que reçoit ce magistrat et au sujet desquelles l'Administration supérieure peut seule prononcer; en particulier sur les demandes de secours concernant les agents placés sous ses ordres.

Il fournit au préfet, pour la session d'été du conseil général, un rapport d'ensemble sur l'entretien de la voie, les travaux et les projets pendant l'année courante, en ce qui concerne le département.

Il envoie directement au procureur de la République son avis sur les procès-verbaux d'accidents et de contraventions relatives au service de la voie qui sont de la compétence de la juridiction correctionnelle.

Il envoie à l'inspecteur général des rapports sur les accidents qui peuvent être dus à l'état de la voie ou de ses dépendances, tels qu'éboulements, inondations, altération du profil de la voie, mauvais état des ouvrages d'art, etc.

Il adresse, à la fin de chaque mois, un relevé de ces accidents à l'ingénieur en chef du contrôle de l'exploitation technique, chargé d'établir la statistique de tous les accidents sur tout le réseau.

A la fin de chaque mois également, il adresse à l'inspecteur général, un rapport sommaire sur la marche du service.

Il lui signale tous les faits intéressants qui ont trait à son service, notamment ceux qui ont été constatés dans les tournées, soit par lui, soit par ses agents.

Un relevé des tournées est annexé à ce rapport.

Il fait d'ailleurs de fréquentes tournées et visite une fois par an les bureaux des ingénieurs ordinaires placés sous ses ordres et, à l'occasion, les bureaux des commissaires de surveillance.

Il profite de ces tournées pour se rendre personnellement compte des mesures prises par la compagnie pour l'entretien et l'amélioration des voies ferrées et de leurs dépendances.

Rôle et attributions de l'ingénieur en chef chargé du contrôle de l'exploitation technique.

Ce chef de service est chargé, avec le concours des ingénieurs ordinaires des mines ou des ponts et chaussées, des conducteurs des ponts et chaussées, des gardes-mines et des agents secondaires et temporaires des ponts et chaussées, de toutes les questions concernant l'exploitation technique proprement dite.

En particulier, il a pour mission :

1e D'assurer la réception des machines à vapeur, locomotives ou fixes, et des voitures;

2e De surveiller l'entretien du matériel roulant, le fonctionnement des signaux et autres appareils de sécurité, les services du mouvement et de la traction;

3e De donner son avis sur les contraventions intéressant ces services.

Il traite et renvoie directement au préfet, avec son avis, le rapport de l'ingénieur ordinaire et les observations de la compagnie, les affaires sur lesquelles ce magistrat est appelé à statuer, aux termes de la loi du 15 juillet 1845 et des règlements en vigueur, après ou sans approbation du Ministre et qui sont relatives notamment :

1e A la réglementation des passages à niveau;

2e A la police extérieure des chemins de fer et de leurs abords et, spécialement, à l'entrée et au stationnement des voitures dans les gares et stations ;

3e Aux autorisations de vente de livres, journaux, comestibles ou objets divers et l'établissement des buffets ou autres industries dans les stations ;

4e A la mise en circulation où à l'interdiction des machines locomotives et des voitures destinées au transport des voyageurs et qui prennent leur point de départ dans le département;

5e A la mise en service et a la surveillance des machines fixes ;

6e A l'assermentation des agents de la compagnie.

Il adresse également au préfet des rapports sur les pétitions que ce magistrat reçoit et au sujet desquelles l'administration supérieure peut seule prononcer, en particulier sur les demandes de secours concernant les agents placés sous ses ordres.

Il fournit également les renseignements qui lui sont demandés sur les faits de l'exploitation et notamment sur les circonstances de nature à intéresser le bon ordre et la sécurité publique.

Il transmet au préfet des propositions pour autoriser la mise en service des machines et des voitures (ord. 1846).

Il envoie directement au procureur de la République son avis sur les procès-verbaux d'accidents et de contraventions de la compétence de la juridiction correctionnelle. (L. 27 janvier 1850. — Circulaire min. 15 août 1850.)

Il envoie à l'inspecteur général des rapports détaillés sur les accidents de trains spécifiés dans la circulaire ministérielle du 6 août 1867, indépendamment des rapports sommaires qui sont adressés directement au ministre par l'ingénieur arrivé le premier sur les lieux, en exécution de ladite circulaire.

A la fin de chaque mois, il lui adresse un rapport sommaire sur la marche du service ; il signale dans ce rapport tous les faits intéressants, notamment ceux qui ont été constatés dans les tournées, soit par lui, soit par ses agents.

Un résumé des tournées du mois est annexé à ce rapport.

Il adresse également à l'inspecteur général les états périodiques d'accidents, de retards et de plaintes.

Il fait d'ailleurs de fréquentes tournées et visite une fois par an les bureaux des ingénieurs ordinaires placés sous ses ordres et, à l'occasion, les bureaux des commissaires de surveillance administrative. Il profite de ces tournées pour se rendre personnellement compte des mesures prises par la compagnie pour la régularité, la sécurité et la commodité de l'exploitation.

Rôles et attributions des ingénieurs en chef des ports de mer.

Les ingénieurs en chef des ports de mer réunissent les attributions des ingénieurs en chef du contrôle des travaux et de la voie et celles des ingénieurs en chef de l'exploitation technique, en ce qui peut s'appliquer aux gares et embranchements maritimes ainsi qu'aux voies ferrées des quais dont ils sont chargés.

Ils sont soumis, sous la réserve qui précède, aux mêmes prescriptions pour leurs rapports avec l'inspecteur général, directeur du contrôle de la compagnie de chemins de fer concessionnaire des voies de quais ou des embranchements et gares maritimes.

Si dans un même port il y a plusieurs compagnies de chemins de fer qui soient concessionnaires de voies de quais, l'ingénieur en chef de ce port, se trouve, pour les affaires de chacune des concessions placé sous les ordres de l'inspecteur général, directeur du contrôle correspondant.

Les ingénieurs en chef des ports de mer sont nécessairement consultés par l'inspecteur général directeur du contrôle sur les tarifs qui intéressent les transports à destination ou en provenance des ports dépendant de leur service. Leur avis est inséré au dossier à la suite de celui de l'inspecteur principale de l'exploitation commerciale.

Ils peuvent être consultés par l'inspecteur général directeur du contrôle sur les questions d'exploitation technique qui intéressent le commerce maritime, notamment sur l'organisation du service des garés des villes maritimes de leur ressort, sur la composition et la marche des trains à destination ou en provenance de ces villes et sur la correspondance de ces trains avec ceux des autres lignes du même réseau ou des autres réseaux. Ils doivent d'ailleurs signaler spontanément à l'inspecteur général, directeur du contrôle, les améliorations que leur paraitrait comporter l'exploitation technique aux divers points de vue précités, dans l'intérêt du commerce maritime des ports de leur service.

Rôle et attributions des ingénieurs ordinaires du contrôle des travaux neufs et d'entretien.

Les ingénieurs ordinaires du contrôle des travaux neufs et d'entretien sont chargés, sous les ordres de l'ingénieur en chef, de la surveillance de la voie et de ses dépendances, des signaux et appareils de sécurité, ainsi que des travaux de tout genre exécutés sur les lignes en exploitation, conformément aux projets approuvés.

Ils instruisent, au premier degré, toutes les affaires qui sont de la compétence de leur service.

Ils font de fréquentes tournées et doivent visiter au moins deux fois par an toute l'étendue de leur arrondissement.

Ils visitent à l'occasion les bureaux des commissaires de surveillance.

Ils adressent à l'ingénieur en chef des rapports mensuels sur la marche du service, des comptes moraux pour les travaux neufs, des résumés apostillés des rapports décadaires des commissaires de surveillance administrative.

Les rapports mensuels contiennent un relevé des tournées du mois, avec indication des observations faites au cours de ces tournées.

Ils envoient également des rapports sur toutes les affaires ressortissant à leur service et en particulier sur les accidents survenus à la voie ou à ses dépendances par suite d'éboulement, inondations, altération du profil, mauvais état des ouvrages d'art, signaux et appareils de sécurité, etc., ainsi que sur les procès-verbaux dressés pour contraventions de grande voirie.

Au premier avis d'un accident de train, ils se rendent sur les lieux; s'ils y arrivent avant leur collègue du contrôle de l'exploitation technique, ils adressent immédiatement et directement au Ministre un premier rapport sommaire, dont ils envoient copie à l'ingénieur en chef compétent et à l'inspecteur général directeur.

Rôle et attributions de l'ingénieur ordinaire du contrôle et de l'exploitation technique.

Les ingénieurs ordinaires du contrôle de l'exploitation technique sont chargés, sous les ordres de l'ingénieur en chef, du contrôle du matériel roulant, du mouvement et de la traction. Ils veillent également au bon fonctionnement des signaux et autres appareils de sécurité.

Ils instruisent au premier degré toutes les affaires qui sont de la compétence de leur service.

Ils font de fréquentes tournées et doivent visiter au moins deux fois par an toute l'étendue de leur arrondissement et au moins une fois par an les bureaux des commissaires de surveillance.

Ils adressent à l'ingénieur en chef des rapports mensuels sur la marche du service, comprenant, entre autres renseignements, la situation et les avaries du matériel, des observations sur la marche des trains, tant au point de vue de leur chargement qu'au point de vue du matériel moteur, et les propositions qu'ils croient devoir y ajouter.

Les rapports mensuels contiennent un relevé des tournées du mois, avec indication des observations faites au cours de ces tournées.

Ils adressent également à l'ingénieur en chef :

1° Des résumés apostillés des rapports décadaires des commissaires de surveillance administrative;

2° Des états décadaires des retards des trains et des correspondances manquées ;

3° Des relevés mensuels des plaintes qui n'ont pas trait au service commercial.

Ils lui envoient des rapports sur toutes les affaires ressortissant à leur service et en particulier sur les propositions de la compagnie relatives à la marche des trains, sur les accidents de trains, etc.

Ils veillent à la police des gares, des stations et de leurs abords, ainsi qu'à la police des trains.

Ils procèdent à la réception et à la vérification du matériel roulant.

Au premier avis d'un accident de train, ils se rendent sur les lieux; s'ils y arrivent avant leur collègue du contrôle des travaux et de la voie, ils adressent immédiatement et directement au Ministre un premier rapport sommaire, dont ils envoient copie à l'ingénieur en chef compétent et à l'inspecteur général directeur.

Rôle et attributions des ingénieurs ordinaires des ports de mer.

Les ingénieurs ordinaires des services de ports de mer réunissent, sous les ordres des ingénieurs en chef des ports de mer, pour les gares, embranchements et voies dont la surveillence leur est confiée, les attributions conférées, sur le reste du réseau, aux ingénieurs ordinaires du contrôle des travaux et de l'entretien et aux ingénieurs ordinaires du contrôle de l'exploitation technique, en ce qui peut s'appliquer aux voies ferrées dont ils sont chargés.

Ils sont assujettis, sous la réserve qui précède, aux mêmes obligations pour les tournées, la production des rapports et états périodiques et des rapports sur les accidents.

Ils produisent en outre les études et rapports qui leur sont demandés par l'ingénieur en chef du service maritime de leur département sur les questions relatives au contrôle commercial ou à l'exploitation technique qui intéressent le commerce maritime de leur circonscription. Ces études et rapports sont joints aux avis adressés par l'ingénieur en chef à l'inspecteur général directeur du contrôle et à l'Administration centrale.

Rôle et attributions des conducteurs des ponts et chaussées et gardes-mines.

Les conducteurs des ponts et chaussées et gardes-mines sont les auxiliaires des ingénieurs sous les ordres desquels ils sont placés, pour toutes les parties du service.

Ils font de fréquentes tournées et parcourent au moins une fois par mois l'étendue de leur circonscription.

Ils concourent avec les officiers de police judiciaire à la constatation des crimes, délits et contraventions diverses commis sur les chemins de fer et prévus aux titres I et III de la loi du 15 juillet 1845.

Ils constatent, en outre, par des procès-verbaux les contraventions de voirie commises par les compagnies de chemins de fer. (Titre II de la loi du 15 juillet 1845).

Rôle et attributions des inspecteurs principaux de l'exploitation commerciale.

Les inspecteurs principaux exercent, sous les ordres de l'inspecteur général, la surveillance de l'exploitation commerciale.

Ils sont spécialement chargés d'examiner les propositions des compagnies touchant les tarifs et les taxes accessoires, ainsi que les conventions conclues entre les compagnies, les entrepreneurs de transports et les propriétaires d'embranchements particuliers; de constater le mouvement de la circulation, la situation du trafic, les dépenses et les recettes de l'exploitation; de donner leur avis sur l'organisation du service des trains au point de vue commercial, et sur les règlements des compagnies dont les dispositions se rapportent à des objets placés dans leurs attributions.

Ils adressent à l'inspecteur général des rapports mensuels sur la marche du service. Ces rapports doivent comprendre notamment un relevé des recettes effectuées pendant le mois (avec la comparaison de ces recettes et de celles du mois correspondant de l'année précédente), la liste des tournées du mois (avec indication des observations faites au cours de ces tournées) et le résumé des communications qui auraient été faites aux préfets sur leur demande, ainsi que la suite qui aurait été donnée à ces communications. Ils sont accompagnés des rapports mensuels des inspecteurs particuliers.

Un tableau analytique des plaintes relatives au service commercial est annexé au rapport mensuel.

Les inspecteurs principaux lui envoient également les états mensuels, trimestriels et annuels du trafic; des rapports sur toutes les affaires autres que celles qui sont énumérées ci-dessous et pour lesquelles il peut correspondre directement avec le Ministre, notamment les notes sur le personnel placé sous leurs ordres.

Ils adressent directement au Ministre leurs rapports sur les propositions des compagnies tendant à l'application des traités de factage, camionnage, correspondance et réexpédition, l'inspecteur général n'étant consulté que lorsque l'administration centrale le juge utile.

Ils notifient à la compagnie les arrêtés pris par les préfets pour publier les tarifs homologués et ils visent les feuilles imprimées contenant ces tarifs.

Ils font de fréquentes tournées et doivent visiter au moins une fois par an toute l'étendue de leur section et les bureaux des inspecteurs particuliers placés sous leurs ordres.

Rôle et attributions des inspecteurs particuliers de l'exploitation commerciale.

Les inspecteurs particuliers sont placés sous les ordres des inspecteurs principaux et leur servent d'auxiliaires pour l'instruction des affaires.

Ils font de fréquentes tournées et doivent visiter au moins deux fois par an les gares de leur arrondissement et une fois par an les bureaux des commissaires de surveillance administrative.

Ils adressent à l'inspecteur principal des rapports mensuels sur la marche du service et les résumés apostillés des rapports décadaires des commissaires de surveillance administrative. Les rapports mensuels contiennent un relevé des tournées du mois, avec indication des observations faites au cours de ces tournées du mois, avec indication des observations faites au cours de ces tournées.

Rôle et attributions des commissaires de surveillance administrative.

Les commissaires de surveillance administrative, institués par la loi du 27 février 1850, sont placés sous les ordres des ingénieurs et des inspecteurs particuliers de l'exploitation commerciale et correspondent avec eux pour ce qui concerne leurs attributioms respectives.

Ils sont attachés aux gares les plus importantes; ils y stationnent d'une manière à peu près permanente.

En outre ils sont chargés de la surveillance d'une circonscription, en ce qui concerne :

1e L'entrée, le stationnement et la circulation des voitures publiques et particulières dans les cours dépendant des stations ;

2e L'admission du public dans les salles d'attente et sur les quais d'embarquement;

3e La manœuvre des aiguilles, la garde et l'éclairage des passages à niveau, la présence des agents préposés à la surveillance des voies, l'éclairage des stations et de leurs abords ;

4o Les mesures d'ordre relatives aux machines et voitures ;

5o La composition, le départ, l'arrivée et le stationnement des convois ; la tenne des registres de retards ;

6o Les mesures d'ordre relatives à l'admission des voyageurs dans les voitures ;

7o L'exécution des signaux;

8e La présence des machines de réserve et des wagons de secours aux lieux désignés à cet effet ;

9e L'apposition, dans chaque station, des affiches et tableaux indiquant les heures de départ et d'arrivée et des affiches annonçant les retards des trains ;

10o La perception des taxes, l'apposition des tableaux indiquant les taxes approuvées ; l'enregistrement et l'expédition des marchandises, la tenue des registres qui sont prescrits à cette effet ;

11e L'entretien aux stations désignées et dans les trains de voyageurs, des médicaments et moyens de secours nécessaires en cas d'accident ;

12o La désinfection des wagons ayant servi au transport des bestiaux ;

13e L'expédition des plans de vigne provenant des départements phylloxérés ;

14e Les services de correspondance, de réexpédition de grande et petite vitesse, de factage et de camionnage ;

Ils reçoivent les plaintes que le public peut avoir à présenter relativement au service des agents de la compagnie, à la marche des trains, à l'état du matériel, à la perception des tarifs, au service des passages à niveau, etc.

Ils doivent être présents au passage des trains de troupes.

Indépendamment des rapports spéciaux que le service de chaque jour peut exiger, ils adressent tous les dix jours aux ingénieurs ordinaires et à l'inspecteur particulier, un rapport dans lequel ils rendent compte, suivant un cadre qui leur est tracé, de la situation du service et de leurs tournées.

Ils signalent aux ingénieurs et aux inspecteurs de l'exploitation les faits qui paraissent constituer des infractions aux règlements, aux décisions ministérielles ou aux arrêtés préfectoraux dont ces fonctionnaires ont à surveiller l'exécution.

En cas d'accident, ils se transportent immédiatement sur les lieux, après en avoir donné avis par dépêche télégraphique, aux ingénieurs ordinaires, aux ingénieurs en chef, à l'inspecteur général, au procureur de la République, au préfet et au Ministre des travaux publics. Le cas échéant, ils remplacent cet avis télégraphique par un avis écrit sommaire, complété, s'il y a lieu, par des avis ultérieurs. A la suite de leur enquête, ils rédigent, s'il est nécessaire, de premiers rapports sommaires et, en tout cas, un rapport définitif dans lequel ils constatent les circonstances et les résultats de l'accident ; ils adressent ce rapport à l'ingénieur du contrôle des travaux et de la voie ou à l'ingénieur du contrôle de l'exploitation technique, ou à tous les deux, suivant les cas.

Lorsque l'accident a occasionné des blessures, soit aux agents de la compagnie, soit à d'autres personnes, le rapport ci-dessus est remplacé par un procès-verbal.

Il en est de même lorsque l'accident a eu pour cause une infraction aux règlements.

Dans les circonstances exceptionnelles de guerre, d'inondation, etc. ils doivent informer sans retard les préfets, par dépêche par ou exprès, des suppressions de trains, des changements dans les heures de départ, en un mot de toutes les modifications du service, ainsi que de la reprise du service normal.

Ils s'assurent que les avis de retard des trains de voyageurs dépassant une heure ont été envoyés à ces magistrats par le chef de gare qui dessert le chef-lieu du département

Ils veillent à ce que les retards soient annoncés par affiches placardées dans les gares.

Ils constatent par des procès-verbaux les contraventions commises soit par les tiers, soit par les compagnies, aux règlements de toute nature sur les chemins de fer et plus particulièrement les contraventions qui ne sont pas spécialement de la compétence des conducteurs des ponts et chaussées et des gardes-mines, par exemple celles qui concernent les prescriptions relatives à la police des cours des gares et stations, à la composition et au mouvement des trains, à la perception des taxes aux mesures d'ordre et de police concernant les fumeurs, etc. Lorsque la contravention est de la compétence du conseil de préfecture, ils dressent le procès-verbal en double original et l'adressent à l'ingénieur ordinaire compétent; lorsqu'elle est de la compétence de la juridiction correctionnelle, ils le dressent également en double original, dont l'un est envoyé au procureur de la république et l'autre à l'ingénieur ordinaire compétent (L. 27 février 1850) ou à l'inspecteur particulier, s'il s'agit d'une affaire commerciale.

Ils ont, pour la constatation des crimes, délits et contraventions commis dans l'enceinte des chemins de fer et de leurs dépendances, les pouvoirs d'officiers de police judiciaire (1).

Ils sont, en cette qualité, sous la surveillance du procureur de la république et lui adressent directement leurs procès-verbaux.

Ils procèdent, au besoin à l'arrestation des auteurs de crimes ou délits de droit commun et des tentatives d'acte de malveillance ; mais ils doivent remettre immédiatement les coupables entre les mains des autorités judiciaires locales. (2)

Ils ne doivent d'ailleurs intervenir qu'en l'absence des commissaires spéciaux et des inspecteurs de police pour la répression des crimes et délits de droit commun et dans les questions de police ordinaire

Ils font de fréquentes tournées et visitent leur circonscription au moins une fois par mois.

Rôles et attributions des officiers de port.

Les officiers de port remplissent, auprès des ingénieurs de ports de mer, et dans les limites du port, le rôle de commissaires de surveillance administrative et en ont les attributions.

Toutefois la partie commerciale de l'exploitation reste confiée au commissaires de surveillance administrative et aux inspecteurs de l'exploitation commerciale.

Dispositions spéciales aux voies ferrées qui desservent les ports de mer.

Des instructions complémentaires régleront, pour chaque port, les détails du service du contrôle, en ce qui touche les voies ferrées qui desservent ce port.

---

(1) Ils sont officiers de police judiciaire simples et non *auxiliaires des procureurs* de la république, c'est-à-dire qu'ils n'ont pas qualité pour faire des informations judiciaires.

2) Aux commissaires spéciaux de police, s'il en existe dans leur gare.

Surveillance et police spéciale des chemins de fer.

Si la surveillance des chemins de fer, au point de vue de l'exploitation, appartient au ministère des travaux publics, la surveillance et la police de ces voies de communication sont du ressort du ministère de l'intérieur au point de vue de la sûreté générale.

Aucune loi n'a soustrait à l'action de l'administration générale ou de l'administration locale les portions de territoire occupées par les chemins de fer et leurs abords; le ministre de l'intérieur, les préfets, sous-préfets et les maires doivent y exercer tous les pouvoirs de police qui leur appartiennent dans l'étendue de leur circonscription respective. (Instructions du min. int. 7 janvier 1856.)

On a vu qu'aux termes de l'article 1er de l'ordonnance du 15 novembre 1846, ce sont les préfets qui règlementent l'entrée, le stationnement et la circulation des voitures dans les cours dépendant des stations des chemins de fer.

Les préfets ont, en outre, le droit, comme chef des services administratifs dans leur département, de réclamer des inspecteurs, ainsi que des ingénieurs chargés de la surveillance des chemins de fer, tous les renseignements propres à les éclairer sur les faits de l'exploitation, sur l'exécution des arrêtés et règlements de police, les permissions, autorisations de vente, sur les buffets, etc. (Instructions des trav. pub., 13 novembre 1852 et 8 janvier 1855.)

Les préfets doivent, aussi, être promptement et exactement informés des accidents qui se produisent sur les chemins de fer dans l'étendue de leur département respectif. Les chefs de gare sont, en conséquence, tenus de porter à la connaissance des préfets et des sous-préfets : 1° les accidents ayant occasionné la mort ou des blessures; 2° les retards considérables éprouvés par les trains de voyageurs; 3° toutes les circonstances graves qui peuvent se produire. En outre, tous les accidents où il y a eu mort d'hommes ou des blessures, doivent être immédiatement déclarés à l'autorité du lieu de l'accident (maires, juges de paix et commissaires de police).

D'ailleurs, les événements que l'on peut appeler *accidents de chemins de fer* sont ceux qui ont lieu, dans le cours de l'exploitation et par suite de l'exploitation de ces chemins, soit sur les voies exploitées, soit dans les voies de garage et d'évitements, soit enfin dans les gares et stations. Ils comprennent donc non-seulement les faits qui surviennent dans la marche des convois, mais encore ceux qui se produisent dans les manœuvres des gares et autres travaux se rapportant directement à l'exploitation qu'il y ait ou non des personnes atteintes. (Trav. pub , 1854.)

Un décret du 27 mars 1852 a placé le personnel actif employé par les compagnies de chemins de fer sous la surveillance de l'Administration publique. Celle-ci a le droit, les compagnies entendues, de requérir la révocation d'un de leurs agents.

Commissaires et inspecteurs spéciaux de police.

La surveillance des chemins de fer est exercée, sous l'autorité du Ministre de l'intérieur et des préfets, par des commissaires spéciaux de police ayant sous leurs ordres des commissaires spéciaux *auxilaires* et des inspecteurs spéciaux de police. (D. 22 février 1855; —1er mai 1882; 1er févriér 1885.)

Les *commissaires spéciaux de police* sont chargés de la surveillance des chemins de fer et de leurs dépendances. Leurs pouvoirs s'étendent à toute la ligne à laquelle ils sont attachés.

Les décrets de nomination fixent leur résidence et, s'il y a lieu, les sections de ligne sur lesquelles doit plus particulièrament porter leur juridiction.

Le traitement des commissaires spéciaux est fixé par les décrets de nomination. Il suit la gradation des traitements déterminée pour les commissaires de police ordinaires, sauf pour les *classes exceptionnelles* et les *hors classes* dont les traitements varient de 7.500 fr. à 10.000 francs. (D. 30 décembre 1884).

Lors de leur installation, les commissaires spéciaux prêtent serment devant le préfet, dans les départements, à Paris, à la Direction de la sûreté générale.

Les commissaires spéciaux de police doivent rendre compte aux préfets de tous les faits intéressant leur service,et adresser en même temps copie de leurs rapports au ministre de l'intérieur. (D. 22 février 1855, art. 5.)

Toutefois,dans les localités traversées par les chemins de fer, les commissaires de police doivent continuer à exercer leur autorité sur la partie de ces lignes, comprises dans leur circonscription, concurremment avec les commissaires spéciaux. (D. idem, art. 6.)

En outre,dans les localités traversées ou desservies par un chemin de fer où il n'existe pas de commissaire spécial de police le commissaire de police de la résidence, ou, s'il y a plusieurs commissaires de police, le commissaire central de police exerce la surveillance du chemin de fer et de ses dépendances, conformément au décret du 22 février 1855. (Décret du 15 avril 1863.)

Les *commissaires spéciaux auxiliaires* sont adjoints à certains commissaires spéciaux pour les aider dans le service et principalement dans les écritures des bureaux.

Leur installation a lieu dans les mêmes formes que celle des commissaires spéciaux.

Les *inspecteurs spéciaux de police* sont placés sous l'autorité immédiate et la direction des commissaires spéciaux de police.

Ils sont nommés par arrêtés du ministre de l'intérieur qui fixe leur traitement et leur résidence.

Ils prêtent serment comme les commissaires spéciaux, dans les départements devant le préfet, à Paris, à la Direction de la sûreté générale.

Depuis le décret du 3 juillet 1883, les inspecteurs spéciaux sont divisés en deux classes; le traitement annuel de la 1re classe est de 2,400 francs, celui de la 2e classe est de 1.800 francs.

Les commissaires spéciaux de police et les inspecteurs spéciaux occupent dans les gares de leur résidence un bureau pour leur service.

Les chefs de gare doivent leur donner directement avis non seulement des accidents dont il a été parlé plus haut, mais de tous les crimes, délits, vols ou autres détournements et tentatives de malveillance qu'ils ont découverts ou qui leur ont été dénoncés par d'autres agents.

Attributions respectives des commissaires de surveillance administrative et des commissaires spéciaux de police.

Aux termes d'une circulaire du ministre des travaux publics, du 1er juin 1855, le service de surveillance administrative conserve les attributions spéciales qui lui ont été conférées par les lois et règlements actuellement en vigueur, et qui se trouvent résumées d'une manière complète dans l'instruction du 15 avril 1850. Ce sont les commissaires administratifs qui recueillent les plaintes et les réclamations du public ayant pour objet les faits d'exploitation, qui prennent les mesures nécessaires pour assurer le maintien du bon ordre dans les cours et de leurs abords, dans les salles d'attente et sur les quais d'embarquement, qui surveillent l'exécution des mesures relatives à la composition, au départ et à l'arrivée des convois, et qui constatent les irrégularités de l'exploitation. En cas d'accident ayant causé la mort ou des blessures, ils se transportent immédiatement sur les lieux, dressent procès-verbal des circonstances et des résultats de l'accident et s'assurent que les autorités locales et l'autorité judiciaire ont été prévenues. Ils sont enfin chargés de la constatation des crimes et délits spéciaux à l'exploitation des chemins de fer, ainsi que des contraventions qui ne sont pas spécialement de la compétence des conducteurs des ponts et chaussées et des gardes-mines.

« Les commissaires spéciaux de police ont dans leurs attributions tout ce qui regarde les mesures de sûreté et de police générale et les mesures de police qui ne se rattachent pas au service de l'exploitation des chemins de fer. Il y a lieu d'y ajouter la constatation et la poursuite des délits de droit commun.

« Bien que, dans un intérêt d'ordre et de partage équitable des attributions, il ait paru convenable de réserver particulièrement aux commissaires de police la constatation des crimes et délits de droit commun, et aux commissaires administratifs celle des crimes et délits spéciaux à l'exploitation, on ne saurait enlever aux uns ni aux autres le droit que leur donne leur qualité d'officiers de police judiciaire, de concourir à la répression des crimes et délits de toute nature commis dans l'enceinte des chemins de fer. Ils pourront donc, pour cette partie de leurs fonctions, se prêter un mutuel secours et se suppléer en cas d'absence ou d'empêchement.

« Les commissaires administratifs ne doivent d'ailleurs procéder aux constatations réservées aux commissaires de police qu'aprés s'être bien assurés que ceux-ci se trouvent absents ou empêchés, et il me parait convenable qu'ils en fassent mention dans leurs procés-verbaux. Ils devront, en outre, donner immédiatement avis à leurs collègues, et les mettre ainsi à même de continuer, s'il y a lieu, l'instruction commencée par eux. Il est bien entendu toutefois que la réserve qui leur est recommandée à cet égard ne saurait devenir pour eux un motif d'abstention préjudiciable à l'ordre public.

« Les commissaires administratifs et les commissaires de police n'oublieront jamais que s'ils appartienneut à deux administrations différentes, ils sont tous également les serviteurs de l'Etat, et remplissent une même mission d'ordre public et de protection pour les intérêts privés. C'est le sentiment bien compris de cette communauté de devoir qui doit surtout aplanir les difficultés résultant de la nouvelle organisation. »

Une autre circulaire du ministre de l'intérieur, d'accord avec son collègue des Travaux publics, porte que dans les gares où réside un commissaire spécial de police, les personnes mises en arrestation par ordre du commissaire de surveillance administrative doivent être conduites devant le commissaire spécial de préférence au commissaire de police de la localité.

Infractions commises par les expéditeurs et les voyageurs.

Nous avons dit précédemment, p. 190, que ce titre ne pouvait appartenir qu'à la législation des chemins de fer, le code pénal, ni aucune loi spéciale ne renfermant des dispositions contre des infractions commises par des *expéditeurs* et par des *voyageurs*. On trouve au contraire, dans le titre VII de l'ordonnance du 15 novembre 1846, sur la police et l'exploitation des chemins de fer, diverses mesures portant défenses ou obligations dont l'infraction est punie de peines correctionnelles conformément à l'article 21 de la loi du 15 juillet 1845.

Ces mesures sont contenues dans les articles 61, 63, 65, 67 et 70 de l'ordonnance précitée. Nous ajouterons cependant qu'un arrêté ministériel du 1er mars 1861 prescrit aux compagnies de réserver des compartiments spéciaux portant les indications suivantes : *postes, dames seules* ou simplement *réservé*. Il est interdit de prendre place dans ces compartiments, à toutes personnes autres que celles auxquelles ils sont réservés.

Quant aux infractions commises par les expéditeurs, elles ne se rapportent qu'à ces paiements de taxes et autres frais suivant les tarifs homologués par le ministre des travaux publics, dans les formes prescrites au titre V de l'ordonnance du 15 novembre 4846. Telles sont les déclarations inexactes faites par des expéditeurs soit pour le transport de bagages ou de colis-messageries. Ces infraction aux tarifs ou au cahier des charges des compagnies tombent-elles sous l'application de l'article 21 de la loi du 15 juillet 1845, ou doivent-elles donner lieu seulement à une action civile de la part des compagnies contre les expéditeurs ?

La question est controversée. Un certain nombre de Cours et de tribunaux considèrent les dispositions insérées dans les cahiers des charges des compagnies comme celles d'un contrat civil passé entre l'Etat et les compagnies.

Et bien qu'en 1882, la Cour de cassation se soit prononcée dans un sens contraire, M. Aucoc, dans ses *Conférences de droit administratif* n'hésite pas a combattre cette nouvelle jurisprudence. D'après ce juriconsulte, il n'existe pas de texte qui frappe de peines *les fausses déclarations*, et les compagnies n'ont contre les expéditeurs, qui les trompent, qu'une action civile en dommages intérêts. « L'article 60 de l'ordonnance de 1846, dit M. Aucoc, impose, il est « vrai, aux Compagnies l'obligation de soumettre à l'approbation du « ministre les règlements relatifs au service et à l'exploitation des « chemins de fer, mais il n'a pas eu pour but de transformee les « règlements des compagnies en règlements ministériels. »

TABLE ANALYTIQUE

pages

La Garenne-Colombes. — Imp. F. Brayer, 25, rue Jeanne d'Arc.

www.ingramcontent.com/pod-product-compliance
Ingram Content Group UK Ltd.
Pitfield, Milton Keynes, MK11 3LW, UK
UKHW051020210726
13857UKWH00006B/614